MÁRIO
DE
ANDRADE,
EPICENTRO

SERVIÇO SOCIAL DO COMÉRCIO
Administração Regional no Estado de São Paulo

Presidente do Conselho Regional
Abram Szajman
Diretor Regional
Danilo Santos de Miranda

Conselho Editorial
Ivan Giannini
Joel Naimayer Padula
Luiz Deoclécio Massaro Galina
Sérgio José Battistelli

Edições Sesc São Paulo
Gerente Iã Paulo Ribeiro
Gerente adjunta Isabel M. M. Alexandre
Coordenação editorial Clívia Ramiro, Cristianne Lameirinha, Francis Manzoni, Jefferson Alves de Lima
Produção editorial Antonio Carlos Vilela
Coordenação gráfica Katia Verissimo
Produção gráfica Fabio Pinotti, Ricardo Kawazu
Coordenação de comunicação Bruna Zarnoviec Daniel

diversos 22
projetos memórias
conexões

Sociabilidade e
correspondência
no Grupo dos Cinco

MÁRIO DE ANDRADE, EPICENTRO

MAURICIO TRINDADE DA SILVA

edições sesc

© Mauricio Trindade da Silva, 2022
© Edições Sesc São Paulo, 2022
Todos os direitos reservados

Preparação Editora Polis
Revisão Maiara Gouveia, Silvana Vieira
Projeto gráfico, capa e diagramação Alles Blau
Imagem da capa O Grupo dos Cinco (1922), de Anita Malfatti

Dados Internacionais de Catalogação na Publicação (CIP)

Si381m	Silva, Mauricio Trindade da
	Mário de Andrade, epicentro: sociabilidade e correspondência no Grupo dos Cinco / Mauricio Trindade da Silva. – São Paulo: Edições Sesc São Paulo, 2022. – 228 p. il.
	Bibliografia ISBN: 978-65-86111-74-3
	1. Correspondência. 2. Mário de Andrade. 3. Grupo dos Cinco. 4. Cartas. 5. Literatura Brasileira. 6. Modernismo. 7. Arte. 8. Cultura. 9. Brasil. 10. Biografia. I. Título. II. Andrade, Mário de.
	CDD 869.954

Ficha catalográfica elaborada por Maria Delcina Feitosa CRB/8-6187

EDIÇÕES SESC SÃO PAULO
Rua Serra da Bocaina, 570 – 11º andar
03174-000 – São Paulo SP Brasil
Tel. 55 11 2607-9400
edicoes@sescsp.org.br
sescsp.org.br/edicoes
 /edicoessescsp

AGRADECIMENTOS

Registro meus agradecimentos ao querido Sergio Miceli, por uma orientação sensível, dedicada e de extrema maestria, e os estendo à Maria Arminda do Nascimento Arruda, ao Luiz Carlos Jackson e aos demais docentes, discentes e profissionais do Programa de Pós-Graduação de Sociologia da Universidade de São Paulo (USP). Agradeço especialmente ao Prof. Danilo Santos de Miranda, por seu exemplo como gestor de cultura e por todo o apoio oferecido para a conclusão desta pesquisa, e também ao Joel Naimayer Padula, à Marta Raquel Colabone e à Andréa de Araújo Nogueira, assim como aos colegas e profissionais do Sesc São Paulo. Quero agradecer, igualmente, à Telê Ancona Lopes e ao Marcos Antonio de Moraes, por abrirem caminhos junto ao acervo do IEB-USP, e, claro, pela troca intelectual. Troca, aliás, alegre e enriquecedora que tive com Isaura Botelho, Maria Alice Rezende de Carvalho, Heloisa Pontes e Leandro Garcia, aos quais consigno meu reconhecimento.

APRESENTAÇÃO

EXPERIÊNCIA SOCIAL E OBRA CULTURAL DE UM POLÍGRAFO

HÁ QUE INVESTIGAR as relações entre as proezas culturais e as condicionantes sociais de expoentes cujas atuações se mostraram decisivas em seus momentos históricos e cujos legados seguem repercutindo no presente. A isso se propõe a sociologia da cultura, ramo das ciências sociais ocupado com a desmistificação da excepcionalidade da arte. A ela se vincula o presente estudo, que tem na figura epicêntrica de Mário de Andrade o seu objeto de interesse e análise. Escritor de quase tudo aquilo que, entre os anos 1920 e 1940, estava em jogo (e em disputa) no campo cultural em São Paulo e no Brasil, esse polígrafo infatigável causa espanto pela pluralidade e pela força de suas atividades como poeta, romancista, professor de música, crítico de arte, etnógrafo e gestor cultural, além de sua devoção à prática de missivista.

O enfoque sociológico adotado pelo autor de *Mário de Andrade, epicentro* promove uma visão abrangente tanto do período, marcado pela busca da renovação artística e da modernização da cultura brasileira, quanto desse agente comprometido, se não obstinado, com as pesquisas em torno das linguagens expressivas e, ainda, com políticas culturais de caráter inovador. Por isso, as páginas que seguem se deixam guiar, mais do que pela produção poética e literária de Mário, pelas correspondências trocadas ao longo de sua vida intelectual e afetiva, além de outros documentos tangenciais à sua obra propriamente artística. Nesses fundos, Mauricio Trindade da Silva perscruta a intrincada teia de acontecimentos e posicionamentos traduzidos em cartas e registros que combinam rigor e paixão, revelando compostos de ideias, valores e perspectivas, mas também contradições, desentendimentos e competições.

O recorte no extensíssimo repertório de missivas – revelador do renhido debate acerca das noções de *cultura brasileira* e *modernismo*, ao longo da primeira metade do século xx – recai sobre o Grupo dos Cinco, que, além de Mário, envolvia Oswald de Andrade, Tarsila do Amaral, Anita Malfatti e Menotti del Picchia. O foco em si deixa ver, confirmado pelo subtítulo deste volume, a atenção dispensada à "sociabilidade" como fator determinante na instituição do social, na produção cultural e no estabelecimento de parâmetros para esta, através de consensos e dissensos. A escolha por esse núcleo de convivência e interlocução, crucial para o processo de amadurecimento de Mário de Andrade, permite ao leitor adentrar as minúcias das interações mantidas por ele com os modernistas paulistas – para quem o autor de *Pauliceia desvairada* representava uma espécie de "centro de energia", mais do que um líder.

Cumpre registrar, também nos domínios que extrapolam o da criação artística, que a herança deixada por Mário como "primeiro Secretário de Cultura do país", de acordo com a licença poética de Carlos Augusto Calil, segue representando uma pedra fundamental. O Sesc reconhece, nesse âmbito, o caminho aberto por esse "servidor público", em todos os sentidos do termo, no processo de reconhecimento, valorização e profissionalização da cultura no Brasil. A publicação de títulos como este converge com os propósitos da instituição, na medida em que contribui para compreensões ampliadas, e nuançadas, de figuras e trajetórias que adquirem singularidade não em função de poderes especiais, mas em virtude de engajamentos e embates com suas conjunturas e pares históricos, sem nunca saírem ilesas, como o comprovam as agruras que permearam a celebrada existência mariodeandradiana.

DANILO SANTOS DE MIRANDA DIRETOR DO SESC SÃO PAULO

SUMÁRIO

10 PREFÁCIO

16 INTRODUÇÃO

38 CAPÍTULO 1
Mário de Andrade em perspectiva relacional

55 CAPÍTULO 2
Mário de Andrade e os lundus de um grupo interessantíssimo: amizades nada confortáveis

104 CAPÍTULO 3
Em torno de Anita Malfatti, com o envolvimento de Tarsila do Amaral: renascimento feliz

150 CAPÍTULO 4
Em torno de Oswald de Andrade e Tarsila do Amaral, com o envolvimento de Menotti del Picchia: arrasado de experiência

201 CONCLUSÃO
Dissensões de grupo

206 IMAGENS

221 REFERÊNCIAS BIBLIOGRÁFICAS

227 SOBRE O AUTOR

PREFÁCIO

FIGURAÇÃO E *VERDADE* PESSOAL

DEPREENDER SENTIDOS inesperados nas cartas de Mário de Andrade e de seus interlocutores, advindos da feição relacional no diálogo entre vozes em surdina – tal é o feito de Mauricio Trindade. O procedimento engenhoso municiou a análise ao arrepio de uma leitura ao pé da letra, infensa às platitudes da paráfrase. A originalidade do livro sobre a correspondência de Mário, imersa em sacralidade, se apoia no recorte inusitado da fonte e nos achados sagazes da interpretação.

Confrontado ao impasse gerado pela amplitude de tamanho *corpus* documental, Mauricio apelou à ideia de figuração – tão bem equacionada por Norbert Elias na análise da sociedade de corte – no intento de circunscrever um elenco restrito de parceiros no despertar do movimento modernista em São Paulo: os integrantes do Grupo dos Cinco – Mário de Andrade, Oswald de Andrade, Tarsila do Amaral, Anita Malfatti e Menotti del Picchia. Apesar do protagonismo desigual dos personagens no bojo do impulso renovador e, por conseguinte, na fatura da conversa epistolar, eram todos jovens dotados de cabedal material e simbólico, com veleidades de largo espectro – literárias, artísticas, jornalísticas, políticas – e em início de carreira no *establishment* cultural da época.

A concorrência, os laços de amizade, os enlevos amorosos, os entreveros, as pretensões de supremacia e de legitimidade, tópicos candentes no material aqui examinado, permitem reconstruir um momento-chave na gênese do estouro modernista. As cartas trocadas entre eles ensejam voo rasante em dimensões cruciais da sociabilidade, dando a ver práticas intelectuais e artísticas, cujas disposições e estratégias se balizam por injunções derivadas das posições sociais dos figurantes e das trajetórias de vida e de trabalho. Tais condicionantes modelaram o estilo pessoal e o timbre expressivo dos interlocutores, cujas vozes adquiriam teor e substância em meio à dinâmica relacional do coletivo pulsante na figuração.

No limite, as experiências de convívio, de distância, de ruptura se transmutam em materiais reconhecíveis em conceitos, ideias e obras, que cobram sentido no âmbito de figurações determinadas. Uma delas, relativa ao Grupo dos Cinco, constituído no segundo semestre de 1922, palpita e se espelha na correspondência que mantiveram com Mário de Andrade ao longo das décadas de 1920 e 1930. O coletivo se move pela energia da rede de relações siderada em torno de *Mário de Andrade epicentro*, título do livro e sumário das coordenadas que estribam a febre epistolar. O recorte da correspondência, envolvendo as vozes autorais dos missivistas, é o abracadabra da análise, a raiz dos achados da interpretação.

O primeiro capítulo esmiúça a conquista do protagonismo logrado por Mário de Andrade como líder inconteste, modelador do cânone estético do movimento, por força da diversidade dos domínios de atividade em que se enfronhou. Os experimentos na linguagem, o exercício pedagógico da crítica literária, as reflexões e os estudos de música popular e erudita, a cobertura dos concertos, o entusiasmo reflexivo sobre as artes plásticas, o empenho na preservação do patrimônio cultural, as visadas desconcertantes da "cultura brasileira" e da "questão nacional", o trabalho inovador, em matéria de política pública, levado a cabo à testa do Departamento de Cultura na cidade de São Paulo, eis em relance os territórios que plasmaram a autoridade de Mário de Andrade. O *status* de liderança se confirmou pelo embate dialógico com um elenco diversificado de interlocutores, "dentro de um jogo de atitude verdadeira", capturando a nata de insignes intelectuais e artistas coetâneos.

O vislumbre do Mário epicentro remonta à reconstrução circunstanciada do itinerário biográfico e mira a objetivação das relações do poeta com os pais, os irmãos e a parentela. O escrutínio dos personagens centrais do romance familiar do poeta, dos altos e baixos da situação material do núcleo doméstico, os subentendidos da relação tumultuada com o pai, os reveses suscitados pela condição de "mulato" – episódios restituídos com desvelo e empatia por Mauricio Trindade –, tudo isso baliza a gestação dessa figura extraordinária em nossa história intelectual. Tais percalços condensam experiências esclarecedoras dos acicates subjetivos que modelaram o autodidatismo, o zelo missionário, a pulsão desbragada, os rasgos inventados pelo espécime arrebatador do moderno intelectual no país naquela conjuntura de mudança.

Outro momento forte do livro cobre a análise da correspondência de Mário com Anita Malfatti, tangenciada pela presença disruptiva de Tarsila do Amaral. Após o exame conciso da contribuição do clã familiar de Anita à viabilização de seu projeto artístico, Mauricio aquilata o suporte crítico de Mário na contramão do rechaço de Lobato à exposição da pintora em 1917. Em meio ao diagnóstico apurado das sucessivas etapas da troca epistolar que se estendeu de 1921 a 1939, ressalto o quanto o autor se sai bem no escrutínio sutil do procedimento de escrita empregado por Anita, "o de descrever como se estivesse realizando uma pintura". O balanço acurado da paixonite de Anita pelo poeta, das razões de fundo do quiproquó em relacionamento tão assimétrico e, por inúmeras razões, socialmente improvável, demarca os limites do intercâmbio de dons. Mauricio aquilata os óbices à parceria ao apreciar as queixas e as decepções da pintora em contraste com os rompantes de primazia do mentor, sem prejuízo de restituir a tensão incontornável entre as escolhas e as preferências estéticas de Anita e de Tarsila no período em que ambas estagiavam na França.

A voltagem das interdependências suscitadas pela ideia de figuração se acirra no último capítulo, o das cartas e das brigas envolvendo Mário, Tarsila, Oswald e Menotti. O papel de coadjuvantes exercidos por Tarsila e Menotti, biombos dos litigantes, não logra arrefecer o confronto explosivo entre Mário e Oswald, o qual se nutre de disparidades e divergências em domínios variados da experiência. A competição sem trégua em torno do protagonismo artístico do movimento deriva da desigualdade acachapante em matéria de capital econômico, social e cultural. As contendas, os agravos, os traços de caráter e de personalidade, os embates de fachada moral, as lamúrias, os subterfúgios, os parâmetros anedóticos de juízo acerca de relação tão tempestuosa se arrimam no *apartheid* de vivências no interior da fração cultivada da elite paulista.

O bem-nascido Oswald de Andrade, herdeiro abastado, de fôlego transatlântico, mulherengo, em turma de moços de estirpe, em sintonia com as palavras de ordem e os modismos europeus, resiste aos pleitos e aos manejos do Mário contendor, trânsfuga de classe em cena familiar excêntrica, autodidata, celibatário, com apetite sexual híbrido, empenhado em lavrar um português abrasileirado e privilegiar o acervo expressivo do país. As desavenças entre ambos, culminando na ruptura em 1929, remontam à dissonância de projetos derivados da disparidade de capitais – o "berço esplêndido" *versus* a "sabença", o experimentalismo *versus* a reflexividade –, o capital escolar de praxe frente ao tesouro amealhado pelo investimento autodidata.

À primeira vista, a correspondência entre Mário e Tarsila do Amaral se expressa em clima de bonança e mútua admiração, em meio ao diálogo arrevesado com Oswald, atiçada, sem respiro, por episódios de destempero, de acerto de contas, por ressentimentos, despeitos, como que pressagiando o naufrágio da sociabilidade no Grupo dos Cinco. Prensada entre o despacho dos interesses do parceiro e a busca pelo reconhecimento, Tarsila faz as vezes de *sparring* no aceso do pugilato.

Ressoa na troca epistolar a cunha persistente do estranhamento multifacetado entre os Andrade, o ricaço em litígio de matizes com o primo pobre, passando de afrontas veladas à maledicência escancarada. A escalada de ataques e impropérios desferidos por Oswald, de punho próprio ou por procuração, revela a ferocidade da luta pela dianteira, senha da desigualdade de raiz na peleja de intelectuais dotados de origens desencontradas e montantes díspares de capital. O leitor tem em mãos a partitura a cinco vozes, no alvorecer do modernismo, interpretada por Trindade com tirocínio e engenho, senso do coletivo, afeição pelo objeto, atenção aos interesses, às motivações e às estratégias de combate.

SERGIO MICELI SOCIÓLOGO, PROFESSOR DA UNIVERSIDADE DE SÃO PAULO

Um dos tópicos mais batidos do discurso celebratório dos "clássicos", e cujo efeito consiste em lançá-los no limbo, fora do tempo e do espaço, bem longe dos debates e combates do presente, consiste paradoxalmente em descrevê-los como nossos contemporâneos e nossos próximos mais próximos, de tal modo contemporâneos e próximos que não possamos duvidar um instante sequer da compreensão aparentemente imediata (na verdade mediada por toda nossa formação) que julgamos possuir de suas obras.

PIERRE BOURDIEU

INTRODUÇÃO

Pensar o que se faz é saber o que se pensa.
ROGER BASTIDE

Eu sempre afirmo que a literatura brasileira só principiou escrevendo realmente cartas, com o movimento modernista. Antes, com alguma rara exceção, os escritores brasileiros só faziam "estilo epistolar", oh primores de estilo! Mas cartas com assunto, falando mal dos outros, xingando, contando coisas, dizendo palavrões, discutindo problemas estéticos e sociais, cartas de pijama, onde as vidas se vivem sem mandar respeitos à excelentíssima esposa do próximo nem descrever crepúsculos, sem dançar minuetos sobre eleições acadêmicas e doenças do fígado: só mesmo com o modernismo se tornaram uma forma espiritual de vida em nossa literatura.
MÁRIO DE ANDRADE

ESTE LIVRO RESULTA DE PESQUISA de doutorado concluída em 2018 no Programa de Pós-Graduação de Sociologia da Faculdade de Filosofia, Letras e Ciências Humanas da Universidade de São Paulo, com orientação de Sergio Miceli Pessôa de Barros.

A escolha por Mário de Andrade (1893-1945), sua correspondência e os modernistas que formaram o Grupo dos Cinco como foco da análise deveu-se basicamente aos estímulos que tenho tido para pensar uma questão central, do ponto de vista sociológico, concernente à produção da cultura em seu vínculo com a instituição da sociedade.

Com esse recorte estabelecido de saída, o interesse se voltou para a análise de um período áureo de tentativa de modernização da cultura brasileira, ensejando o desejo pelo novo e por novas obras em inúmeras linguagens artísticas, dando espaço a projetos e políticas culturais consideradas inovadoras, dentro de uma intenção programática e prospectiva, e, assim, abrindo caminho para uma gestão da cultura de linha mais profissionalizada.

Mas, muito antes de chegar a Mário de Andrade e ao Grupo dos Cinco, ocorreu a preocupação em entender melhor a história de figuras e instituições exemplares no trato cultural, retrocedendo no tempo ao longo do século passado. Para exemplificar uma das primeiras leituras marcantes nesse registro de intenção, remeto ao livro de Isaura Botelho acerca da experiência da Funarte (*Romance de formação: Funarte e política cultural, 1976-90*), o qual cobre a história da instituição e das políticas culturais encampadas desde a sua criação até o desmanche levado a cabo no governo do presidente Fernando Collor de Mello (de 1990 a dezembro de 1992). Nesse trabalho de fôlego, em reedição pelas Edições Sesc, podem-se acompanhar os dilemas de uma instituição ímpar criada à época da ditadura, dedicada ao apoio à atividade cultural e consolidada como organização-modelo prestigiosa, ao financiar projetos inovadores em setores de infraestrutura da produção artística, como a fabricação de instrumentos musicais, a edição e divulgação de partituras, a montagem de circuitos de difusão e apoio a artistas veteranos ou a jovens talentos iniciantes (Botelho, 2001).

Antes da Funarte, porém, ocorreram outros acontecimentos decisivos. Um distinto ponto de partida para compreender o período anterior se abriu com o livro *Metrópole e cultura: São Paulo no meio século xx*, de Maria Arminda do Nascimento Arruda, no qual a autora aborda a cultura moderna em atenção às "múltiplas formas expressionais, entre e intra domínios, depositárias de singularidades", voltando-se para o social, que "passa a ser tratado do ângulo das experiências, no plural, instituindo as singularidades e enfatizando os aspectos criativos da cultura e os modos próprios das suas representações e dos seus desdobramentos" (Arruda, 2001, pp. 47-8).

A relação entre o social e os aspectos criativos modernos da cultura: eis aqui uma formulação propícia, cujo sentido se liga ao trabalho que desenvolvo desde 2005 no Serviço Social do Comércio de São Paulo (Sesc-SP). Ao ser contratado como animador cultural para contribuir com a programação da unidade de Birigui, no interior paulista, minha atenção já estava voltada para a análise do campo da cultura em suas múltiplas linguagens (música, teatro, dança, cinema, circo, artes visuais etc.). E com essas leituras destacadas, o interesse pelo tema genérico da produção da cultura e a instituição da sociedade ganhou outra realidade e nova dimensão.

Pelo lado da ênfase teórico-metodológica, o enfoque relacional propiciado pela sociologia da cultura e da história intelectual – que capta experiências e singularidades – tornou-se primordial; já pelo lado do objeto a ser analisado para encaminhar a pesquisa, ainda faltava encontrar o que permitiria um estudo de lastro sociocultural.

Somente nos anos posteriores a 2012, contudo, quando da abertura de uma nova unidade do Sesc – o Centro de Pesquisa e Formação, local em que trabalho atualmente –, e após diálogos frutíferos com a pesquisadora e consultora Isaura Botelho, é que foi se desenhando um recorte mais concreto de objeto, voltado, então, para uma abordagem sobre Mário de Andrade e os modernistas paulistas, visando adentrar o amplo debate acerca da lógica de produção da cultura e dos mecanismos de instituição da sociedade – e, nesse caso, durante um período destacado de desejo de renovação artística. Um desejo pelo "novo" que impactou nossa história e cujo interesse era o de "firmar em bases modernas" a caracterização da cultura brasileira, como diretriz e como criação de um movimento cultural, em reflexão crítica e combativa acerca da própria criação artística feita naquele momento (Miceli, 2008b, p. 218).

Encontrei nas obras de Sergio Miceli – em especial, no livro *Vanguardas em retrocesso* (2012) – a inspiração para construir o recorte analítico da pesquisa. E mais do que as poesias e os romances modernistas, ler a correspondência ativa e passiva de Mário de Andrade causou impacto indelével, em razão da extensa trama de significados e acontecimentos nela presente (as ideias, sentidos e valores; as confidências, contradições, debates e competições), trama que circunscreveu, e ainda circunscreve, o tenso debate sobre a cultura brasileira e o modernismo no início do século xx, na mescla de inúmeras áreas e linguagens – da literatura às artes plásticas, da poesia à preservação do patrimônio, da crítica jornalística à reflexão acadêmica. Essas questões, portanto, conduziam a uma abordagem sobre como a cultura se vincula às experiências sociais.

Nos dizeres de Maria Arminda N. Arruda:

> Nessa vertente, recuperam-se os sujeitos enquanto seres imaginantes que permanentemente instituem a vida social-
> -simbólica, construindo as suas significações imaginárias.
> São essas significações que incessantemente conformam e transformam as obras culturais, a via de eliminação da disjuntiva texto e contexto, uma vez que as imagens construídas são elas próprias reveladoras do mundo. (Arruda, 2001, p. 48)

A autora destaca a dupla perspectiva que a sociologia da cultura e da história intelectual propõe ao se voltar para a interpretação de seus objetos de análise. Por um lado, o investigador se detém nos termos em que os sujeitos se veem e querem se fazer representados, mediante suas práticas e descrições. Por outro, analisa esses mesmos termos a partir de seus significados sociais e culturais, vinculando-os às relações concretas que guardam com o sistema social. É por isso que as "imagens construídas" são reveladoras do mundo.

Após as leituras iniciais, ganhou expressão a centralidade que Mário de Andrade detém para o modernismo como um todo, e para a história cultural brasileira, justamente considerando que esse profícuo autor permitiria vislumbrar, a partir de sua relação com os demais modernistas, o "modo pelo qual uma certa experiência social concreta plasma certas formas de pensar" (Alonso, 2000, p. 36). Significaria enfocar, também, certa experiência social compartilhada nas interdependências das relações de amizade, sociabilidade e debate intelectual, no fulcro das trocas, tensões, concordâncias e discordâncias que foram assumidas e subsumidas nos desígnios de criação e intervenção dos modernistas, cujas cartas constituem um meio propício para uma abordagem sociológica.

Em outras palavras, e em alusão à epígrafe de Roger Bastide, este estudo se alicerça na orientação de que formas de pensar e de agir não podem ser compreendidas isoladamente, e que, por seu turno, não podem ser reduzidas mecanicamente umas às outras. O que está em causa é o exame crítico dos fenômenos afeitos à cultura e sua própria compreensibilidade, indagando sobre os fundamentos simbólicos da vida coletiva e o modo como a experiência social impregna as obras, os discursos, as ações e interpretações. Foi em meio a esse processo complexo que se procurou encaminhar, naquele momento, por ação de Mário de Andrade e de seus interlocutores modernistas, um "feitio novo de linguagem expressiva para dar conta do país" (Miceli, 2008b, p. 218), ancorado em uma ação combativa, à maneira de um programa em constituição, que trouxe São Paulo para o centro do debate acerca da produção cultural realizada naquele momento, gerando disputas e questionamentos que estão presentes de modo vívido na historiografia sobre o modernismo.

Isso significa dizer que, em vez de se deter no plano das ideias e das obras, e de seus conteúdos produzidos, a perspectiva adotada aqui seguiu um percurso de investigação sobre as condições sociais de produção dessas ideias, obras e conteúdos (Pontes, 1996). Tratava-se de constituir, portanto, um estudo centrado na experiência social de Mário de Andrade e de seus interlocutores, recuperando as trajetórias, as interações estabelecidas e as consequências resultantes, sob a dimensão de um enfoque relacional. O que só seria possível entendendo-se melhor, primeiramente, a importância desse modernista polígrafo e múltiplo por meio da análise crítica de sua história de vida e trajetória.

O início da pesquisa coincidiu com uma movimentação no campo cultural. Em fevereiro de 2015 completaram-se 70 anos do falecimento de Mário de Andrade. A efeméride permitiu verificar, a partir das homenagens realizadas, como a notoriedade e a importância do escritor modernista se mantêm em alta – e, diria até, em movimento ascendente – dentro e fora do ambiente acadêmico.

Pelo lado da comemoração e do reconhecimento relativo ao conjunto da obra, vale citar duas ações ocorridas nesse ano, entre muitas outras. A primeira, e talvez a principal, foi a homenagem concedida a Mário de Andrade durante a realização da XIII Festa Literária Internacional de Paraty (Flip), momento em que se percebeu a profusão de novas edições e reedições da obra do poeta, assim como de estudos feitos por comentadores e pesquisadores. A segunda ação se desenvolveu ao longo de quatro meses, durante o primeiro semestre desse mesmo ano, no Centro de Pesquisa e Formação do Sesc em São Paulo, assumindo o formato de um ciclo de debates que se debruçou criticamente sobre as principais realizações culturais e políticas do autor. Esse ciclo também esteve ligado à Flip, com o propósito de divulgar a programação da festa de Paraty e, ainda, propiciar um desdobramento das abordagens sobre o homenageado, contemplando especialistas que não estavam escalados para o evento na cidade fluminense[1].

Ficou perceptível, assim, por via da efeméride, que a constante retomada analítica da obra mariodeandradiana, dada sua força expressiva, surge como uma das razões para esse reconhecimento qualitativo duradouro. Uma retomada feita tematicamente, de um lado, por inúmeros pesquisadores das ciências humanas em linha de aprofundamento especializado; e feita, de outro, por pesquisadores e jornalistas na perspectiva da divulgação pública, com linguagem menos hermética, de maneira a ampliar o conhecimento sobre a vida e as principais realizações do poeta, a exemplo de enfoques mais abrangentes do conjunto da obra. É o caso de livros de cunho introdutório, embora preocupados com uma visão analítico-crítica,

---

1 Para a primeira referência, ver <https://tinyURL.com/flip-2015>; para a segunda, ver <https://tinyURL.com/cpfSESCSP>. Acessos em: 04 fev. 2022.

como o de André Botelho, *De olho em Mário de Andrade: uma descoberta intelectual e sentimental do Brasil* (2012), e Maria Augusta Fonseca, *Por que ler Mário de Andrade?* (2013); e de livros mais ambiciosos, na perspectiva biográfica, como os de Eduardo Jardim, *Mário de Andrade, eu sou trezentos: vida e obra* (2015), e Jason Tércio, *Em busca da alma brasileira: biografia de Mário de Andrade* (2019).

Os estudos temáticos, em distintas correntes acadêmicas, primam pela fundamentação científica, pela construção do objeto de pesquisa e pela leitura crítica das fontes primárias. Afora as obras de Sergio Miceli, uma importante pesquisa, sem igual, é a de Marcos Antonio de Moraes, *Orgulho de jamais aconselhar: a epistolografia de Mário de Andrade* (2007), posto que tem o mérito de percorrer a correspondência mariodeandradiana custodiada no Instituto de Estudos Brasileiros da Universidade de São Paulo (IEB-USP). Em complemento, é preciso ajuizar que a biografia escrita por Eduardo Jardim é deveras penetrante e muito relevante por se deter sobre variados aspectos da "figura heroica" do polígrafo modernista, insuflando oxigênio social ao que à primeira vista seria entendido como aspecto "puramente" individual. Já a de Jason Tércio, uma biografia jornalística expressiva, ambiciosa e bem detalhada, apresenta dados que contribuem enormemente para um entendimento ampliado – e interpretativo, na linha indutiva – do itinerário de vida do escritor modernista.

Nesse pormenor, deve-se esclarecer que não se fez aqui um levantamento exaustivo das publicações, dissertações e teses sobre Mário de Andrade, na correlação entre linguagem artística (poesia, romance, crítica literária etc.) e área de conhecimento (letras, sociologia, história etc.), algo que se mostraria improcedente, porque absolutamente gigantesco – e resultaria em um trabalho a fundo perdido. A seleção bibliográfica consignada nesta pesquisa não buscou dar conta de algo como um "balanço geral" sobre Mário de Andrade e seus interlocutores, mas se voltou para autores e estudos condizentes com uma abordagem contextual e relacional, no vislumbre dos condicionantes sociais em operação. O diálogo se estabeleceu com obras que conectam as histórias de vida dos autores estudados aos seus feitos. Enfim, o que fica patente de novo, ao se olhar a profusão de estudos e publicações, é a dimensão quantitativa e qualitativamente impactante da obra de Mário de Andrade, cujo brilho ilumina um período destacado de construção e caracterização da cultura brasileira entre as décadas de 1920 e 1940.

Outra razão para tal notoriedade e importância, além da obra, verifica-se pelo lado da ação política, tanto ao sugerir, aos seus contemporâneos, ideias de operação criativa no campo da cultura, quanto ao colocá-las em prática ele mesmo, em alguns casos. Logo vem à mente o período em que chefiou o Departamento de Cultura e Recreação da Municipalidade de São Paulo, entre 1935 e 1938, ou ainda a elaboração do anteprojeto para a preservação do patrimônio histórico e artístico brasileiro, sob encomenda do então ministro da Educação e Saúde, Gustavo Capanema, em 1936 (Sala, 1990).

Mário de Andrade se mantém, assim, como um referente destacado e inspirador para artistas, pesquisadores e propositores culturais da arena política no Brasil do século XXI, embora tenha vivido em realidade histórica distinta da atual, assim como distinta e impactante foi sua história de vida.

Afirmar tal presença inspiradora desse modernista impetuoso justifica, de antemão, a necessidade de novos estudos que vinculem a análise histórica com a práxis cultural transformadora, considerando-se que na última década, após a elaboração de planos e sistemas de cultura por parte dos representantes do poder público – no caso, especificamente na esfera federal e com a articulação do músico Gilberto Gil à frente do MinC (2003-2008) –, o que se observa, no momento em que redijo esta introdução, é um profundo retrocesso social e político, de maneira que a área da cultura permanece com fraca institucionalização republicana, sendo ainda continuamente incompreendida e atacada.

Esses dois pontos de inflexão – obra e ação política –, que caracterizam a amplitude da produção cultural de Mário de Andrade, não podem ser vistos de maneira dissociada. Tanto uma quanto outra carregavam pressupostos, intenções pessoais e enredamentos sociais multifacetados. Foi justo em meio ao trânsito desses arranjos condicionantes que o modernista uniu sua capacidade criativa a seus trunfos de realização, gestados aos poucos no tempo e acumulados ininterruptamente ao longo da vida.

Impressiona perceber, a esse respeito, as inúmeras frentes de atuação em que soube estar envolvido. Ao distender um leque que cobriu variadas áreas da cultura e das ciências humanas, em muitos casos de maneira pioneira, Mário de Andrade pode ser visto como "um moderno intelectual brasileiro", um intelectual polivalente (Miceli, 2012, pp. 106-22). E o que se revela por essa figura de intelectual, à época tão incomum naquilo que veio a conceber e concretizar historicamente, relaciona-se com a preocupação levada a cabo em conhecer, pesquisar e escrever sobre inúmeras frentes no campo da cultura. Relaciona-se, adicionalmente, com o desejo de manter o mesmo grau de empenho e ousadia em tudo que realizava, sem poupar esforços.

Mário de Andrade se tornou, desde a juventude até o fim da vida, de maneira coordenada, acumulativa e não disjuntiva: poeta e romancista; jornalista, cronista, ensaísta, ficcionista e contista; desenhista (*designer*, hoje) e estilista (ao encomendar, mediante esboços próprios, suas vestimentas: pijamas, ternos, fantasias de carnaval etc., e ao desenhar alguns de seus móveis de escritório); músico e professor de piano; fotógrafo, viajante e "turista aprendiz"; pesquisador de campo (de folclore e manifestações culturais regionais), antropólogo e etnomusicólogo (para utilizar um termo atual condizente); "africanista" (epíteto concedido por Roger Bastide na dedicatória de seu livro dado a Mário de Andrade em 1938); crítico cultural e historiador das artes plásticas, da música e da literatura; estudioso e crítico de cinema; servidor público, gestor e administrador de cultura; agitador e consultor de política cultural; defensor do patrimônio material e imaterial; colecionador; bibliófilo, gramático, pensador da língua portuguesa falada – sendo considerado um dos pioneiros na sistematização e no uso propositivo e literário da "língua portuguesa brasileira" –; conselheiro de jovens escritores; e, principalmente, missivista contumaz.

Sobressai, nessa listagem, o empenho extremado em tudo em que se lançava, a ponto de investir o próprio itinerário de vida – saúde precária, dedicação exclusiva de tempo, aplicação financeira própria – na produção cultural. Essa atitude é muito semelhante ao que o sociólogo Pierre Bourdieu disse acerca do poeta Charles Baudelaire, ao criticar a posição de *lector* que pensa e vive a leitura sobre o *auctor* como uma "segunda criação", às vezes sem a devida ciência do empenho subjetivo implicado na realização da obra:

> [O] *lector* acaba por esquecer que, para Baudelaire, a questão da poesia, da vida, da arte de viver do poeta, constitui o objeto de um investimento absoluto, total, sem reserva, um empreendimento no qual a gente se lança de corpo inteiro, sob risco de se perder. (Bourdieu, 2007, p. 109)

O corolário de tal investimento pode ser divisado pela posição de centralidade que Mário de Andrade adquiriu no movimento modernista como um todo, percorrendo as décadas entre 1920 e 1940 de modo tão ativo, presente e influente, e angariando, assim, o reconhecimento póstumo duradouro de seu nome e de seus principais feitos. Posição de centralidade, um epicentro – esse é o termo constituinte do argumento que marca o presente livro. Um termo que se direciona para a identificação e a exploração do significado desse lócus a partir da sociabilidade por ele estabelecida. Deve-se levar em conta que essa posição, digamos, epicêntrica é consideravelmente distinta da afirmação mais recorrente de que o poeta foi o líder – autodenominado ou eleito, e, assim, reconhecido até hoje – do movimento modernista.

Dentro desse escopo, pensá-lo epicentral implica lidar com a gravitação de suas ações em um registro de significado que abrange, e a um só tempo suplanta, a ideia da liderança, justo ao realçar o protagonismo cultural e intelectual que construiu para si – com todas as consequências daí decorrentes –, ao influir, ou ao menos tentar influir, nas obras de seus contemporâneos e gerar seguidores; mas, inclusive, ao criar dissensos também, ao romper e sedimentar inimizades. Primeiro porque, ao levar adiante a metáfora do epicentro, visualiza-se que Mário de Andrade conheceu, concentrou ao seu redor e atraiu para si, como um centro de energia nos termos da sociabilidade estabelecida, um grupo renomado de intelectuais e artistas que eram – ou se tornaram – os principais produtores culturais e políticos do período. E com os mesmos estabeleceu relações amigáveis e tensas, dinâmicas e desafiadoras, repletas de emoção e concordâncias, mas também repletas de discussão e confronto, envolvendo anseios e frustrações, ações rápidas inconsequentes bem como elaboradas estratégias de ação, tudo permeado por ambições e constrições diversas. E, segundo, porque a reverberação dessa sociabilidade, concentrada nas ações do poeta como o epicentro de uma onda sísmica, surtiu efeitos duradouros no grupo com o qual se envolveu e no cenário cultural daquele período até seu repentino falecimento, o que pode ser analisado sob a perspectiva de uma estratégia consciente para assumir o protagonismo cultural e intelectual diante desse grupo de interlocutores, "aprendendo" e "ensinando". Inclusive, dentro dessa estratégia, com o ocasional rompimento de relações conforme a situação – como ocorreu com Oswald de Andrade em meados de 1929, talvez o único modernista cuja obra literária e teatral possa ser aproximada em importância e impacto à de Mário de Andrade.

Protagonismo, portanto, como uma condição que apresenta características próprias e mais amplas que a da liderança, o que lhe permitiu ser significativo e, desse modo, manter-se pulsante para a geração atual, visto que produziu e colaborou em tantas frentes culturais inéditas à época, desbravando-as.

Pensá-lo epicentral implica identificar e descrever como agia, quais as trocas estabelecidas, as relações de influência e interdependência, os dilemas enfrentados e os pontos de ruptura ocorridos, percorrendo, desse modo, o lastro deixado em cada interlocutor e, em contraponto, o lastro deixado em si próprio. E tratá-lo à vista epicentral, por outro lado, requer o dimensionamento sociológico de sua importância. Há agudeza nas palavras da pesquisadora Telê Ancona Lopez, para quem Mário de Andrade se tornou "o pai da moderna cultura brasileira", responsável por um projeto de "democratização da cultura" e por um ímpeto corajoso de "intelectual participante", tomando partido e elaborando "a beleza da arte enquanto espelho de verdades humanas" (Lopez, 1993, p. 5). Essas afirmações, pontuando elementos centrais do pensamento e da ação mariodeandradianos, forjam, com igual ímpeto, o lugar que ele ocupa no imaginário sociocultural letrado de nosso país.

Aproveitando essas afirmações, a perspectiva analítica adotada neste estudo guiou-se pela intenção de mostrar, mas também de problematizar, as autodefinições e representações elaboradas acerca do modernista e de seus interlocutores, que estão entre as principais figuras de nossa história cultural, mediante a relação desmistificadora entre feitos artísticos e condicionantes sociais.

A fonte primária que serviu como componente da investigação e objeto de análise consistiu em uma parcela da correspondência de Mário de Andrade. Trata-se de produção riquíssima, a qual representa uma fortuna documental. O crítico literário Antonio Candido já apontava, em 1946, que a correspondência "encheria volumes" e "permitiria o entendimento da vida de Mário de Andrade e sua obra" (Candido, 1990, p. 69). Anos mais tarde, o próprio Antonio Candido se tornou o responsável por articular a incorporação do arquivo pessoal de Mário de Andrade ao Instituto de Estudos Brasileiros da Universidade de São Paulo (IEB-USP).

No IEB, o Fundo Pessoal Mário de Andrade foi organizado de acordo com um arranjo em três seções ou subfundos: arquivo, biblioteca e coleção de artes visuais[2]. O arquivo concentra os documentos do arquivo pessoal propriamente dito, ou seja, os inúmeros manuscritos das diversas atividades que ele exerceu, acumulados durante sua vida. As seções biblioteca e coleção referem-se, respectivamente, à coleção de livros e à coleção de obras de arte – esta última bastante diversificada, pois inclui arte moderna brasileira, objetos religiosos, arte indígena, entre outras obras. Cada seção está organizada em séries[3], tal como a Série Cartas (ou Série Correspondência, nomeada aqui). A pioneira na organização e no estudo sistemático desse acervo foi a pesquisadora Telê Ancona Lopez, tendo como continuador, especialmente na parte epistolar, o pesquisador Marcos Antonio de Moraes, entre outros.

Neste ponto, vem muito a propósito situar a ação de Antonio Candido não só como analista de Mário de Andrade (por ter sido o principal crítico literário e cultural que o alçou ao reconhecimento duradouro, e por ter escrito estudos sobre a obra do modernista), mas também como o agente responsável por consolidar esse reconhecimento, ao contribuir em definitivo para a preservação do acervo mariodeandradiano no IEB-USP.

Eis uma ação que permitiu acesso e estudo ao arquivo pessoal, à biblioteca e à coleção monumental reunida por Mário de Andrade, composta por obras artísticas (quadros, esculturas etc.), livros e partituras, manuscritos de romances e estudos não publicados. E, claro, permitiu pesquisa e consulta pública, contribuindo para manter para a posteridade a série de correspondências, justamente após os cinquenta anos solicitados pelo modernista em seu testamento para esse acesso, a partir da data do falecimento, em fevereiro de 1945.

A história da incorporação do acervo é narrada por Antonio Candido e vale ser trazida como relato testemunhal e como elemento fundante de um processo de institucionalização da obra e ação de Mário de Andrade em acesso livre numa universidade pública:

2   Ver Guia do IEB: o acervo do Instituto de Estudos Brasileiros. Disponível em: <http://www.ieb.usp.br/category/noticias/guia-do-ieb/>. Acesso em: 22 nov. 2017.
3   Para a definição de arranjo, arquivo pessoal, fundo, seção, série, subfundo, subsérie, consultar *Dicionário Brasileiro de Terminologia Arquivística*. Rio de Janeiro: Arquivo Nacional, 2005. Disponível em: <http://www.arquivonacional.gov.br/images/pdf/Dicion_Term_Arquiv.pdf>. Acesso em: 22 nov. 2017.

Dei um curso de análise do poema "Louvação da tarde", de Mário de Andrade, em 1962, que acabou tendo muitas consequências. Desse seminário saiu a pesquisa em casa de Mário de Andrade, a cargo de Nites Teresinha Feres, Maria Helena Grembecki e Telê Ancona Lopez [...]. Eu propus: "Vamos examinar a marginália do Mário de Andrade". Então arranjei uma verba com a Fapesp, que não dava verba para literatura, só para ciência; mas mostrei a eles que pode haver pesquisa em literatura. A primeira foi para essas meninas e para Pérola de Carvalho analisar Machado de Assis. É preciso dizer que como minha disciplina de Teoria Literária e Literatura Comparada era nova, sem tradição nem hábitos adquiridos, foi fácil introduzir cursos sobre autores recentes, contrariando a norma. Encaminhei as três moças que mencionei para o estudo da obra de Mário e Vera Chalmers para a de Oswald de Andrade. Mário tinha manifestado informalmente à família o desejo de distribuir seu acervo por várias instituições: Biblioteca Municipal, que hoje leva seu nome, Biblioteca de Araraquara, Pinacoteca, Cúria – o que seria uma pena. A família não deu andamento e ficou tudo na casa onde ele morava, à rua Lopes Chaves, onde a irmã foi morar. Um dia o irmão dele, Carlos de Morais Andrade, me chamou e disse: "Nós estamos numa situação um pouco complicada, porque precisamos dar um destino a tudo isto. Além disso minha irmã está em situação difícil porque o marido morreu e ela precisa de dinheiro. Nós não queremos vender, porque o Mário não queria vender nada, mas queríamos ceder para alguma instituição que desse uma compensação pequena a ela. O que você acha?". Estavam reunidos Carlos de Morais Andrade, o sobrinho Carlos Augusto de Andrade Camargo e Airton Canjani, casado com a irmã deste. Eu disse: "Podemos transformar isto aqui numa Casa de Mário de Andrade ou incorporar à Universidade de São Paulo. Se vocês quiserem transformar isto numa Casa de Mário de Andrade a situação é boa, porque, embora eu seja oposição, o atual governador do estado, que é o Roberto de Abreu Sodré, foi meu companheiro de luta política contra o Estado Novo. O secretário do governo é amigo meu, o Arrobas Martins, colega de turma na Faculdade de Direito. Eu sei que eles estão loucos para fazer uma Casa de Mário de Andrade". Aí eles conversaram, pensaram um pouco, e com grande bom senso disseram: "Queremos incorporar à universidade". Fui falar com José Aderaldo Castello, que pegou fogo, encampou a ideia e promoveu tudo, depois de obter o consentimento da reitoria. Morais Andrade me disse: "Não quero um tostão para mim, mas quero uma compensação para minha irmã" – fixando duzentos não sei o quê, mil ou milhões, porque esqueci qual era a moeda. A reitoria achou tão pouco que deu quinhentos, quantia quase simbólica em face da qualidade e da quantidade no acervo: uma coleção de quadros que era um museu, esculturas, quatrocentas gravuras, inclusive algumas de Albrecht Dürer, coleção de partituras, coleção de arte popular, coleção de imagens, 15 mil volumes na biblioteca. E mais toda a papelada dele e a correspondência. Uma coisa monumental. Foi a partir daí que se formou no Instituto de Estudos Brasileiros (IEB-USP) o grande centro de estudos em torno de Mário de Andrade[4].

Dessa narração, faço dois comentários que melhor situam a contribuição de Antonio Candido como agente (e não só como analista crítico, ou seja, como fonte) para a pesquisa aqui proposta. O desejo de Mário de Andrade, explicitado pelo crítico, de distribuir seu acervo por diferentes instituições revela a preocupação com o tipo de documento que cada instituição receberia: à biblioteca, os livros; ao museu, as obras de arte, e assim por diante. Naquele momento, e com essa forma de guarda, seria mais fácil ambicionar o tratamento técnico específico e adequado ao fundo, quanto à metodologia museológica e arquivística necessária, assim como a facilidade de acesso aos itens documentais também ficaria preservada. Mas, ao concentrar todos os documentos do Fundo Pessoal Mário de Andrade na mesma instituição, a escolha leva a perceber que, se por um lado ficou

---

4   Cf. Candido, 2013. Disponível em: <https://tinyURL.com/epicentrico>. Acesso em: 3 nov. 2017. Telê Ancona Lopez também apresenta uma memória da constituição do Fundo Mário de Andrade, mas decorrente de sua ligação como orientanda de mestrado de Antonio Candido, em 1964, cuja defesa ocorreu em 1967. O ponto de partida foi o curso de especialização oferecido pelo professor no segundo semestre de 1962, o qual Lopes frequentou e que resultou no levantamento posterior da marginália mariodeandradiana, entre 1963 e 1968. O importante é frisar que Candido obteve financiamento da Fapesp para a pesquisa sobre a marginália do poeta mediante o friso do ineditismo da empreitada à vista de um projeto de internacionalização da pesquisa acadêmica, comparando-a à marginália mundialmente reconhecida e pesquisada do escritor francês Stendhal, coligida e publicada pela Universidade de Grenoble. Ver Telê Ancona Lopez, "Homenagem: Antonio Candido", *Revista USP*, São Paulo, abr.-jun. 2017, n. 113, pp. 104-7.

violada a forma como o poeta imaginou a sua organização posterior, segundo o depoimento de Antonio Candido, por outro lado (e deve-se frisar este ponto) manteve-se a integridade do acervo tal como acumulado pelo autor no decorrer de suas atividades.

O princípio da integridade é um elemento importante da preservação arquivística. Segundo a historiadora e especialista em arquivística Heloísa Liberalli Bellotto, a própria conceituação de fundo – entendido como "a grande figura da teoria arquivística no âmbito dos arquivos permanentes" – já mostra a precedência da integridade, pois não se aceita a dispersão de documentos mesmo com base em apelos justificadores, científicos ou não, como o de oferecer o melhor tratamento técnico (livros em bibliotecas, obras de arte em museus etc.) ou o de oferecer "um melhor serviço" aos pesquisadores.

O fundo "abarca documentos gerados/recebidos/acumulados por pessoas físicas ou jurídicas", de maneira que "os documentos pertencentes a um mesmo fundo guardam uma relação orgânica com o seu produtor e entre si – o chamado vínculo arquivístico –, vindo a constituir uma unidade autônoma, não podendo seus elementos serem separados, para irem fazer parte de agrupamentos aleatórios" (Bellotto, 2014, p. 81).

Adicionalmente, a pesquisadora afirma que "o fator norteador da constituição do fundo é a origem do documento no sentido do contexto de sua gênese, ficando claro dentro de qual função/atividade ele surgiu, para quê e como" (*ibidem*, p. 82).

Nesses três casos, a constituição do Fundo Pessoal guarda a referência de sua gênese e se mantém fiel ao princípio da proveniência, gerador da garantia do valor de prova (*evidential value*) e do valor de testemunho (*informational value*) (*ibidem*, p. 82).

O segundo comentário se refere à negociação levada a cabo por Antonio Candido com um político do calibre de Roberto de Abreu Sodré, oriundo de uma família de cafeicultores em declínio que apostou seus trunfos na carreira política[5]. Essa negociação mostra às claras como o capital social

---

5 Roberto Costa de Abreu Sodré (1917-1999), filiado à época à Aliança Libertadora Nacional (Arena), foi governador de São Paulo entre 1967-1971, durante o regime civil-militar. Embora tendo apoiado o golpe, em fins da década de 1960 critica o endurecimento do regime. Posteriormente, se desligará do partido. Tido como um liberal, Abreu Sodré criou a Fundação Padre Anchieta durante seu período como governador; contudo, será mais reconhecido como ministro das Relações Exteriores, de 1985 a 1990, aqui já filiado ao Partido

de relacionamentos e "amizades", mesmo numa situação adversa, tornou-se fundamental para a destinação do acervo de Mário de Andrade. Era época da ditadura militar – portanto, Abreu Sodré era considerado um governista apoiador. Considerava-se, no entanto, detentor de perfil liberal, "pragmático" e de "resultados". Além de ter passado pela faculdade de direito, é possível supor com margem segura que Abreu Sodré não só conhecia a obra de Mário de Andrade e sabia de sua importância, como também devia ter em conta o nome da família pelo lado da trajetória do irmão do poeta, Carlos, igualmente egresso da mesma faculdade e ainda, analogamente, um político por profissão. Daí ser conclusão óbvia que a frase "eles estão loucos para fazer uma Casa Mário de Andrade" conota o interesse de ambos por conta dos ganhos significativos em mover para a Universidade de São Paulo o monumental acervo.

O que se sugere reter nesse exemplo, e que diz respeito às relações que foram travadas por Mário de Andrade, é a dimensão do capital social, dos contatos e das negociações possíveis, todos estes imersos em interesses e jogos mútuos de influência. Uma dimensão que não se resume ao aspecto mais tradicional da amizade, entendida no registro romantizado, portanto, idealizado, que suaviza o atrito e ressalta mais fortemente a cordialidade no trato cotidiano.

Quanto ao Acervo Mário de Andrade, o conjunto utilizado para a pesquisa deste livro é a Série Correspondência, que soma um total de 7.888[6] itens documentais, contadas as subséries Correspondência Ativa (759 documentos), Passiva (6.989 documentos) e de Terceiros (140 documentos), e tem como datas-limite 3 de fevereiro de 1914 e o longo mês de fevereiro de 1945, quando da morte do poeta[7]. Realmente, uma série também monumental, como explicitado no depoimento de Antonio Candido.

Democrático Social (PSD), durante a presidência de José Sarney. Sua carreira política até então intensa finda em 1992, após uma série de confrontos com o malufismo. Cf. "Sodré é enterrado com honras de estado", *Folha de S.Paulo*, São Paulo, quinta-feira, 16 set. 1999, *Caderno Brasil*; e "Confrontos marcaram carreira política", *Folha de S.Paulo*, São Paulo, quinta-feira, 16 set. 1999, *Caderno Brasil*. Disponíveis em: <https://tinyURL.com/epicentrico1>; e <https://tinyURL.com/epicentrico2>. Acessos em: 11 nov. 2017.

6   Número gentilmente fornecido, em 2018, por Marcos Antonio de Moraes (IEB-USP), cujo trabalho realizado nos últimos anos leva adiante o propósito de identificar outras missivas dispersas de Mário de Andrade, endereçadas a interlocutores constantes ou a interlocutores até então não constantes na organização prévia feita pelo poeta em sua Série Correspondência.

7   Cito o mês de fevereiro, mas há também no acervo cartas endereçadas a Mário de Andrade que chegaram à rua Lopes Chaves no decorrer de 1945 e até mesmo em 1946.

Ao trazer à baila o termo "monumental", é preciso ressaltar o aspecto grandioso (quantitativo e qualitativo) do acervo em alusão ao conceito de monumento, como proferido pelo historiador Jacques Le Goff, cujas intenções de memória, de "imagem de si" (biográfica) e de percepção das relações travadas estavam presentes desde o momento em que Mário de Andrade iniciou a guarda de sua correspondência.

> O documento é monumento. Resulta do esforço das sociedades históricas para impor ao futuro – voluntária ou involuntariamente – determinada imagem de si próprias. No limite, não existe um documento-verdade. Todo documento é mentira. Cabe ao historiador não fazer o papel de ingênuo. Os medievalistas, que tanto trabalharam para construir uma crítica – sempre útil, decerto – do falso, devem superar esta problemática porque qualquer documento é, ao mesmo tempo, verdadeiro – incluindo, e talvez sobretudo, os falsos – e falso, porque um monumento é em primeiro lugar uma roupagem, uma aparência enganadora, uma montagem. É preciso começar por desmontar, demolir esta montagem, desestruturar esta construção e analisar as condições de produção dos documentos--monumentos. (Le Goff, 2003, p. 548)

As condições de produção fornecem a pista para a análise de uma correspondência. A preservação e a institucionalização do acervo, como demonstrou Antonio Candido, dependem de relações de poder e interesse voltados à construção da memória. Por conseguinte, em função do gigantismo da Série Correspondência e do tempo de realização de uma tese de doutorado, houve a necessidade de recorte temático para tratamento das missivas.

Sendo assim, no que se refere à metodologia, a correspondência de Mário de Andrade é tratada neste estudo simultaneamente como fonte e objeto. Por parte do escopo da crítica documental, como exposto, procurou-se aprofundar aspectos da vida e obra do poeta e também abordar a sua correspondência como elemento a ser compreendido dentro do contexto em que foi produzido e no qual circulou. O enfoque como objeto colocou de imediato a necessidade de perscrutar as cartas na sua dupla objetividade, tanto como documento e fonte histórica (posto que é registro epistolar, pessoal e subjetivo, o que requer leitura e análise críticas, metodologicamente orientadas), e, por parte do olhar sociológico, como indício de uma experiência social, que se relaciona com o texto no sentido anterior de documento e o insere na linha de uma "escrita de si", de referência autobiográfica, que oculta e revela, que diz "verdades" e guarda silêncios, com conexões que importa buscar relativamente ao seu significado social, que não está dado de imediato.

A reflexão sobre a escrita epistolar precisa ser feita em chave periautográfica, uma narrativa de si, pois permite entender que a memória, como um arcabouço que traz elementos para essa escrita, dá forma ao passado. A narrativa presente na carta, como uma intenção de discurso da subjetividade e sobre a realidade, finca-se às vezes na elaboração literária dos sentimentos, entre a "verdade" e a fantasia (e não tanto a falsidade), entre a expressão de um estado de espírito e a intenção de surtir um efeito ou expectativa no destinatário. Em cada carta redigida por um indivíduo, há presença memorialística da própria vida, mediada socialmente, por onde ocorre o registro dos acontecimentos, quase ao modo de um diário autobiográfico, embora a correspondência não se confunda com esse tipo específico de escrita literária, razão pela qual se devem identificar e entender as tomadas de posição, os deslocamentos e as elucubrações desse tipo de trabalho criativo-artístico epistolar. Em outros termos, é preciso levar em consideração essas situações distintivas para que a correspondência não seja absolutizada e muito menos relativizada extremamente (Miceli; Myers, 2019, pp. 15-6).

No caso específico de Mário de Andrade, emerge tanto um "eu analítico" que se coloca em primeira pessoa, reflexivamente, quanto também um "eu lírico", que, como tal, "reinventa a realidade vivida" (Lopez, 1993, p. 5). Não à toa, como prova de conscientização dessa circunstância e intencionalidade de registro, o escritor ocasionalmente se vê "fazendo literatura", e de maneira eloquente, no próprio ato da escrita epistolar. Um bom exemplo que remete à poetização se nota numa passagem, em forma de modinha, na primeira carta escrita para Anita Malfatti, datada de 22 de dezembro de 1921, quando ela se encontrava em férias na fazenda Costa Pinto, propriedade de sua família: "Minha alma: muito luto. Guardo seu convite, Anita, para outra vez. Médico não quer que saia de São Paulo, nem por 3 dias, interrompendo tratamento. Minha alma: muito luto. Guardo seu convite, Anita, para outra vez" (Andrade, 1989, p. 52).

Levanto a discussão com esse exemplo para realçar as artimanhas compositivas e a atenção que o pesquisador deve ter ao trabalhar com esse enfoque metodológico, concernente à escrita epistolar. Por isso, é preciso desenvolver adicionalmente uma atitude de distanciamento compreensivo, identificando e delineando as características dos interlocutores que compõem as redes de sociabilidade que Mário de Andrade manteve na prática de sua atividade artístico-criativa, de maneira a delimitar a expressão de um *habitus*. Justo porque essa "monumentalidade" epistolar – para utilizar o termo caro a Antonio Candido – circunscreve uma prática consciente e fornece também um testemunho, se lido criticamente, que enlaça biografias, itinerários intelectuais, relações sociais e vida cotidiana, entranhando reflexões e discussões que podem esclarecer o que estava em jogo no caminho seguido, na presença ativa e no próprio envolvimento epistolar de Mário de Andrade com os enfrentamentos, ganhos e dilemas criativos e culturais enfrentados nas diversas trincheiras de investimento crítico-intelectual aí implicadas.

É nesse sentido que, quase ao fim da vida, Mário de Andrade deixa entender que guardava consciência da importância das cartas, no exato sentido do que poderiam prestar como auxílio para a compreensão do modernismo brasileiro e sobre sua personalidade. Esse ponto fica explícito, por exemplo, na passagem abaixo:

> Tudo será posto a lume um dia. [...] De imediato, tanto correspondências, como jornais e demais documentos não "opinarão" como nós, mas provarão a verdade. Tudo será posto a lume um dia, por alguém que se disponha realmente a "fazer a História". (Andrade, 1944)

"Provar a verdade" e "fazer a História" podem ser compreendidas e utilizadas aqui objetivamente, em sentido amplo e criticamente orientado de proceder à pesquisa científica no intuito de entender os desígnios de Mário de Andrade, conferindo, no sentido lato da palavra, se pendia mais para uma liderança consciente ou se se situava intencionalmente numa posição epicêntrica, de protagonismo, dentro do movimento modernista. E, desse modo, verificar ainda as condições e possibilidades de sua experiência social, em luta de conquista modernista, com as retomadas avaliativas das obras produzidas (suas e de seus interlocutores) e as respectivas desilusões.

Em face da magnitude da Série Correspondência, a análise não seguiu o partido de se limitar à leitura de correspondências mantidas entre um único interlocutor e muito menos o de se reduzir a uma única área ou linguagem artística, posto que se intencionou circunscrever os desígnios de Mário de Andrade envolvendo as relações de amizade e sociabilidade, de troca, debate, jogo e criação. Dessa maneira, em vez de tomar as cartas numa referência unilateral ou somente cronológica para a análise, optou-se por uma seleção prismática e conceitual, relativa à constituição de uma figuração de grupo modernista.

Essa figuração condensa um *corpus* documental cuja visada analítica, sob a ótica da sociologia da cultura e da história intelectual, leva ao reconhecimento e tratamento de seu teor expressivo, tanto no que se refere aos aspectos tidos como os mais individuais, porque internalizados como disposições práticas que revelam um estilo pessoal, quanto no que se refere aos aspectos externos que foram surtindo efeito característico sobre Mário de Andrade, conformados na trajetória e posição sociais, nas relações e mediante as interações conduzidas entre o missivista e seus interlocutores.

Utiliza-se, aqui, o conceito do sociólogo Norbert Elias de figuração – que faz ressoar outro autor, Georg Simmel – na medida em que permite compreender que a sociedade, assim como os grupos sociais, só existe enquanto processo e interação, "fornecendo lastro para uma concepção do todo relacional". Duas passagens são esclarecedoras a esse respeito:

> [...] figuração, o conceito por excelência dessa quase obsessão por uma totalidade "expressiva" resultante da cristalização de sentidos em formas historicamente reconhecíveis e determinadas. O teor "expressivo" da sociabilidade, [...] condensa experiências, conteúdos e ícones, em conceitos, ideias, obras de arte, episódios de todo tipo, os mais diversos suportes das práticas e comportamentos esclarecendo-se uns aos outros [...]. (Miceli, 1999, p. 121)

> Os seres humanos, em virtude de sua interdependência fundamental uns dos outros, agrupam-se sempre na forma de figurações específicas. [...] Essas figurações possuem peculiaridades estruturais e são representantes de uma ordem de tipo particular, formando, respectivamente, o campo de investigação de um ramo da ciência de tipo particular, as ciências sociais em geral, e, também, a sociologia. (Elias, 2006, p. 26)

As relações de amizade e sociabilidade, em cujos meandros se podem perceber indícios da posição e do trânsito no espaço social dos indivíduos aí implicados, incluem-se nessa categoria por serem representativas de um micromundo social, para utilizar uma expressão eliasiana. Do mesmo modo, o conceito de figuração procura dar conta de relações, trocas, correspondências, interdependências, jogos, tensões, circularidades, competições, concatenando unidade e multiplicidade:

> [A] ideia de interação assume, nas relações que envolvem a multiplicidade e a unidade – como indivíduo e sociedade – um papel fundamental. [...] O tecido das relações humanas, que o conceito de figuração quer exprimir, é uma rede de jogadores interdependentes. (Waizbort, 1999, pp. 103-6)

Em outros termos, e agora evocando outro autor clássico, Max Weber, as figurações, em se tratando de um grupo cultural e intelectual, são "abstrações idealizadas de aglomerados menos ordenados de agentes individuais e de suas ações orientadas expressamente para outros agentes" (Elias, 2006, p. 27).

Tal ênfase conceitual permite discutir a "vinculação entre sociabilidade, amizade e aprendizado", reconhecível na troca epistolar delimitada por essa construção de figuração de grupo cultural e intelectual, tecida por Mário de Andrade; e inquirir a "percepção de amizade como fruto de uma fecundação intelectual" e "a postura de igualdade [que] balizava o relacionamento intelectual e de camaradagem com o escritor" (Moraes, 2007, pp. 31-2).

Ao lado da amizade e da afirmada igualdade, e em face das relações de interdependência ou influência mútua, também estão presentes entre os missivistas a disputa, o ciúme, a concorrência, as contradições, a diferença de pensamento, reflexão e ação. Ou seja, a existência de conflitos e discordâncias desloca a mera visão sentimental que ressoa ou se manifesta nas cartas, em forma de nota predominante de uma partitura vivida sem dissonâncias. De fato, trata-se de uma partitura que enceta questões e problemas – escrita, ensaiada e executada por várias mãos, consecutivamente, que se aproximam e se distanciam conforme as idas e vindas de cartas trocadas entre os interlocutores.

A figuração que se pretendeu analisar, por fim, diz respeito ao Grupo dos Cinco (complementado, às vezes, como "da modernidade de São Paulo" ou também, embora mais a título de alusão e vinculação europeia em *terra brasilis*, "da modernidade ocidental"), alcunha criada para batizar a relação entre os modernistas Mário de Andrade, Oswald de Andrade (1890-1954), Tarsila do Amaral (1886-1973), Anita Malfatti (1889-1964) e Menotti del Picchia (1892-1988) – e criada, ao que se pôde verificar, pelo próprio Oswald de Andrade.

A justificativa para a escolha dessa figuração repousa sobre a importância do grupo, que agregou, no segundo semestre de 1922, os principais nomes do modernismo paulista e cuja correspondência mais significativa, mantida com Mário de Andrade, cobriu o período entre as décadas de 1920 e 1930. Do estudo dessa figuração de grupo cultural, em meio à complexa rede de relações que o poeta estabeleceu, a intenção é compreender como sua posição foi se configurando na forma de presença epicêntrica em relação aos demais modernistas.

Assim, o primeiro capítulo leva adiante um recorte analítico mais aprofundado sobre a abordagem relacional que se propõe neste estudo, antecipando e exemplificando uma leitura crítica do modo pelo qual o modernista se colocava intersubjetivamente nas cartas, algo definidor de um *habitus* e de seu poder de arregimentação nas trocas estabelecidas.

Já o segundo capítulo, em forma de preâmbulo histórico e assumindo tom narrativo, apresenta uma reconstrução dos aspectos biográficos, familiares e formativos do poeta, no intuito principal, e complementar ao primeiro capítulo, de caracterizá-lo objetiva e subjetivamente. O foco se concentra em dois aspectos: a relação do poeta com os pais e a constituição do círculo de amigos que formarão o Grupo dos Cinco, de maneira a pontuar a caracterização da sociabilidade que estabeleceram.

Os dois capítulos seguintes, voltados para a leitura crítica da correspondência, delimitam os termos da relação entre Mário de Andrade e seus interlocutores modernistas, elucidando, relacionalmente, as aproximações por afinidade, os jogos, as tensões, as competições e as rupturas que marcaram o Grupo dos Cinco.

Tanto Anita Malfatti quanto Tarsila do Amaral, tanto Oswald de Andrade quanto Menotti del Picchia, sob a perspectiva da correspondência, podem ser divisados no que apresentaram de disputas entre si, mas ligados a Mário de Andrade, esse polígrafo distinto e influente, detentor de ação propositiva e intencional, cuja síntese sinalizava a busca por se tornar mais que um líder de escola – um modernista no epicentro do modernismo brasileiro.

CAPÍTULO 1

MÁRIO DE ANDRADE EM PERSPECTIVA RELACIONAL

COM O OBJETIVO DE PESAR seu reconhecimento enquanto protagonista ímpar, a eféméride de 70 anos do falecimento de Mário de Andrade, completados em 2015, permitiu testemunhar a constante retomada analítica e avaliativa de sua obra, mediante pesquisas que problematizam e delimitam (e, por isso mesmo, demonstram ou tornam legítimo) o lugar epicentral a ocupar em referência ao modernismo e, mais amplamente, à cultura brasileira. Essa mesma eféméride dos 70 anos contribuiu, no circuito das comemorações mais efusivas e dos meios massivos de comunicação (ou seja, na indústria cultural: jornais e revistas especializadas em cultura e artes, *sites* de internet e festas literárias), para aclamar e reforçar seu nome no panteão dos mestres.

Mas isso tem sido feito, às vezes, sem levar a cabo um arrazoado crítico que destrinche as malhas das relações sociais em que se viu enredado. Dessa maneira, o modernista polígrafo corre o risco de ser entendido *substancialmente*, em registro muitas vezes idealizado, como um gênio absoluto. Ou, ainda, acaba sendo entendido ao modo de um criador nato, ou seja, um criador incriado[8]. Considerá-lo nessa chave de entendimento pode trazer, como consequência direta, a desvinculação entre vida e obra,

---

[8] Ver, por exemplo: "Mário de Andrade será o homenageado da Flip", *Estadão*, São Paulo, 16 jan. 2015. Disponível em: <https://tinyURL.com/epicentrico3>. Acesso em: 04 fev. 2022. Ver também: "Mário de Andrade será o autor homenageado da 13ª edição da Flip", *Folha de S.Paulo*, São Paulo, 16 jan. 2015. Disponível em: <https://tinyURL.com/epicentrico4>. Acesso em: 04 fev. 2022.

entre a experiência social e a produção artística, deixando de discutir criticamente os percalços do itinerário que desenvolveu. Por certo, hoje temos as duas biografias citadas, de Eduardo Jardim (2015) e Jason Tércio (2019), as quais elucidam em detalhe o itinerário de vida do poeta e polígrafo.

Ao se tornar um dos responsáveis pela "rotinização" do movimento modernista, e ao ficar marcado para a posteridade também como um dos responsáveis pela relevância paulistana do movimento, nublando o lado moderno de outros estados e centros urbanos, como Rio de Janeiro, Rio Grande do Norte, Minas Gerais ou Pernambuco, por exemplo, Mário de Andrade contribuiu precisamente – e intencionalmente – para consagrar uma "linguagem cultural duradoura" e nova, de acordo com as expressões utilizadas por Antonio Candido ao referenciá-lo. Por certo, Candido se tornou o principal crítico e um dos primeiros pesquisadores e intelectuais a afirmar, já em 1946, a permanência cultural do nome desse modernista incansável para as gerações futuras – criando um efeito de nomeação com lastro na potência da obra mariodeandradiana.

E neste fim de 2021, em que já se fazem inúmeras atividades vinculadas ao marco de 100 anos da Semana de Arte Moderna, discutindo alcance e limites, ganhos e perdas, avanços e retrocessos, e principalmente as ausências ou silenciamentos que o modernismo paulista estabeleceu, percebe-se como o próprio modernismo, no Brasil, é complexo e instituidor de tensões, releituras, questionamentos e enormes disputas quanto ao que abrangeu ou deixou de fora, quanto às "pátrias" e "centros" – e os colocados à parte, os párias – das iniciativas que, desde ao menos o início do século XX, podem ser nomeadas ou, hoje, construídas como modernas. Eis algo sugestivamente recorrente nos estudos dos últimos anos, no indicativo de que, entre os participantes do campo artístico (criadores, pesquisadores etc.), a disputa constante faz parte da busca por estabelecer um "monopólio do direito de impor sua própria definição do que é arte e de quem é artista", como demonstrou Pierre Bourdieu (Simioni, 2015, p. 237), nesse caso, delimitado na busca por estabelecer releituras e interpretações do modernismo com base nos questionamentos do tempo presente.

Essas discussões, portanto, contribuem para (re)qualificar o esforço de Mário de Andrade na modelagem do cânone hoje consagrado do modernismo brasileiro – mesmo que claramente em conjunto com outros artistas. Mas, comparativamente, ele realizou muito mais do que os companheiros de movimento, justo em razão da amplitude de campos teóricos e práticos em que se envolveu ou desenvolveu.

Por um lado, o cânone mariodeandradiano se refere à experimentação linguística, literária e poética, de intenção calculada, contando-se, ainda, por parte dos estudos e ensaios publicados em livros ou em jornais, a forte influência que exerceu sobre inúmeras outras áreas, como na crítica cultural e nas artes plásticas daquele período, bem como na vertente da preservação do patrimônio, para citar alguns exemplos. Ou seja, mesmo não tendo sido um pintor, sua relação intelectual foi prospectiva e se fez presente – em maior ou menor grau – nos trabalhos de Anita Malfatti (1889-1964), Tarsila do Amaral (1886-1973), Di Cavalcanti (1897-1976) e Candido Portinari (1903-1962), a partir da proximidade estabelecida com os mesmos e de seus comentários analíticos e críticos.

Entre fins de 1910 e início da década de 1920, Mário de Andrade estudou, se armou de amplo arcabouço teórico, leu inúmeros autores e revistas sobre arte moderna para dar conta de uma reflexão direcionadora quanto à arte levada a cabo pelos literatos e pintores brasileiros, o que salta à vista nos inúmeros ensaios e textos de veia crítica publicados nos periódicos daquela época, normalmente como colaborador, ou às vezes por ocasião de alguma exposição que visitou, ou devido a palestras e conferências realizadas sobre a produção artística e a vanguarda europeias (como fez em participações no salão da Villa Kyrial, mansão do senador e mecenas José de Freitas Vale), e até mesmo escrevendo para criar expectativa em antecipação ao retorno de pintores que foram para a França aprimorar-se (caso de Tarsila do Amaral), ou ainda que participaram do Pensionato Artístico Paulista (como Di Cavalcanti e Anita Malfatti, entre outros).

Mas, por outro lado, o cânone também concerne a uma experimentação de feitio brasileiro, em sintonia com as importações e influências teórico-artísticas estrangeiras, as quais o poeta procurou estudar, conhecer a fundo e posicionar-se criticamente quanto ao seu conteúdo, a favor de temas e motivos que resguardassem a nossa realidade multifacetada, composta por mitos populares e folclore, por natureza tropical e miscigenação elevada, às quais recorrentemente tratou de modo se não científico, ao menos *sine ira et studio*[9].

9   Para uma exposição dos alcances e limites estruturais do movimento modernista, a delimitação das rusgas e disputas existentes atualmente envolvendo os principais estudiosos e artistas acerca das demarcações desse movimento, ver Simioni (2015).

Em contrapartida, a ação mais celebratória da indústria cultural coopera para reafirmar, a partir do acento dado ao cânone, que Mário de Andrade pode ser visto como um mestre incriado, um detentor natural de (dis)posição privilegiada, que definiu a maneira como se passou a ver a cultura brasileira – e, novamente, de modo muito direto, sem qualquer justificativa que coloque em causa seus alcances e limites, ou seja, as condições sociais de possibilidade da experiência individual do modernista, cuja trajetória e posição na sociedade só podem ser entendidas a par das constrições que o demarcam.

Utilizo propositalmente o sintagma "cultura brasileira", aqui, para acentuar a importância do poeta como criador de cultura, como caracterizador do lastro que até hoje permanece ao se pensar a cultura de feitio brasileiro. O sintagma "cultura nacional" – e seu correlato "identidade nacional" – abarcaria discutir, em outra direção e com mais profundidade, a escolha e a promoção de certos símbolos e conteúdos culturais específicos em um debate de acento político, principalmente varguista, no momento em que, nas décadas entre 1920 e 1940, relativamente ao período de produção de Mário de Andrade, a questão nacional estava em pauta com o intuito de valorização dos aspectos "mais caracteristicamente nacionais" tendo em vista a internacionalização, não sendo o objetivo neste momento – o que demandaria uma pesquisa à parte.

Por fim, o corolário mais geral sobre o cânone sugere a ideia de determinada linha mestra, sem desvio, na consecução de uma vida artística, algo como uma diretriz idealizada em forma de projeto irretocável, desenhada de antemão. Seria como imaginar que estivesse antecipada no Mário jovem (por exemplo, pense-se especificamente no período anterior ou relativo à idealização da Semana de Arte Moderna, em 1922) a capacidade de reflexão, invenção e realização do Mário adulto (pense-se no contexto do final da década de 1920 e início da de 1930, após o "amadurecimento" da reflexão sobre o modernismo paulista, e pense-se no período do Departamento de Cultura e Recreação da Municipalidade de São Paulo, entre 1935 e 1938, e o consequente período posterior de exílio no Rio de Janeiro, antes de seu falecimento repentino). Não se deve esquecer que em matéria de vida, e seus condicionantes de capital social e cultural, o acúmulo de experiência contribui para consolidar a maturidade, ou, em outras palavras, constitui o itinerário de um "envelhecimento social" (Bourdieu, 2010).

Com esses apontamentos, o problema que se divisa concerne à naturalização da obra e da ação mariodeandradianas, ao modo de um esquema substancialista, de uma canonização que desistoriciza e desrealiza. E essa naturalização implicaria uma linha de continuidade indicativa de uma missão, que se torna "a" missão, a sugerir também unicidade e atemporalidade, em desconsideração do registro social em que se situa. Ainda nesse esquema, Mário de Andrade estaria talhado desde o início para ser o que foi, em que o autodidatismo fenomenal que desenvolveu, por certo tão incomum, acabaria aparecendo como uma aquisição menos importante – mesmo que surpreendente – em razão de sua genialidade. Na medida em que construiu uma obra qualitativamente importante, sua "genialidade" se fez à custa de um percurso social elevado, ou seja, a obra se deveu, vale reforçar, a um investimento de monta (social e cultural) e envolveu um custo de vida altíssimo (financeiro e físico).

Legitimar ou reproduzir um entendimento substancialista compromete, em grande medida, a perspectiva de *compreender relacionalmente* como a obra e a ação de Mário de Andrade se delinearam no tempo. Dificulta compreender, por isso, como foi sendo construída a sua missão, e a qual custo, em altos e baixos, na constância de uma saúde delicada, de noites em claro, de muito estudo autodidata e, pelo lado das relações, mediante uma vida de "celibato" (posto que não contraiu casamento), apesar das inúmeras amizades, da vida citadina agitada e dos contatos sociais frequentes (e mesmo também "virtuais", de trocas epistolares). É preciso acentuar os relacionamentos, as ausências de relação e as "interdependências" de ordem variada – para utilizar um termo caro ao sociólogo Norbert Elias –, constituindo uma missão gestada continuamente, ao longo da vida.

Em outras palavras, trata-se de não assumir como única verdade, ou como propriedades necessárias e intrínsecas, as características ditas as mais verdadeiras acerca de determinado indivíduo, e de certos grupos sociais, em um dado momento histórico. Características que tão bem constituem um "caso particular do possível", a demandar um destrinche analítico que esteja referenciado às condições históricas que explicam sua possibilidade (Bourdieu, 2008, p. 18).

Aqui se pode divisar, propriamente, um lastro deste estudo: ampliar o entendimento sobre a constituição do itinerário de Mário de Andrade por meio das relações de amizade, mediante a análise do conteúdo de uma parte de sua correspondência ativa e passiva. Isso porque faz parte do trabalho da sociologia da cultura e da história intelectual a busca crítica por recolocar os termos de uma experiência de vida em bases sociais e históricas, de maneira a delimitar a posição social e a trajetória intelectual nas quais essa experiência se desenvolveu, devidamente fincadas no real, para evitar divagações idealizadas – e tal é o caso relativamente a uma personalidade como Mário de Andrade –, tendo o propósito de dissipar ilusões e místicas criadas por um tipo de hagiografia que constrói genialidades desconectadas da experiência social, e cujo impacto é deixar inexplicável o percurso que permitiria compreender essa genialidade.

As duas biografias de Mário de Andrade já citadas são dignas de crédito e não incorrem em tal caso. Porém, ao lado da explicação das fases de vida (e de produção cultural) – por exemplo, na juventude e na relação com o pai e a mãe –, falta certo aprofundamento analítico que permitiria realçar a subjetividade do modernista, o que se procurou trazer como contribuição neste estudo. Porque os méritos artísticos e o autodidatismo de Mário de Andrade só se tornam compreensíveis à luz de seu percurso; caso contrário, a situação se torna similar ao efeito hagiográfico, que mais idealiza do que explica, e à defesa acrítica de uma meritocracia que ainda hoje é afirmada em seus pressupostos para justificar as escolhas realizadas.

É importante pensar nas condições sob as quais a meritocracia se define, evitando criar um ideal ou finalidade estipulados de antemão por quem se reconhece detentor dessas condições, ocasionando o ocultamento – ou, principalmente, o apagamento – da distribuição desigual dos diferentes capitais (econômico, cultural, social etc.) existentes entre os indivíduos (e sem esquecer a situação da ascendência familiar, por exemplo), no tocante ao conjunto da população. Esse tipo de hagiografia idealizada e a defesa acrítica da meritocracia se viabilizam por meio do poder simbólico e econômico, mantendo justificada a dominação social. Uma e outra, portanto, servem aos interesses autoproclamados de uma "elite" ou grupo social supostamente esclarecidos, que, em geral, buscam somente sua legitimação e guardam só preocupação em ditar as regras dessa meritocracia.

Essa reflexão não aparece descolada do modernismo paulista e de suas implicações transformadoras, quer no plano artístico, por parte da experimentação linguística proposta por Mário de Andrade e também por Oswald de Andrade, da aplicação de novo léxico advindo da fala urbana e cotidiana, e de temas "brasileiros", quer no plano ideológico, por parte das ideias, dos valores e da multiplicidade de visões de mundo da modernidade, das mudanças e da vivência acelerada da temporalidade trazidas pela industrialização.

O modernismo paulista – que tinha, não se deve esquecer, o apoio da oligarquia cafeeira, a qual exercia um mecenato privado – contribuiu a seu modo para remodelar o cânone então dominante da obra de arte (como mimese ou representação naturalista) em direção a um novo molde criativo (de relativa autonomia composicional, num processo de conhecimento e interpretação da realidade). E contribuiu, também, em certa medida, para transformar os modelos reconhecidos de genialidade e meritocracia. Nesse caso, um dos ganhos foi a maior liberdade linguística e composicional em linha consciente, ao almejar o aprimoramento da literatura brasileira, ao romper com uma linguagem "oficializada" e uma temática "clássica", cuja sustentação se mantinha pelos quadros sociais e pelos eleitos políticos advindos da oligarquia cafeeira. Nesse aspecto, o crítico João Luiz Lafetá resume pontualmente esse ganho:

> assumindo a modernidade dos procedimentos expressionais, o Modernismo rompeu a linguagem bacharelesca, artificial e idealizante que espelhava, na literatura passadista de 1890-1920, a consciência ideológica da oligarquia rural instalada no poder, a gerir estruturas esclerosadas que em breve, graças às transformações provocadas pela imigração, pelo surto industrial, pela urbanização (enfim, pelo desenvolvimento do país), iriam estalar e desaparecer em parte. Sensível ao processo de modernização e crescimento de nossos quadros culturais, o Modernismo destruiu as barreiras dessa linguagem "oficializada", acrescentando-lhe a força ampliadora e libertadora do folclore e da literatura popular. (Lafetá, 2004, pp. 57-8)

Em síntese, é preciso levar adiante o trabalho de reflexão sobre as relações de poder, tanto material quanto simbólico, que regem as ações, abstendo-se de se deter na "explicação dos efeitos" para investir em elucidar a "razão dos efeitos": "a razão de ser das condutas humanas aparentemente mais inconsequentes ou mais irrisórias" (Bourdieu, 2007, p. 10). No caso específico de Mário de Andrade, essa orientação permite compreender seus trunfos e desilusões, seus esforços individuais e os favorecimentos (mesmo que não reconhecidos e nomeados enquanto tais) nas relações interpessoais que estabeleceu. Orientação que pode servir para realçar os méritos do missivista a par de seus esforços, cuidando de não os substancializar.

E se, ao final deste livro, ocorrer ao leitor a percepção de uma maior distância (mesmo que não absolutamente diferente) do que já se sabia acerca do que separa e aproxima Mário de Andrade de seus outros companheiros e contemporâneos, espera-se que ocorra também uma compreensão mais matizada e, por isso mesmo, mais distanciada da figura de um gênio já pronto. A consequência poderá ser a de compreendê-lo em sua individualidade e humanidade, na característica de ter vivido repleto de dramas e anseios, tendo desenvolvido uma dedicação incomensurável ao seu *métier* e realizado um itinerário complexo mediante um alto custo pessoal, sob a circunstância de determinações e constrições que cabe ao sociólogo identificar e discutir – e que é "justo o oposto de uma projeção exaltada" (Bourdieu, 2005, p. 135), como muitas vezes pode ocorrer ao se destacar um determinado autor em datas comemorativas.

Para dizer de outra forma, se atualmente prevalece a imagem já enunciada de Mário de Andrade como "liderança inconteste" do movimento modernista, sugere-se aqui, pretensamente, um profícuo alargamento a partir do ponto de vista de sua posição epicentral, cuja apreciação sociológica pode contribuir para uma formulação renovada dessa imagem.

O sentido etimológico da palavra "líder" traz ao menos quatro implicações pertinentes a Mário de Andrade:

1. "indivíduo que tem autoridade para comandar ou coordenar outros";
2. "pessoa cujas ações e palavras exercem influência sobre o pensamento e comportamento de outras";
3. "porta-voz, chefe de um partido ou movimento político"; e
4. "pessoa que se encontra à frente de um movimento de caráter religioso, filosófico, artístico, científico etc."[10]

---

10 Verbete sobre o significado de líder verificado na versão *on-line* do *Dicionário Houaiss*, disponível em: <https://houaiss.uol.com.br/pub/apps/www/v3-3/html/index.php#1>. Acesso em: 16 abr. 2018.

Como se vê, a carapuça serve ao poeta. Não se trata de denegar, ou seja, de recusar reconhecer a imagem ou visão usual de que Mário de Andrade era "líder de escola", ou mesmo as implicações que uma posição de liderança apresenta, "fazendo o que se faz como se não o fizesse", o que constitui um "efeito de liderança" (Champagne, 2007, p. 140), a exemplo da responsabilidade angariada por ele no trato com os seus interlocutores, medida pela maior ou menor influência no percurso criativo dos mesmos.

Vejamos. Um depoimento sobre o poder de arregimentação do modernista, no registro da correspondência, é fornecido por Moacir Werneck de Castro, no livro *Mário de Andrade: exílio no Rio* (1989), o qual traz um marcante quadro da influência exercida sobre os "jovens" cariocas. Estes, em atitude de veneração, o consultavam mostrando poemas e escritos diversos (crônicas, textos de ocasião etc.) com o objetivo de receber avaliação e aconselhamento do mestre. Quando não se tratava de aconselhamento, buscava-se a colaboração direta, com a solicitação de artigos e crônicas. A esse título, Castro destaca especialmente os jovens ligados à *Revista Acadêmica*, órgão dos estudantes da Faculdade Nacional de Direito do Rio de Janeiro, como Murilo Miranda, Lúcio Rangel, Carlos Lacerda e ainda ele próprio, o mais jovem de todos.

Pelo lado de Mário de Andrade, paulistano regrado que era, a convivência com aqueles moços cariocas suscitou "espanto". Diante de um "espetáculo estranhíssimo" que experimentava de modo inédito no Rio de Janeiro, travando contato com jovens cujo estilo de vida era o de não se fixarem em nada, não terem nada e viverem como se não pensassem no amanhã, abrira-se para ele "um mundo novo", "quase incompreensível". O fascínio com esses companheiros pode ser medido pelas palavras cristalizadas em carta a Murilo Miranda, de 10 de janeiro de 1940, em momento de retorno breve a São Paulo para exames médicos:

> No íntimo, na minha vida de mim, você não pode imaginar pra um indivíduo tão pouco "carioca" como eu, tão incapaz de se apoiar no simples sorriso conivente de mil e uma camaradagens você nem pode imaginar o conforto, a defesa e a sublime humildade que me traz a companhia de você. De você, aliás – esse sadio leal bem esportivamente áspero carinho que me vem da simpatia com que você, o Lúcio, o Moacyr, o Carlos me aceitam sem perderem nada da

liberdade de criticar nem julgar. Não se trata de nenhuma espécie de masoquismo espiritual, apenas fico humilde, ou milhor fico reposto em mim na minha inenarrável incompetência de saber o que valho. E também naquela atitude verdadeira com que já nos tempos do Modernismo eu dizia não me interessarem os célebres mas apenas os mais novos, porque destes é que tinha de vir o meu juízo-final. Então irromperam vocês junto a esta minha fragilidade imperfeita vem Moacyr vem a curiosa serenidade dele que parece ter sessenta anos de experiência vem o Lúcio lucilante em sua timidez cômica de estar me atrapalhando, mas estourando de cem em cem metros em juízos tão finos e carícias tão sensíveis; e vem o Carlos, gênero "é na batata" com aquela facilidade leal clara, estonteante de julgar firme, dizendo tudo com aquela verdade verbal de grande escritor que já nasceu feito e vem você anjo-da-guarda em carne e osso, com essa paciência iluminada, essa dedicação com que você me acompanha me esclarece me controla me aguenta, me completa num desprendimento tão maravilhoso de si mesmo que a minha vida destes dois anos no Rio, teria sido impossível sem você. Esta é a mais pura das verdades. O que eu devo a você nem chego a juizar com integridade, porque são forças permanentes, curtas, dispersas em cada atitude, ato, vontade, sentimento. Olha Murilo não tenho medo dos sentimentalismos: muitas coisas brutais e até cruéis já tenho dito a você sobre você me utilizando da minha experiência, e minha idade para refrear um bocado os defeitos de você que ao menos eu considero defeitos. Pois deixe que eu lhe diga assim por carta que é mais fácil, que eu considero você, com todos os seus defeitos, uma das almas mais lindas, mais puras, mais generosas, mais dignas de admiração que jamais encontrei. E ainda sei mais: sei que a sua vida é de um heroísmo, de um sofrimento raros, que completam com forte dignidade de homem a sua alma intacta, antiga, como que vinda da idade de todos os pecados. E a nossa amizade é uma bela coisa, meu amigo. Forte, correta, desinteressada nos sentidos práticos do interesse. Interessadíssima, no sentido de... reflorestamento do ser interior. Talvez seja exatamente pela diferença de idade que milhor nós nos podemos replantar um ao outro em nossas ilusões e esperanças dizimadas. (Miranda, 1981, p. 75; aqui se cita o trecho completo, maior que o presente em Castro, 1989)

Essa citação longa e sentimentalíssima de Mário de Andrade permite reter, de início, algumas impressões sobre a liderança e o que se considera, aqui, como epicentrismo.

Por se tratar de uma primeira correspondência reproduzida neste momento, é preciso dizer que salta à vista, caracteristicamente, o estilo mariodeandradiano de escrita, já "abrasileirada", com o uso de "milhor", por exemplo, e as frases encadeadas sem pausa e sem vírgula (ao modo da fala cotidiana), com forte subjetivação de si, em tom biográfico de "verdade" confessional e sentimental, com faceirices poética e romanesca (ou seja, com alta elaboração de imagens e efeitos discursivos). Por certo, neste último caso, escrevia como a "fazer literatura", situação que lhe desagradava um pouco – pois, de acordo com a análise de Marcos Antonio de Moraes:

> [...] diante de temas de grande densidade humana, o "fazer literatura" está ligado ao brilho fácil dos efeitos retóricos e à semostração narcísica de quem valoriza o jogo estético da escritura por não conseguir realizar a mensagem "sincera". (Moraes, 2007, pp. 71-2)

Nessa situação, a mensagem sincera deveria reter na escrita os recursos da oralidade, do "falar simples", "não importando que o estilo resultante lhe pareça 'besta' e a mensagem, cheia de repetições" (*ibidem*).

Em continuidade, deve-se ater para a circunstância de redação da carta, que seguia em resposta à declaração da amizade e da admiração de Murilo Miranda, num momento de fragilidade do poeta (os "exames médicos") e na fase em que a vontade de retorno a São Paulo começava a bater forte no coração. Mário de Andrade diz nessa missiva que deve permanecer no Rio de Janeiro apenas mais um ano, o que de fato ocorreu, com o retorno a São Paulo em 1941. Também é um momento de maturidade reflexiva que fecha o ciclo de exílio no Rio de Janeiro, após as agruras da saída forçada do Departamento de Cultura e Recreação da Municipalidade de São Paulo, em 1938 (devido ao golpe do Estado Novo em novembro de 1937, liderado por Getúlio Vargas, e as mudanças políticas surgidas na cidade de São Paulo), além de situar o início de rememoração do período inicial do modernismo, que chegará repleto de crítica e autocrítica na conferência de 1942, de título "O movimento modernista", proferido no primeiro semestre daquele ano na Casa do Estudante do Brasil, no Rio de Janeiro.

Lemos, então, um Mário de Andrade enunciando-se de maneira encenada (uma *mise en scène*), com ênfase na humildade, declarando-se incompetente em saber o que vale, aludindo a uma amizade desinteressada (no sentido prático, como diz) e concomitantemente interessada na interioridade com os jovens. Para situar essa encenação, Marcos Antonio de Moraes discute a preocupação constante de Mário de Andrade quanto à "exigência de uma necessária 'sinceridade' na escrita epistolar". Contudo, a escrita, às vezes, encontra-se sujeita a uma camada de "pose", "a meio caminho do prosaico e da literatura", diz Moraes, que acrescenta:

> Para o escritor, a desejada "naturalidade" do eu epistolar se via encoberta por uma máscara – a "naturalidade falsa". Essa segunda natureza, nascida – *malgré lui* – ao correr da pena, composta por intenções (conscientes ou inconscientes) e procedimentos discursivos, é a própria *persona* epistolar. (Moraes, 2007, pp. 73-4)

Essa dualidade, "o distanciamento entre o ser e a figuração do ser", essa *persona*, não passou despercebida, muitos anos antes, por Manuel Bandeira, cuja correspondência de 16 de dezembro de 1925 problematizava essa questão da personalidade do poeta durante a "escrita de si":

> Há uma diferença grande entre o você da vida e o você das cartas. Parece que os dois vocês estão trocados: o das cartas é que é o da vida e o da vida é que é o das cartas. Nas cartas você se abre, pede explicação, esculhamba, diz merda e vá se foder; quando está com a gente é... paulista. Frieza bruma latinidade em maior proporção pudores de exceção. (Moraes, 2001, p. 264)

Moraes conclui que essa dualidade é menos uma falsidade do que a construção de uma máscara desejada, uma projeção da personalidade, e acrescenta que a diversidade do "eu" mariodeandradiano leva a definir "coincidências, enfrentamentos e projetos", os quais, por sua vez, abrem "uma perspectiva da leitura das *mises en scènes* epistolares"; perspectiva que mostra "o desvelamento das metamorfoses da voz epistolar do escritor em face de seus vários interlocutores, de forma a captar os diferentes relacionamentos em suas particularidades" (Moraes, 2007, p. 76).

Afirmo, em acréscimo, que se trata de um *habitus* do poeta, uma atitude prática internalizada e desenvolvida como algo característico de um modo de agir e de demonstrar sua subjetividade, ou seja, conformador de um procedimento que guarda intencionalidades variadas de acordo com a situação e em sintonia com o interlocutor, caso a caso. Isso explica, de outro modo, a multiplicidade de *personas*.

> A prática é trazida para o território do confronto entre, de um lado, um contexto definidor das condições sociais de produção do *habitus* que as engendrou e, de outro, uma conjuntura das condições de operação desse mesmo *habitus*, representando um estado particular do contexto. [...] o *habitus* estaria na raiz das possibilidades de apreensão dessa matriz de práticas de um grupo ou de uma classe, assimilável ao que Bourdieu define como lei imanente, internalizada por cada agente por meio de sua primeira educação. (Miceli, 2003b, p. 71)

Já a ideia de reflorestamento do ser interior é, sem dúvida, o ponto alto da correspondência. O domínio da palavra aliado à sensibilidade exacerbada cativam de imediato e surpreendem o leitor, aproximando-o do estado de espírito do missivista. Os elogios nada vazios, porque acrescidos de ressalvas analíticas subjetivadas e críticas sobre cada um dos quatro jovens, delimitam a agudeza de caráter que queria demonstrar. Um dos efeitos obtidos sobre o leitor pode ser descrito com o termo que Moacir Werneck de Castro utilizou para se referir a todos os jovens, cariocas ou não, com quem Mário de Andrade entabulou relação e cativou: tornavam-se "discípulos adorantes".

Corrobora-se, assim, um efeito de liderança gerado dialogicamente, e não só devido às importantes obras já escritas, mas, sim, nesses relacionamentos, pela via da confissão, do sentimentalismo, da exposição de si, embora haja a explícita alegação de não querer tal epíteto, ao não reconhecer seu próprio valor. Mas o que está em causa, e que deve ser analisado como posição epicêntrica, é o investimento do missivista em cercar-se de interlocutores dentro de um jogo de "atitude verdadeira" que aponta para outra direção mais construtiva, adicionalmente à liderança. Aponta para uma consubstanciação de troca (inter)subjetiva e uma relação de (inter)dependência que impacta e desestabiliza, já que cobra um pedágio seríssimo – que é a participação nesse jogo, por mais "gratuito" que pareça, embora não o seja.

Em resumo, pode-se dizer que Mário de Andrade, ao agir como agiu nas correspondências e mediante a ampliação de sua participação em inúmeras frentes culturais, procurou criar, mais consciente e calculadamente do que se imagina, as condições objetivas – no exato sentido do investimento em ampliar seu capital social e cultural – para se tornar *referência* duradoura no campo de produção da cultura, mais do que uma liderança. Não à toa ele criou toda uma rede de troca epistolar com os principais artistas e intelectuais de seu tempo, tanto brasileiros quanto estrangeiros.

Trata-se de um tipo de investimento, conduzido e presente na escrita epistolar, que faz com que as pulsões de Mário de Andrade gerem em seu interlocutor, e cumpram neste/a, interesses específicos. Essa conduta encontra-se interiorizada no poeta, que age hábil e habitualmente por meio de um oferecimento exteriorizado e sentimentalista de si, situação que propicia uma porta de entrada para cativar e criar comunhão, ou cumplicidade. Nessa definição do sentido do jogo que interiorizou – que é o da "atitude verdadeira" com os jovens cariocas, por exemplo, mas que poderia ser outra, de acordo com a característica da relação estabelecida com um tipo específico de interlocutor –, Mário de Andrade pôde "jogar" de maneira "espontânea" e "desinteressada" e obter êxito, ao menos em boa parte das vezes, mas certamente um êxito de pactuação intersubjetiva, pois realizava ações coordenadas de acordo com seus próprios interesses, mesmo que não nomeados enquanto tais.

Quais interesses? Ser "amigo", estar disponível para a troca intelectual, influir e contribuir para a reflexão acerca das obras culturais de seus interlocutores e, assim, ser reconhecido – mesmo não se reconhecendo – como uma referência central para a cultura, algo que constituiria o "lucro simbólico" almejado – mesmo não nomeado – do seu esforço autodidata. É possível ver nisso um sentido pragmático e programático de ação, como um exercício (que considero, sem meias-palavras, uma estratégia, um investimento) consciente de sedução intelectual. E essa observação recupera na trajetória do poeta uma objetividade que explica a dedicação epistolar. A sedução intelectual, no sentido empregado por Marcos Antonio de Moraes, estaria a trabalho, num primeiro momento, durante a década de 1920, de um projeto epistolar de caráter didático e pedagógico de vinculação ao modernismo. E, na década seguinte, ganharia o contorno de uma preocupação com a cultura brasileira, em discussão e compreensão do que somos, visando também influenciar seus interlocutores (como Tarsila do Amaral, Carlos Drummond de Andrade, Joaquim Inojosa, Sérgio Milliet etc.) para o "abrasileiramento do Brasil" (Moraes, 2007, pp. 129-40).

Ao contrário da denegação, e seguindo para além da liderança, é preciso colocar em causa justamente como a posição epicentral de Mário de Andrade, aliada a sua sede por conhecimento, constituiu um centro de energia tenso e dinâmico, que, cativando ou não, arregimentando ou não, dizendo "verdades" ou silenciando, gerou expressivamente impacto, abalo, atração e repulsa nas relações cotidianas e no trabalho cultural – entendendo por esse epicentrismo justamente os ganhos obtidos em matéria de interdependência subjetiva para consolidar seu protagonismo na criação artística e nas oportunidades de intervenção política na cultura.

Espera-se, assim, que este trabalho contribua para se obter um retrato mais acabado de Mário de Andrade, a par de seus anseios e desilusões específicas. Muitos foram os percalços e constantes foram as adversidades. Ao lado de uma vasta obra de tremenda elaboração criativa, encontra-se uma figura humana crivada de angústias pessoais e familiares, detentora de uma autoimagem física fortemente consciente e, ao mesmo tempo, às vezes autodepreciativa, embora mascarada pelo sorriso amplo e o porte altivo. A proveniência de classe – situando-se, pelo lado da mãe, em família aristocrática em decadência – também deixou marcas em Mário de Andrade, principalmente após o falecimento do avô materno e, anos depois, do pai, com a ausência de herança em forma de bens e da falta de lastro de capital financeiro, situação que exigiu do poeta e sua família a constante busca pela sobrevivência material, nos termos de uma (re)adequação de estilo de vida e atenção às finanças, cujo peso o atingiu fortemente, como atestam os inúmeros depoimentos existentes ao longo de sua correspondência. E o quadro social e político do final da década de 1930 também cobrou o seu quinhão, o qual se transfigurou no exílio no Rio de Janeiro, no amargor de estar longe da família. Percalços e adversidades em um contexto social marcado por circunstâncias econômicas e políticas que tiveram efeito sobre o itinerário realizado.

Desse modo, o estudo também se voltou para a análise crítica do itinerário de Mário de Andrade, e, por extensão, para o entendimento da sociabilidade do Grupo dos Cinco, com o cuidado de evitar reduzir o "único" ao genérico, o "exemplar" ao comum.

Em alinhamento com essa intenção, se tornou patente a importância de analisar a correspondência ativa e passiva acumulada pelo poeta nesse recorte específico do Grupo dos Cinco, como já se discutiu. As missivas guardadas como documento histórico constituem acervo riquíssimo e permitem certo esclarecimento acerca das realizações mariodeandradianas, além de serem ainda – quando lidas com o devido cuidado metodológico – um testamento biográfico e um veículo de percepção do engajamento e da dedicação (ou seja, do reconhecimento almejado) que procurou manter em tudo o que fez. Nesses termos, segundo Moraes: "Para Mário de Andrade, carta, testemunho e biografia estão intimamente ligados". Por mais que o poeta tenha negado a intenção de escrever obras para a posteridade, a correspondência cumpriria uma função:

> A epistolografia mariodeandradiana, por seu expressivo volume e densidade de assuntos, ambiciona sobreviver, resistir, talvez, "duzentos anos" [referindo-se às palavras de Mário de Andrade em carta para Álvaro Lins], ainda que seja para alimentar um grupo restrito de historiadores. (Moraes, 2007, pp. 122-3)

E, ainda que seja, para animar o número crescente de pesquisadores, em inúmeras áreas do conhecimento, que continuam a fazer a história do modernismo brasileiro.

Nessa carta para Álvaro Lins, o poeta "jura" que não age com esse propósito e interesse, mas o efeito prático (e a razão por trás desse efeito) é a da permanência e da possibilidade de análise da "vida literária brasileira".

Com a passagem das décadas, essa percepção da centralidade de Mário de Andrade só se consolida e amplia. Uma das razões se encontra no fato de que sua correspondência guarda interesse para nós, nos dias de hoje, em vista da significativa importância dos temas e questões enfrentados naquele período. Por parte do engajamento político, por exemplo, os feitos de Mário de Andrade no Departamento de Cultura e Recreação da Municipalidade de São Paulo assumiram feição inédita e inovadora, sendo que muitas das ações encampadas foram descontinuadas na capital na década seguinte. Mesmo contemporaneamente, guardadas as devidas ressalvas para a comparação (embora aqui, mais como legado), é possível afirmar que certas ações de grande relevância não foram satisfatoriamente mantidas, ou não se mostram nem ao menos contempladas, em termos de efetiva ação cultural e regularidade de política pública, podendo-se citar a necessidade de maior aproximação e sinergia entre as esferas da educação e da cultura por parte dos organismos públicos, tarefa que Mário de Andrade assumiu com muito ânimo no período à frente do referido departamento, a exemplo da criação dos parques infantis e da discoteca pública (Barbato Jr., 2004).

Assim, a intenção foi a de explicitar, por meio da correspondência, certas relações insuspeitadas ou desconhecidas que podem sugerir, por sua seriedade e agudeza, uma nova apreciação de Mário de Andrade e, por consequência, do modernismo paulista, na consideração de que "o mundo social esconde as revelações mais inesperadas sobre o que menos queremos saber acerca do que somos" (Bourdieu, 2007, p. 18). Também se procurou prestar atenção ao significado de Mário de Andrade para o modernismo brasileiro, problematizando seu epicentrismo numa perspectiva que destacasse, relacionalmente, os contatos que ele manteve e as influências e tensões entre ele e os principais artistas, intelectuais e políticos de seu tempo, os quais, no conjunto, contribuíram para demarcar os contornos do próprio movimento modernista. Como se verá nos próximos capítulos.

CAPÍTULO 2

MÁRIO DE ANDRADE E OS LUNDUS DE UM GRUPO INTERESSANTÍSSIMO: AMIZADES NADA CONFORTÁVEIS

PRIMAVERA DE 1922; terça-feira à noite. O lundu em casa de Mário de Andrade estava para começar.

Ao final da tarde, após concluir o expediente no Conservatório Dramático e Musical de São Paulo, à avenida São João, Mário de Andrade seguia para sua residência, à rua Lopes Chaves, na Barra Funda. Estudara no Conservatório desde 1911, tendo se formado professor de piano e dicção em 1917, e então, desde 20 de janeiro de 1922, passara a assumir a função de professor catedrático de Estética e História da Arte, Música e Piano.

O professor-poeta fazia um caminho costumeiro – em passos largos, em andar que balançava todo o corpo, em postura altiva, mas com contornos regularmente trêmulos – em direção ao ponto de saída dos bondes utilizados para retorno a sua residência. E em passos largos especialmente nos dias de terça-feira, pois ao início da noite se tornava o anfitrião de um grupo de amigos – novos artistas e jornalistas – que intencionavam tecer a trama de um modernismo à brasileira.

Aos 28 anos de idade, Mário de Andrade era descrito por seus contemporâneos como um homem feio. As fotos existentes permitem constatar o queixo protuberante em um rosto comprido e magro; mas, além disso, os traços negros herdados das duas avós destoavam do padrão racista de beleza vigente à época, para utilizar uma noção atual. Ficava evidente o contraste com os irmãos fenotipicamente brancos. O amigo e futuro bibliófilo Rubens Borba de Moraes, com quem viveu a infância e depois compartilhou momentos e realizações do modernismo no Departamento de Cultura e Recreação da Municipalidade de São Paulo, descrevia-o como "feio, mas, como dizem os caboclos, de uma feiúra tão simpática!", em que pesava à vista "aquele queixo forte e prognata, munido de dentes grandes", os quais foram substituídos por "uma linda dentadura". E continuava:

> Tinha as mãos grandes de pianista, e peludas. Os traços bem marcados. Os cabelos pretos perdeu-os muito cedo, ficou com uma vasta careca. Era o queixo que o enfeiava. Os olhos, ainda que muito pequenos e míopes, pareciam vivíssimos. A fisionomia era tão expressiva que nela se liam todas as suas emoções. Os lábios estavam quase sempre abertos. A voz era extremamente agradável. (Moraes, 2011, p. 151)

Uma descrição impactante, a mostrar, em parte substanciosa, a estética social algo dupla e cambiante de sua proveniência de classe, com modos refinados advindos da boa educação, comum à elite da época, ao lado de uma fisionomia que delimitava a ascendência negra. Havia o estranhamento inicial de quem o divisava pela primeira vez, como relatou Rubens Borba de Moraes, mas um estranhamento que podia ser desfeito de modo muito rápido em razão de sua simpatia, principalmente quando recebia novos conhecidos e os amigos em sua residência para divagar sobre a arte de vanguarda e imaginar os futuros rumos da cultura brasileira, em suas manifestações artísticas multiformes.

Até meados de 1921, o poeta morara com a família no largo do Paissandu, 26, no centro da cidade de São Paulo, muito próximo ao Conservatório, em um grande sobrado de esquina e de aspecto sóbrio, "um casão meio espandongado", segundo ele próprio, construído ao longo do ano de 1895 pelo pai, Carlos Augusto de Andrade (1855-1917). Deixando a residência anterior, à rua Aurora, 320, onde a família morou desde 1887, a mudança ocorreu em 1896, ao término da obra, quando Mário de Andrade tinha 3 anos de idade. Ele viveu a infância e a juventude nesse endereço do largo do Paissandu, no centro vivo da cidade de São Paulo, rodeado de primos e da "parentela" frequente.

Esse ambiente familiar – primeiro espaço de um universo social em que estava imerso, nos ares da virada de século – foi marcante, e o cotidiano desses anos até a juventude e o início da vida adulta, com seus acontecimentos e experiências ("os dramas de adolescente e seus conflitos íntimos"), constituiu os elementos motrizes de boa parte da produção artística posterior (em contos, crônicas e romances, por exemplo), tanto no que diz respeito à rotina da vida residencial e suas regras, delimitadas na espacialidade da casa, quanto, principalmente, pela importância e influência recebida das personagens femininas domiciliares. Um espaço caseiro agitado que também refletia, em linha direta, a descoberta de um mundo em ebulição, no que diz respeito ao ambiente social da cidade de São Paulo na década de 1910 e particularmente na década seguinte, o que foi entronizado pelo poeta e subjetivado em sua escrita.

A vida citadina de São Paulo virou motivo dos poemas de *Pauliceia desvairada* (1922), num momento em que estavam à vista as fortes transformações pelas quais a cidade passava no plano econômico, social, político e cultural, a exemplo do quadro de composição étnica da população brasileira que rearranjava a estrutura social, do surto industrial em processo de aceleração e da urbanização crescente, da constituição inicial de uma classe operária e da consolidação de empresários do ramo industrial, todos os quais influenciando os contornos da realidade sociocultural paulista.

Esse mundo em ebulição estava mais refletido nas transformações, em âmbito local e também nacional, que ocorreram entre o fim do século XIX e o início do século XX, pelo lado do acelerado processo de transição demográfica que modificou o convívio em São Paulo e no país como um todo. No caso específico paulista, o estado tornou-se um dos principais polos de recepção de imigrantes. Vale trazer alguns dados estatísticos das séries históricas existentes para expor o impacto na configuração da cidade e a mudança do tipo de convivialidade urbana.

Devido ao crescimento acelerado da cafeicultura paulista ao fim do século XIX, "estima-se que entraram 909.417 imigrantes estrangeiros entre 1887 e 1900, sobretudo italianos, espanhóis e portugueses; em menor proporção, alemães, austríacos, suíços, entre outros". O processo continuou, de forma que, em 1900, "a população estrangeira representava 21% da população total do estado de São Paulo". E entre 1901 e 1920, "o estado recebeu 823.642 imigrantes europeus e mais 584.322 no período 1921-1934. Em 1920, os estrangeiros eram 18% da população paulista [...]" (Baeninger; Bassanezi, 2010, p. 157).

O fato é que Mário de Andrade estava envolto nessa realidade e mostrou-se sensível ao impacto dessa transformação. Por parte da vida urbana, por exemplo, ele figurará inicialmente a visão noturna dos bondes e o linguajar de acento italiano em seu poema "Noturno", escrito em janeiro de 1922, e que fará parte de *Pauliceia desvairada*, livro publicado à própria custa em 21 de julho de 1922. Trata-se, segundo o autor, de poema influenciado por "uma noite pasmosa de ardor sexual procurando uma mulherzinha no bairro do Cambuci", como escreve para Augusto Meyer em carta de 20 de maio de 1928.

No poema, lê-se o seguinte trecho:

> Luzes do Cambuci pelas noites de crime!...
> Calor... E as nuvens baixas muito grossas,
> feitas de corpos de mariposas
> rumorejando na epiderme das árvores...
> Gingam os bondes como um fogo-de-artifício,
> sapateando nos trilhos,
> cuspindo um orifício na treva cor de cal...
> Num perfume de heliotrópios e de poças,
> gira uma Flor-do-Mal... Veio do Turquestã;
> e traz olheiras que escurecem almas...
> Fundiu esterlinas entre as unhas roxas
> nos oscilantes de Ribeirão Preto...
> – Batat' assat' õ furn!...
> (Andrade, 2013, p. 96)

A propósito, como apontamento adicional e abrindo um parêntese, cabe destacar que esse poema está presente originalmente na terceira carta de Mário de Andrade para Anita Malfatti – com datação de 15 de janeiro de 1923. Era comum, da parte dele, compartilhar os poemas – originais, inéditos e em primeira versão – com o círculo de contatos, o que ocorre frequentemente entre o Grupo dos Cinco, em especial entre as pintoras Anita Malfatti e Tarsila do Amaral. Por outro lado, muito embora seja sabida a data da carta em questão, não há certeza sobre o envio do poema na mesma, podendo ter sido remetido em ocasião anterior à publicação do livro, na primeira ou segunda carta de Mário para Anita, já que há diferença entre as versões[11]. Fechando o parêntese, "presentear" seus interlocutores com poemas era uma estratégia dupla: mostrava o apreço e a intimidade do poeta em razão da oferenda e, ao mesmo tempo, servia como atitude cúmplice e influenciadora, traduzida em um diálogo crítico acerca do poema (no caso de Manuel Bandeira e Carlos Drummond de Andrade) ou, simplesmente, em gentileza de admiração estupefata (no caso das pintoras).

Assim, os temas poéticos de *Pauliceia desvairada* permitem demarcar os contornos da modernidade em São Paulo e os acontecimentos locais, mostrando também "as suscetibilidades do autor diante de um trançado urbano radicalmente transformado pela presença imigrante, as energias de novas etnias e ocupações impulsionando a expansão citadina" (Miceli, 2012, p. 115). E foi em meio a esse contexto de transformação que se desenvolveu "uma corrente de tendências culturais avançadas" (Arruda, 2001, p. 18), o que ocorria não só em São Paulo, mas também em outras capitais do país, contrapondo tradição e modernidade – ou embaralhando-as – e influindo na demarcação da infraestrutura de produção cultural paulista, em sua modelação institucional pública e também comercial.

Ao fim do Império e antes da virada de século, para citar um único exemplo, era comum que as obras dos escritores brasileiros fossem impressas em Portugal ou na França. Mas o mercado editorial já estava se estabelecendo, inclusive devido ao aumento do número de editoras e de oficinas gráficas (como se via no Rio de Janeiro, capital da República), ampliando, assim, os títulos de revistas, jornais e semanários, embora inicialmente circunscritos aos principais centros urbanos e direcionados para a pequena camada letrada da população.

O impacto no plano cultural, então, já mostrava seus delineamentos gestativos desde a década de 1890, tendo acento crescente nos primeiros anos de 1900, com parte considerável dos empresários do setor editorial e jornalístico sendo de origem estrangeira e investindo no comércio de importação de bens culturais, inclusive representando editoras estrangeiras do porte da francesa Garnier, presente no Rio de Janeiro desde a década de 1900, e estabelecendo editoras comandadas por imigrantes, como a Laemmert, a Francisco Alves e a Briguiet (Miceli, 2001, pp. 141-2). Situação

---

11   Esse é o caso explicitado em nota de rodapé sobre o poema "Noturno" na edição *Poesias completas*, vol. 1 (2013), em que se data a carta em referência como sendo de 15 de maio de 1922, ou seja, antes de *Pauliceia desvairada* ser publicado.

da qual o itinerário de vida do pai de Mário de Andrade foi tributário e constitui aqui um demonstrativo dessa transformação, tanto ao seguir na carreira jornalística, como tipógrafo, quanto ao esmerar-se na tentativa independente de uma atuação cultural. E é possível intuir desse itinerário as influências surtidas sobre os filhos no ambiente familiar, especialmente sobre Mário de Andrade.

O pai, Carlos Augusto Pereira de Andrade (o Pereira ficou sempre omitido), nasceu em 14 de setembro de 1855 e era mestiço de um branco e uma negra, que, segundo Jason Tércio, viviam em concubinato, sem oficialização do relacionamento. A família era pobre, muito modesta e formada por inúmeros irmãos. Por força dessa circunstância, Carlos Augusto aprendeu ainda na adolescência o ofício de tipógrafo, de forma autodidata. E desde esse período o interesse literário foi despertado:

> Aos 18 anos trabalhava na Tipografia Alemã, do agitado e gorducho Antonio Elias da Silva, que também promovia montagem de peças teatrais, espetáculos musicais populares e óperas. O contato diário de Carlos Augusto com livros, jornais e libretos impressos por ele estimulou seu interesse em literatura. Não apenas como leitor. Começou a escrever poemas inspirado pelo rescaldo da escola romântica. (Tércio, 2019, p. 17)

Consta que Carlos Augusto casou-se primeiramente com uma jovem próxima de completar 17 anos, Maria Augusta Elias da Silva, em novembro de 1876, irmã do dono da tipografia em que trabalhava, a qual veio a falecer "de doença não revelada" apenas nove meses depois. Carlos, no leito de morte de sua esposa, prometeu não contrair novo casamento por, ao menos, dez anos.

Em 1878, ele e o irmão, Francisco Augusto, junto a companheiros do extinto *Diário de S. Paulo*, fundam o primeiro vespertino da cidade, o *Jornal da Tarde*. Mas logo um ano depois, por motivo de desentendimentos com os sócios, retirou-se da direção do jornal e fundou *A Gazeta do Povo*, de feição moderna, que seria bem recebido pelo público. Em vista de tal empreendimento, e por motivo de um convite em 1880, desligou-se d'*A Gazeta* e vinculou-se ao diário *A Constituinte*, jornal de propriedade de Joaquim de Almeida Leite Moraes (1835-1895) e Brasílio Machado (1848-1919). Nesse jornal, Carlos Augusto desenvolveu carreira de talento e caiu nas graças do patrão Leite Moraes, provavelmente já seu conhecido, posto que aquele contraíra matrimônio com uma prima de sua mãe.

Leite Moraes era proveniente de família tradicional e abastada. Nasceu em 1835 no município paulista de Tietê, de onde saiu para cursar direito na Faculdade do Largo São Francisco; tornou-se advogado conhecido, professor substituto na mesma faculdade que cursara e seguiu carreira política, com mandatos de deputado provincial (hoje equivalente a deputado estadual). Chegou a concorrer para o cargo de deputado geral (deputado federal, atualmente), sem êxito. No entanto, o presidente do Conselho de Ministros, José Antonio Saraiva, após o pleito, o nomeou presidente interino (equivalente a governador) da província de Goiás, ao final de 1880, com a missão de implantar na região uma reforma eleitoral que ficaria conhecida como Lei Saraiva (Tércio, 2019). Leite Moraes, com isso, vendeu o jornal e convidou Carlos Augusto para ser seu secretário particular.

Como primeiro fruto do novo emprego, Carlos viajou com Leite Moraes para Goiás, permanecendo por lá de 31 de janeiro a 9 de dezembro de 1881. Ao regressar no ano seguinte, distanciou-se do jornalismo para abrir a tipografia e papelaria Casa Andrade, Irmão & Cia. Ao mesmo tempo, Leite Moraes iniciou a redação de seu livro *Apontamentos de viagem*, um diário publicado pela gráfica d'*A Gazeta do Povo* em 1882, às próprias expensas, com a narrativa das viagens de ida e volta de São Paulo a Goiás ora em lombo de cavalo, ora a bordo de um vapor (Moraes, 1995). Como derradeiro fruto do emprego, Carlos Augusto enamorou-se da segunda filha de Leite Moraes, Maria Luiza, a quem desposou somente em julho de 1887, após cumprir a promessa feita de permanecer viúvo por dez anos.

Até o nascimento de Mário de Andrade, o pai ainda alteraria seu *métier*, seguindo o ramo de guarda-livros (equivalente, hoje, à profissão de contabilista) na Caixa Econômica de São Paulo e trabalhando para o irmão do sogro em Santos, onde fixou residência por dois anos; e também sofreria a perda de dois filhos – um menino, nomeado Carlos, que morreu em 1888 aos oito meses, e uma menina, Maria Augusta, que faleceu em 1891 na primeira semana de vida.

Entremeado a essas perdas, vingou o segundo filho em 1889, que também recebeu o nome de Carlos, que era o nome de preferência de Maria Luiza. Na sequência, vingou Mário Raul de Moraes Andrade, nascido a 9 de outubro de 1893, na casa da rua Aurora, 320. Seus outros irmãos foram

Renato, nascido em fevereiro de 1899 (que faleceu precocemente, em 1913, marcando duramente a vida do poeta, como se verá adiante), e Maria de Lourdes, em 1901. O avô Joaquim Leite Moraes faleceu em agosto de 1895, antes de Mário completar 2 anos de idade.

Na primeira década de 1900, a cidade de São Paulo tinha aproximadamente 240 mil habitantes, dos quais 20% eram imigrantes europeus. E a casa do largo do Paissandu, 26, ficou destacada no cenário do centro de São Paulo pelo reconhecimento do nome de Carlos Augusto como comerciante e guarda-livros disputado, mas também como "amigo do teatro". De um lado, por ser um dos proprietários do Teatro São Paulo, e, de outro lado, por escrever peças – das quais, a comédia *Palavra antiga* é encenada e aplaudida – e por promover representações de seus textos e de outros dramaturgos em sua residência.

Mário de Andrade cresceu nesse cenário cultural do largo do Paissandu, não mais em ambiente aristocrático de família tradicional, mas de classe média instruída, absolutamente católica e praticante, portanto em ambiente algo diferente ou excêntrico em função das altercações profissionais do pai, do pendor artístico e da herança – mais de proveniência do nome e da refinação de classe do que da financeira – do avô Leite Moraes. A infância e juventude foi vivida ao lado do pai (que faleceu em 1917), mas sobretudo ao lado da mãe, Maria Luiza de Almeida Leite Moraes (1859-1949), carinhosamente apelidada de Dona Mariquinha; ao lado dos irmãos, Carlos de Moraes Andrade e Renato de Moraes Andrade; de sua tia e madrinha, Ana Francisca de Andrade; e de sua irmã mais nova e caçula da família, Maria de Lourdes Moraes Andrade.

Nesses anos de infância, Mário de Andrade conviveu com a numerosa família, engendrando laços afetivos e recordações que marcaram fundo sua experiência emotiva, a ponto de trazer referências específicas em sua obra. Telê Ancona Lopez, ao expor seu itinerário de vida, situa algumas dessas referências:

> Para a casa do lado, à rua Visconde do Rio Branco, vai a cunhada mais velha de Carlos Augusto, Isabel Maria do Carmo de Moraes Rocha. Enviuvando em 1887, [Isabel Maria] vivia com seus filhos em casa do pai [Leite Moraes]. Essa vizinhança proporcionará a Mário e seus irmãos infância e juventude cheia de primos e outros parentes. Ao pessoal de São Paulo juntavam-se periodicamente

> primos de Araraquara, da família de Cândido Lourenço Correia da Rocha [mais conhecido como Tio Pio], marido de Isabel. A ficção de Mário de Andrade recuperará a figura das duas tias: Ana Francisca – doce, delicada e hábil tricoteira– tecerá os sapatinhos do filho de Macunaíma – e Isabel – severa e repressiva – será a Tia Velha do conto "Vestida de preto" (1939, 1943). [...] As brincadeiras de meninas, vindas da convivência de Mário com sua irmã e suas primas, ecoarão em *Amar, verbo intransitivo*. (Lopez, 1993, p. 10)

Nesse ambiente, por outro lado, e em adição ao convívio familiar, Mário de Andrade e os irmãos se constituíam como beneficiários da movimentação intelectual e artística que o pai promovia, como se dá a perceber pelas iniciativas antes listadas. Mas a relação entre o pai e o poeta não se acomodou no registro da amabilidade ou da tranquilidade no trato. Muito pelo contrário, foi marcada por atritos relativos à severidade no convívio pessoal e a um sentimento de inferioridade, que toca no brio da dignidade que cada qual manteve em relação ao outro, a indicar um certo distanciamento emotivo e a fazer o futuro modernista querer sempre provar para si mesmo, e para o pai, o próprio valor e dignidade.

Essa relação problemática *de facto* pode ser divisada, em tom melodramático e duro, nos trechos de uma carta do poeta enviada para Henriqueta Lisboa, em 22 de janeiro de 1943:

> Meu pai foi positivamente um homem estupendo, chegando mesmo a uma excepcionalidade do ser que, por exemplo, minha mãe não tem. Mas é estranhíssimo: eu nunca pude "perdoar" (é bem o termo) meu pai! [...] Se eu não posso "perdoar" meu pai é nele mesmo e por mim. A raiva que eu tenho dele sem querer deriva em grande parte de um excesso de dignidade em que ele me respeitou. Meu pai deve ter sofrido muito, principalmente com o seu complexo de inferioridade. Mas foi de uma honestidade, de uma bondade, de uma dignidade, de uma sobriedade admiráveis. Mas, você quer imaginar incongruência maior! As memórias vão se deformando, vão se falsificando e de repente quando ponho reparo em mim porque me sinto em plena infância, o pai que eu estou me acreditando ter tido é pouco menos que um monstro! (Souza, 2010, pp. 239-40)

Talvez seja possível encontrar aqui uma primeira pista explicativa para essa tensão, iniciada muito cedo na adolescência e adensada na fase adulta de Mário de Andrade, com lastro em seus estudos no Conservatório Dramático e Musical durante a década de 1910, cuja resultante favoreceu um *habitus* sacrificial, com elevado grau de autodidatismo autoimposto, a querer provar sempre o seu valor, a querer ser o melhor entre os melhores, mas tendo procurado erguer-se em postura que não fosse arrogante, embora discordasse quando necessário e mantivesse certa independência de ideias, por certo uma postura indicativa de autonomia intelectual. A pista encontra-se na atitude de ambivalência entre o excesso de dignidade e o complexo de inferioridade, sugestivamente explicativa da relação tensa.

Pode-se intuir que Carlos Augusto tinha a percepção dominante de ser um homem de traços negros que se sentia inferiorizado, ao viver sob a realidade dos estigmas, preconceitos e constrições da época, à qual se somava o peso social e simbólico de sua proveniência de família pobre. Mas, por outro lado, também se intui que ele tinha plena consciência de seu valor, inteligência e capacidade, com consequente aspiração pela conquista de independência (social e econômica) por mérito próprio, o que ocorre dentro das possibilidades que lhe couberam.

O itinerário de vida de Carlos Augusto se torna inteligível em meio aos impasses e tensões próprios do tipo de inserção social realizado, no traçado da busca por triunfo e valorização social num momento em que ocorria relativa mobilidade entre as camadas que compunham a sociedade brasileira durante o século. Era já um momento de declínio da aristocracia, de predomínio das oligarquias e de surgimento das camadas médias, constituídas de bacharéis e doutores – alguns sendo filhos mestiços –, e muitos deles dispondo de diplomas em cursos liberais adquiridos nas então conceituadas faculdades e universidades de Portugal e da Ibero-América. Surgia, desse modo, uma mística popular dos títulos como efeito indicativo de novas possibilidades de ascensão social – para as quais Carlos Augusto também via seu caminho interditado, ao não dispor de um diploma liberal e ao estar premido entre a aristocracia decadente, o patriarcado rural, a oligarquia predominante e os novos doutores e bacharéis afidalgados, tendo assim que lutar por um melhor ajustamento social no jogo "meritocrático" dos capitais e recursos à mão, passíveis de mobilização.

Na prática da tipografia, no vaivém das funções assumidas e dos cargos em jornais, até o momento de forte ligação com um "doutor" e político de família tradicional, Leite Moraes, e o estabelecimento de seu nome como guarda-livros junto aos lances artísticos, Carlos Augusto foi conduzindo o sentido social de seu itinerário, em graus distintos e desiguais de prestígio e autoridade, ciente das hierarquias, do sistema de dominação vigente e de certo ressentimento que ia acumulando.

Daí, a relação com os filhos se esclarece um pouco mais. O mais velho, Carlos, reproduziu em certo sentido o caminho desejado pelo patriarca – e que a este ficou interditado –, angariando ainda mais orgulho paterno ao adquirir o título de bacharel em direito pela faculdade do Largo São Francisco e perseguir, posteriormente, uma carreira política. Já Mário percorre caminho algo inverso, em sinalização de um itinerário que poderia desembocar nos entreveros vividos pelo pai. Hesitou e não se decidiu por carreiras de veio liberal. Ele foi o único modernista que não cursou a faculdade de direito. Herdou os traços negros da família, aos quais, decerto, se juntou a percepção insegura da própria imagem. E, fechando o cerco, tinha grande desassossego por divisar uma cobrança de virilidade (nos termos da função e do lugar social tradicional atribuídos ao homem naquele momento) pela qual não se sentia atraído ou de que não se via legatário. Mais tarde, ao não assumir casamento, o celibato também corroborou o lugar afastado dos critérios de virilidade – uma emasculação como marca de vida.

A mesma percepção não ocorria pelo lado materno, justo devido à presença, afeição e atenção demonstradas com os filhos, especialmente com Mário de Andrade. Naquela carta em que discorreu acerca do pai, divisa-se ainda a imagem da mãe:

> Minha mãe é uma muito boa senhora e maravilhosa mãe. Destas nossas mães ainda pouco clarividentes a respeito da educação de filhos e netos, mas inteiramente devotada a eles e que numa vida inteira de sacrifícios e preocupações jamais sequer esboçou um gesto de impaciência. Tem seus defeitozinhos, está claro, é um bocado rabugenta, tem a mania de antipatizar com certas pessoas e se utiliza de uma justiça por decretos-leis que jamais teve a menor parecença com a justiça. Embora possa coincidir com esta. Mas tudo isto não tem a menor importância e jamais com isso ela fez mal a

ninguém. É aliás o que tem de mais grande nela. É que se houvesse a possibilidade do mal, ela seria compelida <u>fatalmente</u>, questão do Bem inato, a agir contra o seu gosto e a praticar o bem. (Souza, 2010, p. 240; "fatalmente" sublinhada no original.)

A dignidade da mãe, reconstruída na escrita epistolar do poeta, é notável, algo extravagante e idealizada, embora se possa considerar, em contraposição ao pai, que ela soube direcionar um carinho respeitoso aos filhos, na forma de um porto seguro, no qual, por exemplo, Mário de Andrade buscava abrigo. E ele teve ainda, como companhia mais presente, a irmã e as primas – estas, por frequentarem a casa rotineiramente.

O episódio da morte do irmão Renato, então com 14 anos de idade, em 22 de junho de 1913, vitimado por complicações de uma queda durante jogo de futebol no ginásio, provocará um sentimento de culpa profundo – porque era muito ligado ao irmão e porque se compraziam em estudar piano juntos, quase em estilo competitivo, na busca da excelência performática –, a ponto de Mário de Andrade se sentir desestimulado a viver, o que deixou uma afetividade transmutada em "estragosa tristeza" na alma. Esse período, inclusive, foi o responsável por fazer nascer em Mário de Andrade o poeta em detrimento do concertista, ramo esse que pretendia seguir com o estudo no conservatório.

Em carta a Manuel Bandeira, datada de 29 de maio de 1931, Mário de Andrade relatou a profundidade de seu lado afetivo, com ênfase algo exagerada, trazendo à tona a lembrança do irmão falecido:

> Mas desde manhã que estou tomado de uma tão profunda, tão estragosa tristeza, que quem sabe falando no assunto agora com você, sossego mais. Você sabe que sou muito afetivo, mas talvez nem imagine quanto. O caso típico da minha afetividade foi a morte de meu mano mais moço, que me levou quase pra morte também. Os médicos chegaram a não dar nada mais por mim, médicos de moléstias de nervos e o diabo. Não comia, não dormia e com os sintomas característicos de neurastenia negra, ódio de minha mãe, de todos os meus etc. Foi o bom-senso dum tio [Tio Pio, já citado, o qual, na verdade, não era tio de Mário, mas primo de sua mãe; Pio era afilhado do avô Joaquim de Almeida Leite Moraes e dono da

Chácara Sapucaia, em Araraquara, local em que Mário de Andrade anualmente passava férias de fim de ano, e com quem manterá profícua correspondência], espécie de neurastênico de profissão, que me salvou. Pegou em mim, levou pra fazenda dele, onde ele não morava, me deixou lá sozinho. De tempo em tempo aparecia, perguntava se eu não queria nada. Não queria e ele ia-se embora. Um dia me chegou a curiosidade de saber como era o princípio do cafezal, por trás da casa, fui até lá. Fiz o mesmo no dia seguinte, até mais longe e pra encurtar coisas aqui estou ainda vivo. Só que voltei poeta da fazenda. Sem nunca ter nem me preocupado em ler com prazer os poetas, já mesmo antes de ir para a fazenda, tinha dado em mim essa coisa esquisitíssima, talvez sintoma de loucura; uma mania de fazer versos. Foi assim. É verdade que um excesso de trabalho, porque então e justo por causa do mano, que estudava música, eu estava aos pulos fazendo numa pressa errada meu curso de piano no Conservatório, pulando anos, acumulando até nove horas de estudo técnico diário, além das matérias intelectuais de que não largava, eu que sempre tomara bomba no ginásio, o excesso de trabalho certamente contribuiu pra que a morte de meu mano declanchasse em mim o tal estado que até hoje não sei como chamar e fez o desespero dos médicos. (Moraes, 2001, p. 508)

Um depoimento de Gilda de Mello e Souza, prima de Mário de Andrade e com quem dividiu posteriormente residência ao vir de Araraquara para estudar na capital (entre 1934 e 1938), corrobora o impacto da perda do irmão, acontecimento catapultado ao extremo se se considerar a relação tumultuada que Mário de Andrade mantinha com o pai e que resultou nele em uma espécie de "complexo de sobrevivente", a demandar sacrifícios pessoais e provas constantes de seu valor naquilo que dividia com o irmão falecido (a música, o início da dedicação aos estudos humanistas etc.).

Nas palavras de Gilda:

[U]ma das coisas que mais me impressionaram sempre na vida de Mário foi o complexo do sobrevivente de que ele sofreu, isto é, o desejo de ser melhor do que aquele que se fora. A atitude sacrificial que existe nele e mesmo na relação que ele tem com o pai, a partir de um certo momento, é mostrar ao pai que aquele que sobreviveu mereceu sobreviver. Essas coisas eu só posso ver hoje, acreditando que elas são hipóteses verdadeiras, porque convivi com elas. (Lopez, 2008, p. 30)

Percebe-se, pela análise dos depoimentos em primeira pessoa e pelo conjunto de informações sobre a relação familiar e os acontecimentos de infância e da juventude, que essas experiências entronizaram em Mário de Andrade uma dor aguda, a qual contribuiu, por sua vez, para conformar a subjetividade de "atitude sacrificial" e de "estragosa sensibilidade" (como ele mesmo se descreveu), além de solidificar no poeta um *ethos* temperamental, emotivo, medroso, um pouco inseguro e humilde, devidamente escondido por trás de um carisma contagiante e da atitude brincalhona que desenvolvia. Um *ethos* no qual se entronizaram, também, aspectos de um sentimentalismo e um caráter pessoal mais próximo do universo materno, em termos de referência a um hábito duradouro – dada a forte relação de carinho e atenção da mãe, em oposição à relação com o pai.

Como apontou Telê Ancona Lopez, a ficção de Mário de Andrade se fez em boa parte no rescaldo das memórias de infância e juventude – por exemplo, em "O peru de Natal", que traz menção à "natureza cinzenta" do pai, e em "Vestida de preto", em que se percebe uma menção ao pai "sempre insuportável, incapaz duma carícia" –, e na forma de recriação de seus dados biográficos. Além disso, a maior parte das personagens femininas terá por nome Maria, e as masculinas, Carlos (Lopez, 1993, p. 5).

Esses pontos tensos presentes na relação familiar em conjunção a uma posição em falso no drama doméstico – sem seguir os modelos considerados "masculinos" (novamente, na formação não liberal, na vida política que não fecundou, ou como chefe de família que nunca foi) – constituem pistas que indicam o investimento assumido, por parte de suas inclinações pessoais, ao lançar-se em uma carreira de ofício intelectual e artístico de grande monta e exímia dedicação.

Os traços de sensibilidade exacerbada se evidenciaram entre as décadas de 1910 e 1920, também pelo lado da sensualidade e do cuidado de si em jeitos e trejeitos (na oralidade, na vestimenta etc.) ao estilo narcísico e – considerado à época – afeminado, e ainda ao lado de uma benevolente doçura e gentileza suavemente deslindadas em afetos, com um riso farto e estridente, nada comedido, a preencher os cômodos do ambiente familiar.

Os traços biográficos coligidos até aqui sobre Mário de Andrade, na acentuação de uma problemática acerca da experiência afetiva e sentimental, trazem elementos adicionais às edições recentes que se debruçam sobre a reconstrução de seu itinerário de vida. Eduardo Jardim (2015), por exemplo, acentua os aspectos formais, ou seja, os estudos propriamente escolares e as influências daí decorrentes, para apresentar a infância e juventude do poeta, sem, contudo, dedicar mais tinta à experiência desse relacionamento familiar quanto ao impacto e à internalização possível dos acontecimentos. E Jason Tércio (2019), embora aprofunde com mais ênfase essa experiência adolescente de formação escolar e autodidata, realça pouco a subjetividade do poeta na relação com o pai.

O que se edifica com os argumentos anteriores são, justamente, algumas respostas a um conjunto de questões que permitem oferecer uma gradação para as condições de inteligibilidade a respeito das principais experiências emotivas e escolhas assumidas que contribuíram para seu itinerário de vida.

Quais foram os aspectos explicativos da tensão entre o Mário adolescente e o pai? E por que a decisão posterior de seguir carreira obtendo um diploma no conservatório musical, e não na faculdade de direito, como o irmão? Essa decisão se deveu ao irmão falecido, que também iniciou estudos de música e parecia trilhar um caminho formidável como pianista? O mais velho influenciou o mais novo, e, portanto, aquele se sentia responsável, como um tutor, por este? Daí a sensação de culpa de Mário de Andrade pela morte do irmão? A tensão com o pai acirrou-se após essa trágica perda? Ou, então, tratava-se só de escolhas relativamente mais autônomas que contrariavam em cheio o pai? Ou seja, levando-se em conta a preferência por carreiras liberais (direito, medicina, engenharia etc.), predominante no percurso social e profissional do universo masculino daquele contexto, o estudo de música contrariava mesmo o pai, que também nutria pendores artísticos? Jason Tércio mostra que Mário de Andrade chegou a estudar contabilidade na Escola de Comércio Álvares Penteado, desistindo três meses depois, após desavenças com um professor de português, Gervásio de Araújo, relativas à gramática e ao uso de pronomes. Já o pendor para a área musical parece se explicar pelo lado materno, pois, nesse caso, tanto a mãe quanto a tia Nhanhã eram pianistas e os filhos aprenderam a tocar o instrumento inicialmente com elas.

A tensão relativa ao complexo de inferioridade, à dignidade e à severidade no convívio pessoal com o pai ganha, perante o exposto, maior definição. Esse sentimento de inferioridade, no pai Carlos Augusto, mostra sua razão de ser na necessidade de afirmar-se, tanto no tocante às qualidades de que sabia ser detentor e no embate travado internamente com sua ascendência negra, alvo de preconceito e racismo, quanto em relação à própria proveniência de classe, contraposta à da esposa, detentora de ascendência com sobrenome de família tradicional – um sentimento que poderia ter se transferido para Mário de Andrade, herdeiro dessa relação e também dos traços negros.

Esse sentimento, em consequência, recrudesceu a postura de severidade. E essa mesma severidade do pai – provavelmente aumentada após o falecimento do irmão – esteve na base da atitude sacrificial do poeta, tornando-o empenhado em ser o melhor em tudo e provar o próprio valor a todo custo. Nutriu, assim, o sentimento de culpa pela morte do irmão branco, com beleza dentro dos padrões aceitos socialmente, e ainda por cima exímio pianista, o que só ampliou a expectativa de ter que provar a todos da família, a par dos aspectos que o marcavam, que o sobrevivente estava à altura do finado. Essa possibilidade interpretativa alia-se à explicação do autodidatismo exacerbado que soube manter por toda a vida. Por outro lado, é possível perceber que os traços subjetivos surgidos em Mário de Andrade estavam germinando como uma forma de lidar com a própria imagem física e o lado emocional, presentes desde cedo em sua vida e claramente não aceitos pelo pai – daí surgindo a desconfiança da homossexualidade, o que por certo deve ter piorado a relação.

Tais são as possíveis reflexões que se podem avançar, cuja verificabilidade reside também na averiguação do conjunto das relações afetivas e amigáveis que Mário de Andrade construiu em forma de rede epistolar para ampliar seu protagonismo, para além da parte que cabe às afeições familiares.

Com o falecimento do pai, em 1917, poucos anos depois, em 1921, ocorreu a mudança de residência e a família veio a se estabelecer à rua Lopes Chaves, 108 (alterado posteriormente para 546), na Barra Funda paulistana – também um sobrado, mas bem menor, de janelas largas e abertas para a frente da rua. Essa mudança de um casarão para um sobrado sinaliza – simbólica, mas também financeiramente – uma queda no padrão de vida dos Moraes.

Na ocasião, foram adquiridas mais duas casas, uma ao lado da outra. Mário de Andrade começou a dividir a casa principal com a mãe, Dona Mariquinha, e a tia e madrinha, Dona Nhanhã, com as quais viveu até o fim de sua vida. A segunda casa seria para ele próprio, caso viesse a se casar; mas, em vista de seu celibato, foi vendida posteriormente. Já a terceira casa se tornou a morada de seu irmão, Carlos. A venda da casa é mais uma pista indicativa do peso social que oprimia Mário de Andrade, por encarnar a figura do "homem que não vingou", no sentido dos empenhos sociais que eram esperados dele, como já se disse – casamento, rebentos etc.

A esse tempo, o ofício de professor no Conservatório Dramático e Musical de São Paulo garantia sua principal remuneração, embora já escrevesse para diversos jornais e revistas desde princípios de 1915 – a exemplo do *Jornal do Commercio*, *A Gazeta*, *O Echo*, *A Cigarra*, *Papel e Tinta*, *Ilustração Brasileira* e *Revista do Brasil*, para citar alguns periódicos.

No exercício da docência, ao olhar de seus alunos e de quem gozava de sua presença como professor, mesclava-se em Mário de Andrade uma postura de autodeterminação coroada pela aparência séria, austera e respeitável de um educador que já impressionava pela avidez de conhecimento – traços sutis adicionais de sua subjetividade, que não escondia o fato de ser geralmente descrito como um excelente contador de histórias, um grande conversador, dono de um bom humor incrível e selvagem, amante incondicional dos "causos", sobressaindo-se seu tino de homem bem-educado, com temperamento leve e afetuoso, e um jeito de professor metódico, sempre organizado e a consultar rotineiramente suas fichas e anotações, como alguém que não ousava dar uma opinião sem fundamento.

Terminado o trajeto do conservatório até a rua Lopes Chaves, Mário de Andrade seguia para seu estúdio, no segundo andar, não sem antes beber um café forte, "típico de nossa terra", algo que era de seu agrado, e apreciar algum doce feito pela mãe – uma das principais alegrias gastronômicas que tinha. Na recordação de infância de Gilda de Mello e Souza, referindo-se ao aspecto interno da casa da rua Lopes Chaves, eram notórios os modos específicos de construção e reprodução do espaço social, em vista da regularidade definidora dos ambientes e das disposições particulares de cada habitante em convívio mútuo. Em suas palavras:

> [...] aquela casa, que tinha uma ordem, um estilo, era uma casa muito peculiar, muito heterogênea, até na aparência, porque se mostrava, ao mesmo tempo, extremamente tradicional e mesmo retardatária e, em muitos aspectos, incrivelmente revolucionária, porque pelas

paredes já havia os quadros modernistas. Embaixo, viviam as velhinhas [...] – a mãe dele, D. Mariquinha, e a tia e madrinha, D. Nhanhã –, e lá em cima, no estúdio, era o modernismo implantado, com os quadros do modernismo, a casa invadida de livros, estantes e quadros modernistas [...] Um lar "entre o mais moderno e o mais antigo"; uma casa repleta de horários, com uma rotina determinada (Lopez, 2008, pp. 20-1)

Em 1922, Mário de Andrade já tinha adquirido o quadro *O homem amarelo*, de Anita Malfatti, e justamente ao lado da escada de acesso ao segundo pavimento da casa, onde se localizava o escritório do poeta, estava a escultura *Cabeça de Cristo*, de Brecheret, adquirida provavelmente em novembro ou dezembro de 1920.

Já o aspecto do estúdio guarda sua história. Quando da mudança, o poeta desenhou os móveis que seriam feitos para preencher o ambiente, prescrevendo o mogno para as estantes e a mesa de trabalho. Nesta última ficavam visíveis os livros a serem lidos ou consultados no momento de sua escrita, e ficavam também à vista seus cadernos de notas, bem como seu arquivo pessoal de inúmeras pastas. A estante já acumulava um sem-número de livros e revistas, em geral francesas e alemãs, por meio das quais conhecia, se atualizava e estudava os movimentos vanguardistas europeus, como o futurismo italiano e o expressionismo alemão. Ainda na escrivaninha, o poeta mantinha ao lado as cartas recebidas, a aguardarem resposta para breve – um ato de escrita que, desde 1918 em diante, tornou-se algo quase diariamente frequente, realizado de maneira contumaz e ininterrupta, às vezes ao longo do dia nos momentos propícios, mas detidamente de noite ou até mesmo de madrugada, dada a insônia frequente – e quando não, escrevendo inclusive nos bondes (como confidencia a Anita Malfatti em carta) e nas aulas no conservatório, por alegada falta de tempo. Um ato, portanto, regular e religioso de escrita epistolar, exercido em constância exaustiva até fevereiro de 1945, ano de seu falecimento. E, como um *habitus* adquirido, era sempre acompanhado por um de seus vícios prediletos: fumar durante a escrita. Esse aspecto, como outros já trazidos (por exemplo, a menção do café junto ao hábito da escrita), não se mostra como dado anedótico, uma vez que, para Mário de Andrade, fumar constituía algo como um adendo ao seu estilo de vida.

Na rotina determinada das noites de terça, assim, Mário de Andrade recebia os amigos modernistas, assumindo com cuidado, como de costume, os preparativos para mais uma das "deliciosas reuniões" – nos dizeres de Tarsila do Amaral. Fazia parte desses preparativos o zelo de sua vestimenta. O sapato "era um sapato enorme, um sapato castanho, em geral, e um sapato bordado", comprado na famosa loja Guarani, de sua exclusiva preferência. Vestia, em muitas das ocasiões especiais, como naquelas terças-feiras, paletó de "seda muito bonita, listada" e em tom branco, que impressionava.

Novamente, Rubens Borba de Moraes assim o descrevia:

> Lembro-me que nessa época Mário andava todo perfumado. Nunca perdeu esse traço de faceirice. Sempre cuidou muito de sua aparência: usava água-de-colônia, perfume francês no lenço, como, aliás, todos os homens elegantes da época. Vestia-se com um apuro um tanto vistoso para o meu gosto. As gravatas de cores vivas e às vezes espalhafatosas que usou toda a vida faziam o objeto de nossas críticas e piadas. [...] É preciso dizer que no tempo de *Klaxon* [1922] a moda americana, o uso de cores vivas para homens, não tinha sido inventada. [Trazia] no bolso, como muitos nesse tempo, um caderninho de folhas de seda com pó de arroz grudado que passava no rosto para tirar o brilho da pele. Naquele tempo os homens usavam pó de arroz, depois de fazer a barba. Era a moda. (Moraes, 2011, p. 150)

Um "traço de faceirice" que servia como trunfo estético em compensação à inadequação ao ideal racista de beleza, e que consagrava a si uma exaltação visual condizente com a sua busca incessante por autoestima. Em face dessas características subjetivas, não é possível pensar em Mário de Andrade, em sua rotina e em sua vida social, sem a referência à elegância por demais figurada na vestimenta e nos jeitos e trejeitos – a qual, por sua vez, era também, como se deve fazer notar, um reflexo algo compensatório de seu *habitus* –, e que concedia pompa e circunstância à reunião do Grupo dos Cinco, como se intitularam os modernistas Oswald de Andrade, Tarsila do Amaral, Anita Malfatti e Menotti del Picchia – reunião que era uma das predileções de Mário de Andrade, ao recebê-los em sua casa.

Os lundus, como batizou esses encontros o pintor carioca Di Cavalcanti, aconteciam na sala de visitas, local em que ficava o piano de cauda e onde

Mário usualmente recebia os convivas, como bom anfitrião, reunindo-os para, de início, tocar e cantar emboladas, modinhas imperiais e trechos de canções tradicionais.

Por certo, já em 1922, empossado como professor de música no conservatório, Mário de Andrade iniciara a pesquisa sobre cantos e modinhas populares no Brasil, o que sugere que ele já cantarolava e tocava lundus com certa frequência nesse período. No *Dicionário musical brasileiro*, preparado inicialmente por ele, mas só concluído décadas depois de sua morte pela ação de Oneyda Alvarenga (entre 1982-1984) e Flávia Toni (entre 1984-1989), com publicação em 1999, lê-se no verbete "lundu" (que também se grafava landum, londum e lundum) a seguinte explicação:

> Canto e dança populares no Brasil durante o século XVIII, introduzidos provavelmente pelos escravos de Angola, em compasso 2/4 onde o primeiro tempo é frequentemente sincopado. No início era uma dança cuja coreografia foi descrita como tendo certa influência espanhola pelo alteamento dos braços e estalar dos dedos semelhante ao uso de castanholas, tendo, no entanto, a umbigada característica. A coreografia foi aproximada por alguns autores às do samba e do batuque. O lundu canção foi conhecido durante o primeiro Império e, no séc. XIX, depois de ter frequentado os salões familiares, caiu em desuso. A falta de documentos antigos dificulta a caracterização do lundu como forma; as peças encontradas apontam como traço comum o emprego da síncopa. O acompanhamento do canto e da dança, que era feito por instrumentos de cordas dedilhadas, foi substituído, nos salões, pelo piano.

A nota, bem extensa, segue com dados históricos e citações de obras onde apareciam outras exemplificações e variantes, como o lundu chorado e o lundu do Rio (Andrade, 1999). O lastro dessa pesquisa sobre o lundu se conectava, por certo, com o esforço do poeta, levado adiante após 1922, em criar uma expressão literária nacional, primeiro compreendendo a fala mediante o amplo e variado repositório linguístico, com dicções e vocábulos brasileiros de inúmeras regiões, e, depois, recriando e ensaiando um idioma prático, coloquial – uma "fala brasileira".

Um exemplo vigoroso está no poema "Lundu do escritor difícil", de 1928, e presente no livro *A costela do grã cão*:

Eu sou um escritor difícil
Que a muita gente enquizila,
Porém essa culpa é fácil
De se acabar duma vez:
É só tirar a cortina
Que entra luz nesta escurez.

Cortina de brim caipora,
Com teia caranguejeira
E enfeite ruim de caipira,
Fale fala brasileira
Que você enxerga bonito
Tanta luz nesta capoeira
Tal-e-qual numa gupiara.

Misturo tudo num saco,
Mas gaúcho maranhense
Que para no Mato Grosso,
Bate este angu de caroço
Ver sopa de caruru;
A vida é mesmo um buraco,
Bobo é quem não é tatu!

Eu sou um escritor difícil,
Porém culpa de quem é!...
Todo difícil é fácil,
Abasta a gente saber.
Bagé, pixé, chué, ôh "xavié",
De tão fácil virou fóssil,
O difícil é aprender!

Virtude de uburutinga
De enxergar tudo de longe!
Não carece vestir tanga
Pra penetrar meu cassange!
Você sabe o francês "singe"

Mas não sabe o que é "guariba"?
– Pois é macaco, seu mano,
Que só sabe o que é da estranja.
(Andrade, 2013, pp. 416-7)

Em sintonia com o embalo musical e as declamações poéticas, os termos utilizados para mencionar e caracterizar a sociabilidade estabelecida nesses encontros de terça-feira são significativos, assim como as práticas levadas a termo. Dizia-se que eram reuniões banhadas em "alegria delirante", "enlevadas em lundus"; em que os escritores Oswald e Menotti liam suas últimas produções; as artistas Anita e Tarsila comentavam sobre arte e discutiam os rumos de suas últimas pinturas; e Mário tocava ao piano e recitava suas poesias desvairistas, impressionistas e psicológicas, publicadas recentemente em *Pauliceia desvairada*.

Oswald, "agressivo e inquieto" herdeiro, "tinha riso para tudo", narrando anedotas e fazendo trocadilhos, "satisfeito e irônico como um bom burguês". Tarsila, de família rural tradicional, ainda procurava encontrar seu rumo na pintura, mas encantava por sua beleza harmoniosa e elegante, "com seus lindos olhos sevilhanos". Menotti, filho de imigrantes italianos, falava com fervor "de sua terra como um orador da Revolução Francesa e já era conhecido em razão de seu livro *Juca Mulato*. Anita, também filha de imigrantes – "a incompreendida" expressionista, alegre por ter encontrado "espíritos modernos" –, se descontraía esboçando desenhos. E Mário, com seu "bom humor incrível", "amante incondicional da conversa" e exímio "contador de histórias", contentava-se em discutir as últimas novidades – o homem que já "tinha lido tudo e não conhecia pessoalmente ninguém", em franco contraste com Oswald, o homem "que conhecia todo mundo e não lera coisa nenhuma", segundo as formulações do jovem pernambucano Joaquim Inojosa, que conheceu o grupo quando em São Paulo (Amaral, 2010, pp. 72-3). Portanto, dois homens e "duas almas, opostas e complementares, do espírito modernista" (Prado, 2004, p. 310).

Causa impacto, nessas descrições qualificadas dos modernistas, o sentido já contrastante das proveniências sociais e dos humores individuais, cuja distinção sinaliza se tratar de um grupo heterogêneo (homens e mulheres, mas principalmente paulistas enraizados e imigrantes; remediados e ricos; fazendeiros ou empreendedores capitalistas e assalariados), grupo que, diga-se desde já, e por essas razões de distinção, não durou mais que cinco meses, se contado somente o período da frequência restrita dos encontros.

Essas descrições compósitas, feitas por Joaquim Inojosa, vêm muito a calhar também porque são elucidativas dos fatores sociais e culturais que estão na base das adjetivações autodefinidoras do grupo, em geral centradas no realce dos valores compartilhados, da afeição pessoal e da aliança por afinidade estética. Ainda, as raízes de proveniência e os capitais movidos por cada um dos integrantes permitem lidar criticamente "com as ideias e atividades manifestas" acerca do que propuseram em obras artísticas e textos de intervenção, mas permitem principalmente atinar com "as ideias e posições que estão implícitas ou mesmo que são aceitas como um lugar-comum", direcionando o olhar para a elucidação do sentido social do Grupo dos Cinco, para além dos interesses culturais que compartilhavam e que os uniram (Williams, 1999).

Isto tudo leva a discutir os efeitos essencialistas que a união de amigos do Grupo dos Cinco contribuiu para consolidar. Claro que ainda hoje eles são caracterizados como um "agrupamento de talentos" – na linha dos gênios incriados, por assim dizer – e explicados levando-se em conta "uma superioridade por associação", dada a troca de ideias e a influência mútua nutridas no grupo, um tratamento diferente do dispensado a outros artistas e intelectuais cujas obras foram significativas para o modernismo brasileiro.

Embora os modernistas paulistas do Grupo dos Cinco sejam fundamentais sem dúvida alguma para a nossa histórica cultural, é preciso evitar o retrato algo idealizado da sociabilidade que seus integrantes legaram para a posteridade. Essa afirmação ganha força na medida em que se percebe o quanto o grupo ficou gravado, ou melhor, transfigurado, em um "desenho-caricatura" (na expressão de Aracy Amaral) de autoria de Anita Malfatti (figura 1 do caderno de imagens).

Uma leitura em paráfrase é a primeira que se realiza, mas nem por isso se torna a única ou a melhor em termos de esclarecimento sobre o Grupo dos Cinco. Nela, Mário e Tarsila estão ao piano; Oswald e Menotti aparecem deitados ao chão, por sobre um amplo tapete, como se estivessem dormindo, ambos com as cabeças apoiadas em almofadas ou travesseiros; e Anita está acomodada, e talvez levemente adormecida, em um divã, com a mão esquerda suavemente caída de lado (e a direita, não visível), para fora do mesmo divã.

O desenho, de sugestão idealizada mais do que caricatural, faz saltar à vista, em franco contraste com as descrições de "encontros animados" e "discussões e debates calorosos", um ambiente de conforto e de harmonia, de acomodação e tranquilidade, de ampla fraternidade amigável, que impele a um entendimento de grupo cultural autônomo e autoconsciente, constituindo uma forma espiritual de vida, fora das agruras e das determinações sociais. Um ambiente, por isso, fora do tempo e do espaço. Um grupo em tal estado de comunhão que se dá a ver em seu aspecto de permanência e inseparabilidade, porque completo em si. Aspectos pictóricos e expressivos, enfim, que engendram algo como um ponto de fuga para a experiência do real. Que não se sustenta enquanto tal.

•

O Grupo dos Cinco, complementado por "da modernidade paulista" ou "da modernidade ocidental", conforme batizou Oswald de Andrade em um rompante de referência comparativa e aproximativa com a realidade cultural europeia, tornou-se a alcunha autointitulada da reunião de amigos paulistas de pretensões modernistas. Um primeiro traço principal compartilhado era serem da mesma geração; somente Tarsila do Amaral era mais velha em média seis anos que os demais. Outro traço era dividirem o anseio por novas formas de expressão artística e cultural, alinhadas com as vanguardas estéticas em voga no Velho Mundo à época.

A denominação Grupo dos Cinco aludia aos músicos e compositores franceses do início do século xx, sediados em Montparnasse e intitulados Os Seis, que passaram depois a ser chamados de Grupo dos Seis, formado por Georges Auric, Louis Durey, Arthur Honegger, Darius Milhaud, Francis Poulenc e Germaine Tailleferre. O Grupo dos Seis tinha sido inspirado por Erik Satie e Jean Cocteau – aliás, Satie os chamava de "os novos jovens". Esse grupo, por sua vez, fazia referência ao Grupo dos Cinco russo de São Petersburgo, formado por Balakirev, Rimski-Korsakov, Borodine, Mussorgski e César Cui.

O grupo francês ficou conhecido sob tal denominação devido a um artigo do crítico musical Henri Collet, de título "Les Cinq Russes, les six français et

M. Satie", publicado na edição de 16 de janeiro de 1920 do jornal *Comœdia*[12]. Pela data do artigo, é provável que Oswald tenha lido esse texto, ou então, francófono que era e antenado nas novidades e artes europeias desde a primeira viagem realizada para a Europa em 1912, apenas tenha se inteirado acerca da existência dos músicos.

Já o sintagma qualificativo "modernidade paulista" ou "ocidental" torna-se recorrente em 1923, como registro documental, na correspondência entre Oswald de Andrade e Mário, principalmente nos postais que aquele envia para este. Por exemplo, em 7 de janeiro de 1923, quando Oswald achava-se a caminho de Paris no desejo de passar um período ao lado de Tarsila do Amaral, escreve para Mário de Andrade de Las Palmas, em escala do navio, no verso de um postal colorido em que a imagem no anverso é a de uma colheita de bananas, num bananal africano: "'Mário | Bananas! Concorrência ao Brasil! Querem ver que também há modernidade ocidental em Las Palmas. Abraços do Oswald.' [E endereça a 'M. le poète'.]" (Andrade, 2009, p. 53).

No geral, o tom das cartas de Oswald para Mário – assim como as referências que nelas constam – é de ironia, jocosidade e irreverência, como se nota na comparação entre Las Palmas e São Paulo. E como também se percebe nesta carta de 4 de março de 1923, em que reaparece o sintagma e Oswald dá inúmeras notícias dos acontecimentos de Paris:

> Em segredo: o salão dos independentes, a última arrancada, já ridícula, já triste, da modernidade ocidental. Não é mais cubismo, é cu... ismo. Lhote, Léger, Gleizes, Lipchits comandando esquadrões de Regos Monteiros. Uma palhaçada! O único – Picasso! (*Ibidem*, pp. 64-5)

Nas cartas não aparecem indícios de uma justificativa sobre o sintagma. Mesmo Gênese Andrade, organizadora da correspondência entre Mário e Oswald de Andrade, indica não encontrar uma justificativa, afirmando em nota que "não há informações sobre a expressão ou conceito 'modernidade ocidental' usada por Oswald" (*ibidem*, p. 53). No entanto, pode ser destacado um aspecto que está nas entrelinhas do modo pelo qual ele faz uso do sintagma "modernidade paulista" ou "ocidental".

---

[12] Cf. Les Six. Disponível em: <https://pt.wikipedia.org/wiki/Les_Six>. Acesso em: 10 jul. 2016.

A modernidade de que se fala é aquela que está entranhada no "espírito da época", um espírito de modernização, originário da "marcha voraz do capitalismo" que "solapava, aqui e pelo mundo (e até em seu próprio epicentro, a Europa) valores tradicionais em nome do progresso técnico e da 'civilização' urbano-industrial-científico-tecnológica" (Franzini, 2010, p. 328). Essa marcha surtia efeito no terreno da cultura, lá e aqui.

À medida que a nova geração artística e intelectual brasileira de início do século xx mirava as vanguardas europeias e criticava ou negava o passado no pormenor do que fora produzido localmente, o que se viam fazendo era ensaiar novas possibilidades e caminhos criativos para o futuro da cultura brasileira. Ao lado da modernização, portanto, começava a ocorrer a revisão de princípios artísticos estabelecidos mediante a afirmação da necessidade de se buscar a "essência" da brasilidade, o que acontecia, num primeiro momento, pelo alinhavo dessa nova geração artística, com Oswald e Mário à frente, ligada primeiro aos princípios da escola futurista italiana, da qual, depois, ambos se distanciariam para assumir o termo "modernismo". Fica assim marcada uma distinção: o contrário do modernismo era o passadismo.

O interesse de desenvolver no Brasil uma guinada cultural partiu inicialmente de Oswald de Andrade já em meados da década de 1910, após retornar de viagem à Europa. Aos poucos, a consciência de se erigir uma arte modernista, que permitisse certo alinhamento contributivo com as vanguardas europeias, foi ganhando adeptos no intuito de mostrar que no Brasil existiam intelectuais e artistas criadores e cientes dos principais acontecimentos e das principais escolas em matéria de novidade cultural.

Alguns anos depois, em janeiro de 1921, quando do episódio do banquete no Trianon em homenagem a Menotti del Picchia, Oswald de Andrade o saudava e divulgava o grupo de jovens com pretensões modernistas nos seguintes dizeres:

> Examina a *Máscara* que te trazemos em bronze [...] Produziu-a de ti a mão poderosa e elucidadora de Victor Brecheret, que, com Di Cavalcanti, Anita Malfatti e esse maravilhoso John Graz, ultimamente revelado, afirmou que a nossa terra contém no seu ignorado cadinho uma das mais fortes, expressivas e orgulhosas gerações de supremos criadores. (Batista, 2006, p. 267, itálico no original)

Tal foi o intento conduzido por essa geração. E parte desses "supremos criadores", assim autonomeados, formou o Grupo dos Cinco da "modernidade paulista" ou "ocidental", que ficou reconhecido historicamente, e, atualmente, é estudado no meio intelectual que discute o modernismo brasileiro, em razão dos feitos acumulados ao longo das décadas de 1920 e 1940 por parte de seus principais nomes, duas pintoras, Tarsila e Anita, e três poetas e escritores, Oswald, Mário de Andrade e Menotti del Picchia.

Distintamente da situação do Rio de Janeiro, que, segundo Ruy Castro (2019, p. 264), era moderno sem se preocupar com uma bandeira ("Não é que o Rio tivesse um modernismo à sua maneira. O Rio era apenas moderno"), foi justamente em São Paulo que se constituiu um grupo cujas intenções tinham caráter propositivo ao alardear um modernismo possível no trato das questões culturais e artísticas brasileiras, tendo em mira as vanguardas do Velho Mundo.

Em concordância com Sergio Miceli, os feitos referem-se a um tipo de arte "nacional estrangeira", um resultado artístico palpável e haurido em obras

> que deram guarida à representação plástica [e, acrescente-se, literária, nos termos específicos da expressividade e liberdade linguística] de experiências sociais até então inéditas na tradição do academismo nativo – em especial, as vicissitudes de sociabilidade de imigrantes e estrangeiros, ou as representações de ambientes e personagens populares –, arejadas em chaves estilísticas que buscavam ajustar o material novo a ser representado às lentes moldadas pelo ecletismo das variadas fontes e influências externas. (Miceli, 2003a, p. 20)

Alterando o foco para o lado da referência epistolar, uma menção ao Grupo dos Cinco encontra-se em carta de Tarsila do Amaral a Mário de Andrade. Após aproximadamente cinco meses de encontros frequentes pelo grupo, entre julho e novembro de 1922, a pintora parte para nova temporada de estudos em Paris, separando-se então dos demais modernistas. Do navio em que se encontrava, *Lutetia*, envia-lhe carta, a 20 de novembro de 1922:

> Mário, meu bom amigo
> A vida agitada de bordo não me fez esquecer-te e nem as deliciosas

reuniões do Grupo dos Cinco. Hás de ver como não o fará também a vida turbilhonante de Paris. (Amaral, 2001, p. 51)

O sintagma Grupo dos Cinco repete-se, à frente, em outra carta da pintora para Mário de Andrade, datada de 23 de maio de 1923: "Lastimo que não esteja aqui o Grupo dos Cinco da modernidade de S. Paulo. Agora é a modernidade de Paris: Serge Milliet, Osvaldo, Brecheret, Souza Lima e eu" (*ibidem*, p. 68).

O trecho faz menção aos demais modernistas que se encontravam em Paris para uma temporada de estudos (afora Oswald, que então viajara para encontrar e atar romance com Tarsila; e, nesse trecho, seu nome surge "abrasileirado" para Osvaldo, seguindo o hábito de escrita do próprio Mário de Andrade). Embora Serge (Sérgio) Milliet, Brecheret e Souza Lima não tenham composto o Grupo dos Cinco, faziam parte de um grupo maior formado por aqueles que seguiam o caudal de pretensões modernizantes nas artes e cujos encontros e discussões datam de momento que antecede a Semana de Arte Moderna, em 1922.

A amizade de Tarsila do Amaral com os demais membros que comporiam o Grupo dos Cinco surgira em junho de 1922, logo após sua chegada a São Paulo, vinda de temporada inicial de estudos na Europa e especialmente na França (tendo frequentado a Académie Julian) desde meados de 1921, e fora introduzida entre o grupo modernista pela amiga Anita Malfatti (Batista, 2006). Já o contato de Mário de Andrade com Oswald, com a própria Anita Malfatti e com Menotti del Picchia vinha de período anterior, relativo à famosa segunda exposição individual de Anita entre dezembro de 1917 e janeiro de 1918, momento em que o poeta trava contato e maior aproximação com os "jornalistas" Oswald e, logo depois, Menotti. Nos anos seguintes, e principalmente em 1921, a amizade entre os quatro veio a se firmar, por ocasião de nova exposição individual da pintora, realizada em fins de 1920, antes mesmo de se ter a ideia de organização da Semana de Arte Moderna.

Nos dizeres de Tarsila do Amaral, rememorando os encontros a partir de junho de 1922, eles formavam um "grupo de doidos em disparada por toda a parte no Cadillac verde de Oswald", cujas "deliciosas reuniões" aconteciam no ateliê da pintora, na casa de Mário de Andrade, à rua Lopes Chaves, e na *garçonnière* de Oswald de Andrade.

Os encontros, segundo escreve Aracy de Amaral, biógrafa de Tarsila, reproduzindo relato colhido com a própria pintora cubista, marcaram "um tempo de debates sobre modernismo, muita união entre todos, em que iam em corridas noturnas ao Alto da Serra onde liam poemas" (Amaral, 2001, p. 51).

Os dizeres de Menotti del Picchia sobre esses encontros, em sua crônica social do *Correio Paulistano*, em 1922, compunham uma imagem ainda mais marcante: "No largo ateliê de almofadões búlgaros, onde gritavam as cores dos mantons [sic] de Manilla, riquezas do bric à brac fidalgo dessa esgalgada e linda artista Tarsila Amaral, o violão de Mário evocava toda a música da raça..." (*ibidem*).

Essas lembranças e o modo pelo qual se relatam os encontros e afazeres do Grupo dos Cinco nublam os percalços de sua formação, em que outros escritores, pensadores e simpatizantes das ideias modernistas travaram contato entre si, ao modo de um círculo fecundo de reflexão e ação, mas que por circunstâncias variadas ficaram do lado de fora desse grupo quíntuplo íntimo.

Um relato que restitui a história desses encontros entre jovens modernistas está presente no livro de recordações de Rubens Borba de Moraes. Embora sucinto, o trecho é importante por referendar uma lista de nomes de pretensos modernistas que não se limitava a artistas e literatos, englobando jornalistas, estudantes e pensadores. Traz ainda uma menção acerca de como eles se viam, ou seja, ao modo de um *ethos*, como um grupo de amigos, traindo de saída a visão idealizada que ficou no registro da construção da memória:

> Mário reunia seus amigos às terças-feiras à noite, em sua casa
> da rua Lopes Chaves. Essas reuniões começaram em 1921, antes
> da Semana de Arte Moderna, duraram até 1924, mais ou menos. A
> princípio compareciam Oswaldo de Andrade, Guilherme de Almeida,
> Di Cavalcanti, Sérgio Milliet, Anita Malfatti, Luís Aranha e eu. Menotti
> aparecia raramente, suas ocupações no *Correio Paulistano* não lhe
> permitiam ausentar-se nessas horas. Depois da Semana, pouco antes
> da fundação de *Klaxon*, tornaram-se assíduos Tácito de Almeida
> (irmão de Guilherme) e Antônio Carlos Couto de Barros. Apareciam
> sempre os amigos de *Klaxon*, ou, melhor dizendo, nossos amigos

inseparáveis, mas que não eram nem artistas nem literatos: José Mariano de Camargo Aranha, Paulo Nogueira Filho, os irmãos Vicente de Azevedo e Fernando Guedes Galvão, quando não estava na Europa. Yan de Almeida Prado, que desenhava e tomava lições de canto em segredo, comparecia quase sempre. (Moraes, 2011, p. 126)

O elemento aglutinador dos encontros, nesse registro, principiou por Mário de Andrade. Fica claro o quanto o poeta congregou ao seu redor um grupo distinto de companheiros, sendo que estes se importavam com a discussão sobre cultura e arte de vanguarda, mesmo não sendo artistas nem literatos. Mais uma vez, deve-se ressaltar a característica de acentuada sensibilidade e forte carisma de Mário de Andrade, que, entre outros fatores de ordem subjetiva, contribuiu para que se firmasse ao seu redor uma sociabilidade de "amigos inseparáveis".

Na conferência "O movimento modernista" (1942), Mário de Andrade relembrava:

> Havia a reunião das terças, à noite, na rua Lopes Chaves. Primeira em data, essa reunião semanal continha exclusivamente artistas e precedeu mesmo a Semana de Arte. Sob o ponto-de-vista intelectual foi o mais útil dos salões, se é que se podia chamar salão àquilo. Às vezes doze, até quinze artistas, se reuniam no estúdio acanhado [...]. A arte moderna era assunto obrigatório e o intelectualismo tão intransigente e desumano que chegou mesmo a ser proibido falar mal da vida alheia! As discussões alcançavam transes agudos [...]. (Andrade, 1972a, p. 239)

Importa notar que o grupo cresceu após a Semana de Arte Moderna, tendo atraído novos frequentadores. Mas, seguindo em direção contrária, talvez resida aqui a chave para entender por que os demais modernistas citados não compuseram um grupo maior ao modo do Grupo dos Cinco, porquanto muitos não eram propriamente produtores culturais ou não tinham uma produção cultural sendo elaborada naquele momento. O corte na assiduidade do contato e na formação de um grupo coeso maior ficaria assim inteligível, uma vez que os integrantes do Grupo dos Cinco, em 1922, eram artistas e literatos com obras produzidas ou em produção, com sentimentos e ideias que confluíam para torná-los "mais unidos" – além de disporem do fator "tempo" para os encontros frequentes.

Anita Malfatti era a disparadora local da nova sensibilidade artística de vanguarda desde a exposição de 1917. Oswald, "homem sem profissão", vivia como jornalista, ou melhor, como um articulista, produzindo textos de intervenção nos jornais paulistas, e ensaiava a escrita poética (na expressão de Monteiro Lobato: "poeta elegante, apesar de gordo"), embora já tivesse escrito em 1916 duas peças teatrais com Guilherme de Almeida: *Mon cœur balance* e *Leur âme*. Menotti também, mas com uma produção literária já conhecida, *Juca Mulato*, que lhe angariou relativo reconhecimento. Mário, outro articulista, mas já poeta e professor de música, tinha iniciado em 1917 ainda no pedágio do parnasianismo sob o pseudônimo de Mário Sobral, despontando em 1922 como um modernista no livro *Pauliceia desvairada*. E Tarsila, amiga de Anita, descrita como "encantadora" e cujas pinturas eram mais tradicionais, surgia sensibilizada em ampliar o interesse num frutífero caminho vanguardista por influência do grupo (Batista, 2006, pp. 226, 250).

Por outro lado, os cinco, ao comporem uma figuração de grupo, podem ser identificados e estudados também com atenção aos aspectos subjetivos que compõem a relação social que mantiveram. O conteúdo da correspondência guardada por Mário de Andrade permite restituir parte dos termos dessa relação, no registro menos imediato da simples amizade. Portanto, é preciso analisar as tensões e as influências mútuas existentes entre os integrantes do Grupo dos Cinco.

●

Uma aproximação inicial à "sociabilidade amigável" que o grupo produziu deve ser feita a par do efeito de canonização do qual se tornaram legítimos representantes, por certo autoempossados, mas também por terem sido abraçados pela história da cultura brasileira, ao longo das décadas, como referência basilar de nosso modernismo paulista e brasileiro, e por consequência da ação dos pesquisadores e propagadores que se debruçaram sobre a vida e obra de cada um dos integrantes do grupo.

O primeiro caso se refere ao que eles próprios fizeram, conscientemente, para consolidar uma postura de grupo, demarcada por uma produção artística e cultural específica. Havia o lado dos encontros – as "deliciosas reuniões", como disse Tarsila, de "alegrias delirantes" –, que tinham um ar de congraçamento próprio, de ambiente em que se acolhiam mutuamente e a partir do qual os discursos, produzidos e discutidos, eram às vezes consolidados em obras poéticas, romanescas, ensaísticas, ou em forma de artigos de jornal, de divulgação e de combate. E havia, por outro lado, o que produziam e faziam questão de afirmar ou polemizar em textos, revistas e estudos aos seus contemporâneos letrados, reforçando a impressão – generalizada à época e consolidada futuramente – de serem os principais e legítimos representantes da estética modernista, a ditarem o (in)fluxo de inovações que anteviam, mesmo que em perspectiva construtivista, isto é, redefinindo os contornos estéticos do modernismo, ano após ano.

Existem exemplos variados. Pode-se citar de início a miríade de manifestos elaborados por seus integrantes, que se seguiram após a Semana de Arte Moderna. A começar pelo próprio Mário de Andrade tendo feito o "Prefácio interessantíssimo", presente no livro *Pauliceia desvairada*, em que afirmava o desvairismo como método composicional. E tendo escrito logo depois *A escrava que não é Isaura*, uma meditação sobre as belas-artes e sua funcionalidade, publicada somente em 1925. Na sequência, sugeriu uma estética artística voltada à brasilidade, em nome do "matavirgismo", em carta para Tarsila do Amaral, datada de 15 de novembro de 1923, na qual a desafiava, assim como a Oswald e Sérgio Milliet, que se encontravam em Paris, "para uma discussão formidável", posto que, nos dizeres de Mário de Andrade, "vocês se parisianizaram na epiderme. Isso é horrível!":

> Tarsila, Tarsila, volta para dentro de ti mesma. Abandona o Gris e o Lhote, empresários de criticismos decrépitos e de estesias decadentes! Abandona Paris! Tarsila! Tarsila! Vem para a mata-virgem, onde não há arte negra, onde não há também arroios gentis. HÁ MATA VIRGEM. Criei o matavirgismo. Sou matavirgista. Disso é que o mundo, a arte, o Brasil e minha queridíssima Tarsila precisam. (Amaral, 2001, p. 79)

Como reconhece Aracy Amaral, o tom de Mário de Andrade e as ideias de abrasileiramento presentes na carta citada antecedem as criações filosófico-estéticas de Oswald de Andrade, em que se situa, por exemplo, o *Manifesto da poesia pau-brasil* (1924).

Ainda é preciso citar os quadros cubistas com temática de elementos nacionais e interioranos, com marcas mais eloquentes da feição característica brasileira miscigenada e do início da industrialização, feitos por Tarsila do Amaral já em esboço a partir de 1923, ainda em Paris, e mais acentuadamente a partir de 1924, com os traços cubistas *à la* Léger hoje clássicos, por exemplo em *Morro da favela*, *São Paulo*, *O mamoeiro*, entre outras pinturas (figuras 2, 3 e 4).

No que se refere a Anita Malfatti, após 1923 foram feitos quadros de menor intensidade se comparados ao acabamento cubista de Tarsila, e mesmo se comparados ao trabalho expressionista anterior da própria pintora. Esses quadros estavam marcados por um retraimento, ou mesmo uma alternação no plano expressivo, em decorrência das contínuas críticas recebidas de analistas, jornalistas e acadêmicos que não compreendiam os artifícios pictóricos inovadores apresentados nos quadros da exposição de 1917-18, críticas que ainda perseguiriam a pintora ao longo da década de 1920. Essa mudança fica patente na troca de cartas entre ela e Mário de Andrade, que será tratada adiante.

Adicionalmente, a afirmação sobre a postura de grupo que se quer autóctone quanto à concretização do modernismo no Brasil é reforçada, por exemplo, pelo artigo de Tristão de Athayde (pseudônimo sob o qual Alceu Amoroso Lima assinava seus textos) publicado n'*O Jornal*, do Rio de Janeiro, a 21 de janeiro de 1923, em sua coluna de nome "Vida literária", na qual comenta as obras *A trilogia do exílio*, vol. 1: *Os condenados*, de Oswald de Andrade, *O homem e a morte*, de Menotti del Picchia, e *Pauliceia desvairada*, de Mário de Andrade – as três vindas a público em 1922. Ao final do texto, Tristão de Athayde reconhece a "renovação" proposta pelos autores do grupo, prenhes de "talento", cada qual com uma elaboração artística condizente com sua personalidade.

Outro reforço ocorreu mediante a reportagem de homenagem ao modernismo do jornal *A Noite*, do Rio de Janeiro. Em forma de "mês modernista" ao longo de dezembro de 1925, o que se desejava, segundo o editorial do jornal (escrito pelo redator-chefe do vespertino, o maranhense Viriato Corrêa), era trazer o epíteto de "mês futurista", título rechaçado por Mário de Andrade e que por isso foi alterado. Não obstante, a primeira reportagem dedicada ao mês modernista lembrava constante e ironicamente, pela pena do jornalista responsável por essa edição especial, a situação da troca de título. Nela se verifica, na edição que abre o mês, a 12 de dezembro, o seguinte título: "Assim falou o papa do futurismo. Como Mário de Andrade define a escola que chefia".

E seguia no introito:

> A ideia de *A Noite* em criar o "Mês Futurista", fez-nos ir a S. Paulo entrevistar o Sr. Mário de Andrade, o papa da nova escola artística. Queríamos saber como os futuristas receberiam a criação do "Mês". Se era possível ou não, se os escritores estavam ou não dispostos a escrever. O Sr. Mário de Andrade recebe a ideia com foguetórios de elogios. Esplêndido! Maravilhoso! Sublime! Mas, com a sua autoridade de papa, ou melhor de chefe de escola, discorda do que ele chama a "taboleta". Nada de mês futurista. Nem ele, nem os seus companheiros são futuristas. Modernistas, modernistas. Com a taboleta de futuristas não escreverá. O Sr. Mário de Andrade, apesar das suas extravagâncias literárias, é uma criatura de infinita simplicidade, inteligentíssima, culta, alegre, jovial. Em dois minutos fica a gente seu camarada. (Batista; Lopez; Lima, 1972, p. 234)

Esse episódio dá mostras do tipo de embate que os modernistas enfrentavam ainda ao fim de 1925, no intuito de cravarem uma reflexão ao mesmo tempo liberta e legatária do esforço das vanguardas europeias, fincando uma arte "nacional estrangeira", para remeter à característica que tão bem elucida a produção artística modernista do grupo.

É preciso reter dessa passagem um ponto de importância fulcral para o argumento sustentado neste livro. Três sintagmas são utilizados pelo jornalista para definir a representação de Mário de Andrade em relação aos demais modernistas, justamente acerca do poder de "falar em nome do grupo": "papa da nova escola artística", "autoridade de papa" e "chefe de escola".

Segundo Jason Tércio, a proposta de se publicar essa série de reportagem e textos sobre o modernismo partiu de Oswald de Andrade, que, em passagem pelo Rio de Janeiro antes de embarcar para a França, em novembro de 1925, travou contato com o dono do vespertino, o baiano Geraldo Rocha, sucessor do fundador do jornal, Irineu Marinho. Teria, então, sugerido que Mário de Andrade respondesse pelo grupo (Tércio, 2019, pp. 217-8).

Não há como saber, contudo, se o jornalista tivera algum conhecimento prévio sobre a anterior refutação da alcunha de poeta futurista por Mário de Andrade[13]. Em maio de 1921, ele recusou o vínculo a essa escola quando Oswald divulgou e comentou, no artigo intitulado "O meu poeta futurista", alguns dos versos que comporiam o livro vindouro *Pauliceia desvairada*. Motivo pelo qual escreveria no "Prefácio interessantíssimo":

> Não sou futurista (de Marinetti). Disse e repito-o. Tenho pontos de contato com o futurismo. Oswald de Andrade, chamando-me de futurista, errou. A culpa é minha. Sabia da existência do artigo e deixei que saísse. Tal foi o escândalo, que desejei a morte do mundo. Era vaidoso. Quis sair da obscuridade. Hoje tenho orgulho. Não me pesaria reentrar na obscuridade. Pensei que se discutiriam minhas ideias (que nem são minhas): discutiram minhas intenções. Já agora não me calo. (Andrade, 2013, p. 62)

Mas deve-se considerar, por outro lado, que o termo "futurista" já estava disseminado para se referir a qualquer manifestação artística diferente da tradicional, de maneira que mesmo entre os modernistas, a exemplo de Oswald de Andrade e dos pontos de contato do próprio Mário, o termo era de alguma forma implicitamente aceito, mesmo que sob alguma forma de crítica.

A sugestão de que Mário de Andrade concedesse a entrevista devia-se a seu destaque entre o grupo, em vista de sua produção de cunho ensaístico e teórico já considerável, tanto pela extensão dos temas quanto pelo debate e inovação de ideias. No caso, o polígrafo já havia escrito o "Prefácio interessantíssimo" de *Pauliceia desvairada*; já publicara textos na breve revista *Klaxon* ao longo de 1922 e início de 1923 sobre variados assuntos culturais (inclusive um artigo de defesa do cinema nacional); já proferira conferências nos ciclos de encontros na Villa Kyrial sobre Debussy e o impressionismo (2º ciclo em 1921), sobre poesia modernista (3º ciclo em 1922), sobre Dante e Beethoven (4º ciclo em 1923) e sobre cubismo (5º ciclo em 1924, aqui influenciado por Tarsila, em razão do período que esta passou em Paris e

---

13 O desfecho narrado por Jason Tércio mostra o desagrado de Mário de Andrade ao ser nomeado de "papa" e "chefe de escola" em carta endereçada para o jornalista Viriato Corrêa, deixando claro que abominou o título e o subtítulo e, ainda, que entendeu ser sarcástica a introdução feita ao mês modernista (Tércio, 2019, p. 220).

da correspondência trocada entre ambos); já tomara parte, como cronista, na revista *Ariel*, de São Paulo, e iniciara, ainda em 1923, as dez "Crônicas de Malazarte" na revista *América Brasileira*, do Rio de Janeiro; já começara, por volta de 1923, a intensa pesquisa do "português brasileiro falado" como instrumento de expressão para a escrita de *A escrava que não é Isaura* e *Amar, verbo intransitivo*; já havia feito a tradução, do alemão, do "Lieder" e de outras canções para o programa do recital de canto de Lotte Winzer Sievers, no Conservatório Dramático e Musical, em abril de 1924 (as aulas de alemão com a professora Kaethe Meichen-Blosen aconteciam desde o ano anterior); e já era colaborador da revista *Estética*, também do Rio de Janeiro, iniciada justamente em 1924.

A enumeração desses feitos, distintos em matéria de área ou especialidade cultural, mostra minimamente bem o grau de protagonismo que Mário de Andrade adquirira em pouco tempo, considerando-se, por exemplo, a "saída da obscuridade" em 1921, com o artigo de Oswald de Andrade sobre o "poeta futurista", e também após a Semana de Arte Moderna e a publicação de *Pauliceia desvairada*, como marcos de lançamento paulista da vontade do novo e de uma estética modernista.

Com base nessa exemplificação, é possível voltar para os três sintagmas que o jornalista utilizou para se referir a Mário de Andrade e perceber que chamá-lo de "papa" ou "chefe de escola" remetia menos a uma autodeclarada posição de liderança e mais à percepção de centralidade que o poeta assumira no movimento modernista, dado o exercício constante em ampliar a sua área de influência – consequentemente, uma influência sobre seu círculo de interlocutores, incluso Oswald, com quem se debatia em competição –, assumindo o protagonismo enquanto artista, pesquisador, articulador, teórico e analista cultural – algo que se filia à figura do "intelectual total". Essa postura, inclusive, aparece muito alinhada com o autodidatismo desenfreado que manteve ao longo da vida.

Em continuidade ao argumento, o segundo caso é como, de leitura em releitura, a posteridade consagrou o Grupo dos Cinco. Mário e Oswald de Andrade, assim como Anita Malfatti e Tarsila do Amaral, e em menor grau Menotti del Picchia, legaram obras importantes no que se refere à experimentação linguística e à temática inventiva e figurativa de elementos nacionais presentes nas pinturas, sinalizando a entronização no meio artístico da época de um novo modo plástico, na disputa com as vertentes existentes, mais acadêmicas, e pelo grupo consideradas passadistas. Some-se a isso a vastidão dos acervos e do que ficou arquivado, como cartas, textos jornalísticos, livros de memórias e uma enormidade de lembranças e relatos que permitem reconstituir os itinerários de vida e obra dos modernistas e parte da sociabilidade do grupo, tendo tudo confluído para o estabelecimento de uma crítica acadêmica que mais reforçou a homogeneidade de entendimentos acerca de serem "um grupo de amigos" do que trabalhou as particularidades de pensamento com as quais e contra as quais o grupo se formou e, depois, se dissipou.

Com tal postura, fez-se mais a valorização canônica dos representantes modernistas do Grupo dos Cinco do que a explicitação dos contornos anteriores de agrupamento e sociabilidade que contribuíram para que se chegasse a eles. Dessa forma, fica obscurecida sua marca de proveniência ao não situar o caminho seguido até 1922, cuja "grandeza dos começos", conforme os modernistas paulistas afirmaram, tem o próprio ano de 1917 como marco.

É necessário, assim, destacar em minúcia como foi sendo constituído um grupo de jovens, em sua ampla maioria homens, como vimos pela "listagem" de Rubens Borba de Moraes, ao redor do anseio por uma nova forma de expressão artística e cultural, cujo estopim veio a permanecer aceso com a explosiva exposição individual de Anita Malfatti.

A recepção das obras expressionistas da pintora pelos meios jornalísticos foi inicialmente caracterizada por certa reserva, ressaltando seu "talento brilhante" e "vocação para arte" sem nunca render análises de todo favoráveis. De tal sorte que entrou para a história do modernismo brasileiro o episódio da crítica arrasadora – e ideológica e conservadora – feita por Monteiro Lobato, publicada na edição vespertina do jornal *O Estado de S. Paulo*, *O Estadinho*, a 20 de dezembro de 1917, sob o título "A propósito da exposição Malfatti", depois transcrito em livro como "Paranoia ou mistificação?", em 1919[14].

Desse episódio surgiram os primeiros aliados de Anita Malfatti, que descobriram nela a pintora de linhagem vinculada à "arte que se faz atual-

---

14 Para uma análise do artigo de Monteiro Lobato, cf. Amaral, 2001, pp. 203-13. Não se desconhece o livro de Tadeu Chiarelli, *Um jeca nos vernissages*, no qual o autor sustenta que Anita Malfatti já tinha iniciado uma mudança de rumo pictórica antes mesmo do artigo de Lobato; de qualquer forma, se Anita já estava buscando outras formas expressivas para sua pintura, o artigo lobatiano só aprofundou certa "crise de sentido" que ela vivia, com o acréscimo de ter acelerado o ajuste subjetivo vivenciado naquele período (incerteza, frustração, incompreensão, medo etc.), ao qual procurou dar uma resposta significativa a par de seus trunfos, como se verá adiante. Cf. Chiarelli, 1995.

mente nos mais adiantados meios de cultura" – frase que encerra o artigo de título "Exposição Malfatti", sem assinatura e publicado no *Correio Paulistano* a 14 de dezembro de 1917. Embora termine com essa frase, o artigo ressalta o espanto em face de uma arte moderna de "aspecto original e bizarro" (Amaral, 2001, pp. 202-3).

No livro de visitas dessa exposição são recorrentes alguns nomes: no *vernissage*, figurou nas primeiras linhas a assinatura de Di Cavalcanti, que já conhecia a pintora; dias depois, o senador Freitas Valle, o poeta Guilherme de Almeida, o escritor Ribeiro Couto e o jornalista Oswald de Andrade, o qual foi apresentado a Anita por Di Cavalcanti. Mário de Andrade assinou como Mário Sobral, seu pseudônimo utilizado naquele ano ao lançar o livro *Há uma gota de sangue em cada poema*; depois voltou à exposição inúmeras vezes, e só em janeiro, depois de ter conhecido Anita Malfatti em episódio cômico e constrangedor, foi que passou a assinar como Mário de Andrade.

O episódio refere-se ao acesso de riso que o poeta teve ao mirar os quadros, de maneira que Anita foi ter com ele para tirar satisfação, ao que ele se desculpou e explicou que, ante a surpresa chocante diante de pinturas inusitadas, sentiu-as como uma "revelação".

Anita Malfatti narra o acontecimento:

> Um sábado apareceu na exposição um rapaz macilento de luto fechado. Vinha com um companheiro, era Mário de Andrade; começou a rir e não podia parar. Ria alto, descontroladamente. Eu, que já andava com raiva, fui tomar satisfações. Perguntei: "O que está tão engraçado aqui?" e quanto mais eu me enfurecia, mais ele ria. Dias depois, ele voltou numa chuvarada, respingando água de todos os lados – só o ataque de riso tinha acabado. Deu-me um cartãozinho – "Sou o poeta Mário Sobral, vim despedir-me. Vou sair de São Paulo". Então muito sério e cerimoniosamente ofereceu-me um soneto parnasiano sobre a tela *O homem amarelo* e acrescentou: "Estou impressionado com este quadro, que já é meu, mas um dia virei buscá-lo". (Amaral, 2001, p. 219)

O relato de Mário de Andrade complementa o de Anita Malfatti:

> De primeiro foi um fenômeno estritamente sentimental, uma
> intuição divinatória, um... estado de poesia. Com efeito: educados
> na plástica "histórica", sabendo quando muito da existência dos
> impressionistas principais, ignorando Cézanne, o que nos levou a
> aderir incondicionalmente à exposição de Anita Malfatti, que em
> plena guerra vinha nos mostrar quadros expressionistas e cubistas?
> Parece absurdo, mas aqueles quadros foram a revelação. E ilhados
> na enchente de escândalos que tomara a cidade, nós, três ou quatro,
> delirávamos de êxtase diante de quadros que se chamavam *O homem
> amarelo*, *A mulher de cabelos verdes*. E a esse mesmo Homem
> amarelo de formas tão inéditas então, eu dedicava um soneto de
> forma parnasianíssima... Éramos assim. (*Ibidem*, p. 221)

Tarsila do Amaral foi à exposição quando era ainda aluna do pintor George Fischer Elpons, o qual também registrou seu nome no livro de assinaturas. Entre 1918 e 1919, Anita, em processo de revisão de seu estilo pictórico também por motivo das críticas recebidas, passou a ter aulas com Elpons, momento em que se torna amiga de Tarsila do Amaral – e esta partirá depois para Paris em 3 de junho de 1920, numa temporada de estudos (Amaral, 2010, p. 48).

Em novembro de 1920, Anita Malfatti abria sua terceira individual, que duraria até 4 de dezembro. Desse momento em diante, começam a circundá-la os principais nomes que formariam o grupo de jovens modernistas. No livro de visitas aparecem Oswald e Mário, Di Cavalcanti, Brecheret, Menotti del Picchia (que não visitou a exposição de 1917). Encontravam-se com frequência devido à proximidade possível em um meio cultural e jornalístico ainda em expansão e passaram a se visitar regularmente, formando um seleto grupo de admiradores da arte de Anita Malfatti e da estética de vanguarda:

> Os "irmãos de arte", "irmãos de sonho" – como se chamavam –
> reúnem-se frequentemente nas redações de jornais, nos ateliês dos
> artistas, nos cafés, nas casas de Mário de Andrade e Paulo Prado,
> e até no salão de Freitas Valle. Polemizam constantemente pelos
> jornais – principalmente com artigos de Menotti, Oswald, Mário e
> Cândido Motta Filho [...]. (Amaral, 2001, pp. 267-8)

No início de 1920, voltaram da Europa Rubens Borba de Moraes, já conhecido de Mário de Andrade e de sua família, e Sérgio (Serge) Milliet – os "chegados sabidíssimos", que vieram engrossar a camada de jovens modernistas e que traziam referências da arte discutida e praticada além-mar. Cabe salientar que os dois estudaram em Genebra no mesmo período, mas só travaram contato assíduo ao retornarem a São Paulo nesse ano, quando se conhecem pessoalmente na casa de Mário de Andrade.

> Sérgio [Milliet] e eu "chegados sabidíssimos da Europa", como disse Mário de Andrade no *O movimento modernista*, representamos o papel de informadores para ele e para o grupo da rua Lopes Chaves. Seria ridículo eu me arvorar em mentor de Mário de Andrade, mas, como ele confessa, fomos nós, os "sabidíssimos", que o pusemos ao corrente das tendências da literatura francesa do momento. Eu trazia na minha bagagem uma excelente biblioteca contendo tudo quanto se estava publicando na França: poesia, romance, ensaio, teatro, crítica e revistas. Eram livros que não se encontravam nas livrarias de São Paulo, eram de autores completamente desconhecidos por estas bandas. Eu mantinha (desde os tempos de Genebra) uma conta na livraria Nouvelle Revue Française e não parava de encomendar livros e revistas. Mário devorou minha livralhada. Inoculei-lhe, também, o vírus da bibliofilia. Passou a subscrever primeiras edições, livros de luxo, tiragens em papel especial. Quando recebia o anúncio do lançamento de uma revista nova, avisava-o imediatamente e tomávamos assinatura. [...] Todas as vezes que ia à casa de Mário levava um pacote de livros e trazia de volta os que ele já tinha lido e me devolvia. (Moraes, 2011, pp. 127-8)

Rubens Borba de Moraes não disfarça o orgulho de ter sido um dos contribuintes para a sede autodidata de Mário de Andrade, ao lado de Sérgio Milliet. Com esse auxílio, exemplar das relações mantidas, Mário pôde desenvolver-se mais rapidamente, angariando trunfos aprofundados que, em outras circunstâncias, só seriam possíveis se fosse ele mesmo o viajante a retornar à pátria, trazendo a experiência da viagem e malas de livros. Já se fez menção acerca do traço forte de Mário de Andrade no que tange ao autodidatismo. É evidente, portanto, que a positividade de aprendizado se deve amplamente ao poeta, devido a sua ânsia por conhecimento.

Outro aspecto a ressaltar relaciona-se com a humildade de Mário. Nomeá-los de "chegados sabidíssimos" em 1920 era reconhecer sua recente inserção no mundo das vanguardas e dos estudos de arte (pintura, literatura etc.), estando um ou alguns passos atrás daqueles jovens que, tendo vivido em país estrangeiro ou conhecido os museus e os grandes centros culturais franceses, como Oswald, falavam com a propriedade só disponível a quem se gabava de ser cosmopolita. Para uma pessoa que nunca viajou à Europa, como Mário de Andrade, o cosmopolitismo possível era outro, praticado na voracidade da leitura de tudo o que lhe chegasse ao conhecimento e de tudo que pudesse suprir o vácuo deixado pelo contraste entre o que ele podia saber naquele momento e o que sabiam os "chegados sabidíssimos".

Mas esse vácuo não se mostrou obtuso e insuperável. A transformação de Mário de Andrade, narrada por Rubens Borba de Moraes, acrescenta luz ao entendimento da verve autodidata do poeta e permite verificar a extensão e a profundidade de mais uma das relações de interdependência que estão na origem de sua feição modernista:

> Tínhamos, no tempo em que não existiam ainda as reuniões das terças-feiras, longas conversas sobre literatura. Quando eu elogiava um livro que ele não conhecia, perguntava-me: – Você tem? – Tenho! E emprestava-lhe o volume. Abria-lhe, assim, de par em par, as janelas da literatura francesa do momento. Ele me guiava nas minhas leituras de literatura brasileira e portuguesa que conhecia superficial-mente e de ouvido. Essa convivência fez-me assistir à transformação literária de Mário Sobral em Mário de Andrade. O fato que me causou admiração foi verificar como ele tinha uma cultura sólida e um espírito crítico excepcionais. Mário não era um rapaz lendo embasbacado auto-res modernos, era uma mente madura que lia com espírito crítico livros que não conhecia. Essas leituras influenciaram-no, como não podia dei-xar de ser, auxiliaram-no, principalmente, a encontrar seu verdadeiro rumo, para trazer à tona tudo quanto tinha de confuso na mente e no inconsciente. Serviam-lhe para perder o medo de se expressar livremen-te, sem as peias e os tabus das formas e dos modelos tradicionais. Deram-lhe coragem para adotar um estilo espontâneo e livre como os poetas modernos da Europa. Quando começou a escrever *Pauliceia des-vairada* e a recitar-nos os poemas, é que me dei conta que não tinha

mais na minha frente um autor à procura de si, mas um grande poeta que tinha encontrado seu verdadeiro meio de expressão. Todo o pequeno grupo (Oswaldo, Guilherme, Menotti, Sérgio, Di Cavalcante, Luís Aranha e eu) realizou o que essa poesia representava: a revolução na literatura brasileira que desejávamos com o entusiasmo de rapazes que não duvidam de nada. (Moraes, 2011, p. 128)

Essa passagem fornece indícios de como se estabeleceu o itinerário de reconhecimento de Mário de Andrade pelos demais modernistas. A admiração pelo "grande poeta" narrada por Moraes revela a aposta que estava em jogo: concomitante ao procedimento de se fazer a crítica ao que então se considerava passadista, havia a necessidade de erigir o novo por meio de obras que entoassem o canto da modernidade. No caso, *Pauliceia desvairada* cumpriu essa missão, junto com *Os condenados*, de Oswald. Em 1921, então, os amigos modernistas eram homens de mesma geração – jornalistas e escritores, como Oswald e Menotti; artistas plásticos, como Di Cavalcanti e Brecheret (este último, partindo para a Europa em junho de 1921 por ter sido contemplado com bolsa do Pensionato Artístico do Estado de São Paulo); poetas, como Mário de Andrade e Guilherme de Almeida; e futuros intelectuais, como Sérgio Buarque de Holanda.

Desenha-se, desse modo, um grupo unido ao redor de interesses e intenções em comum:

> Depois da Semana de Arte Moderna, o grupo da casa de Mário aumentou com a aparição de todos os que simpatizavam com o movimento modernista. Com o decorrer do tempo os "lundus" do Mário, como Di Cavalcanti chamava essas reuniões, tornaram-se um centro onde se acotovelavam artistas, escritores, músicos, celebridades de passagem por São Paulo e os companheiros do Rio que apareciam por aqui. Não era um salão literário, Deus me livre, era a casa de um amigo! Assim formou-se o "grupo dos hominhos", como o chamava D. Olívia Penteado que acabou transferindo para sua casa as reuniões de Mário. Esse grupo não era somente ligado pela literatura ou a arte moderna, muitos não escreviam e não tinham grande interesse pelo modernismo fora das discussões do grupo. O que os unia era uma sólida amizade, uma comunhão de ideias, uma

maneira comum de encarar a vida. Essa amizade durou a vida inteira. [...] A época memorável das reuniões foi de 1921 até a morte de *Klaxon*, em 1923. Ali é que nasceu de fato o movimento modernista de São Paulo, ali que se discutiram as ideias, se debateram os princípios, se estabeleceu toda a ideologia do movimento. (*Ibidem*, pp. 126-7)

Dessa última passagem alguns elementos merecem análise mais detida. Se a "revelação", nos dizeres de Mário de Andrade acerca da exposição de Anita Malfatti em 1917, constituiu uma abertura entre os jovens aspirantes a artistas e intelectuais relativamente ao delineamento de uma arte de vanguarda, será somente mais tarde que Anita e Tarsila se farão presentes nesses encontros – com esta última organizando, por curto período durante o segundo semestre de 1922, recepções em seu ateliê.

Havia uma sociabilidade masculina predominante pelo lado da atividade literária e jornalística, a indicar na generalidade social o quanto as mulheres não apareciam nem se faziam presentes legitimamente no espaço público como executantes culturais (para além de uma presença como meramente apreciadoras), por impeditivos de ordem variada em uma sociedade conservadora. A explicação para tanto Anita quanto Tarsila se alçarem na pintura de maneira mais autônoma se relaciona com os tipos de capitais (econômico, social e cultural) que cada uma moveu, bravamente, tendo como apoio os respectivos núcleos familiares – pertencentes que eram a famílias mandatárias (Tarsila) e relativamente abastadas (Anita, tendo um tio "mentor" – Jorge Kruger), conforme se detalhará nos próximos dois capítulos. O mesmo se aplica ao caso de Dona Olívia Penteado, viúva e mecenas, cuja riqueza herdada e o interesse pelas coisas culturais fazia-a se mover entre os jovens artistas de maneira desenvolta.

Cabe destacar, no entanto, que surge nesse momento, fazendo frente à hegemonia masculina, uma primeira geração reconhecida de artistas modernistas mulheres, transformando em elementos de representação e formalizações expressivas as experiências ligadas ao gênero e à identidade sexual, a exemplo das pintoras Regina Gomide Graz, Esther Besel e Zina Aita. Mas o mesmo não acontece pelo lado da literatura ou poesia modernistas de primeira geração, hegemonicamente masculinizada – só na segunda geração isso ocorrerá, a exemplo de Henriqueta Lisboa, a qual se correspondeu com Mário de Andrade, e Cecília Meireles.

Esse fato coloca em suspenso a afirmação de Rubens Borba de Moraes acerca de o "grupo dos hominhos" não constituir um salão literário, porquanto era somente um "grupo de amigos", com comunhão de ideias e maneira comum de encarar a vida. Mais do que a "comunidade amigável" que os uniu, está em causa o que representaram na elaboração de um pensamento e fazer artísticos. Por essa razão, nada mais pertinente do que considerar o significado do grupo como espaço social específico, não limitado à referência da amizade, ou seja, trata-se de enfocar o grupo como um tempo e espaço formatadores de sociabilidades que não fogem às vicissitudes e emoções pelas quais qualquer grupamento humano passa. Visto sob tal ótica, o eixo da atenção desloca-se para a análise das interações, concordâncias, tensões e disputas, das trocas e das formas de jogo e envolvimento tramadas por seus integrantes.

Quanto ao Grupo dos Cinco, é possível identificar, na sociabilidade por eles engendrada em razão do convívio frequente no segundo semestre de 1922, como foram ocorrendo as relações de influência e interdependência, as rivalidades e alianças, e quais foram os impactos daí advindos. O foco na correspondência ativa e passiva mantida por Mário de Andrade traz elementos para essa análise.

A relação entre Mário e Oswald de Andrade, por exemplo, está prenhe de tensões, já que ambos disputavam, às vezes abertamente, outras veladamente, a liderança, o protagonismo e a centralidade no movimento modernista. Anita Malfatti e Tarsila do Amaral, por conseguinte, mostram um potencial explosivo em forma de competição pictórica. Menotti del Picchia, por sua vez, se via premido numa posição em falso entre Oswald e Mário, navegando no turbilhão de interesses e alianças engendradas pelos dois e buscando também a valorização intelectual de ambos. Pelo lado dos envolvimentos afetivos, Anita esboçou uma tentativa de romance com Mário, naufragada; e Tarsila e Oswald formaram por alguns anos um casal cujo rendimento em matéria de criação artística e literária forneceu um ponto de clivagem ao modernismo brasileiro.

Sugerido por esse esquema tenso de amizades nada confortáveis que recobre a sociabilidade do Grupo dos Cinco, a análise feita nos dois capítulos seguintes se concentra nas relações mantidas por seus integrantes tendo como eixo a correspondência ativa e passiva mariodeandradiana, existente e disponível graças ao trabalho cuidadoso de guarda realizado pelo poeta, que, desde a década de 1960, é zelosamente continuado pela equipe do IEB-USP.

"Amizades nada confortáveis" é justamente um termo utilizado pelo poeta, e muito pertinente, aqui, para justificar, mas também ressaltar, sua alegada postura exigente e confidente diante dos amigos e companheiros modernistas. Em carta para Henriqueta Lisboa de 22 de janeiro de 1943, após relatar em tom confessional a "deformação involuntária" que estava ocorrendo quanto à lembrança do pai, situação já citada anteriormente, o poeta escreve:

> Desculpe, Henriqueta, eu estar me confessando assim diante de você, mas eu creio que já lhe falei uma feita que a minha amizade não tem nada de confortável. Às vezes eu me aproveito dos meus amigos pra pôr certas coisas bem a limpo, porque escrevendo eu parece que consigo penetrar mais fundo em mim. A escrita visual me obriga a uma lógica mais inflexível. Pelo menos mais nítida. (Souza, 2010, pp. 240-1)

Há, nessa passagem, uma rica alusão ao modo pelo qual as relações de amizade podem ser entendidas, se vistas pela lógica do que propiciam como oportunidade para colocar "certas coisas a limpo", com mais "nitidez" ou clareza quanto ao que está jogo. Ao contrário do sentido mais arraigado de amizade, o que está em jogo não se resume ao idílico, ao prazeroso, ao confortável, como se ter amigos fosse viver "entre iguais" de maneira coesa e pacífica. Qualquer círculo de amizade, enquanto dure, repõe no mesmo grau os atritos, as diferenças, as posições irreconciliáveis. Nesse aspecto, os amigos modernistas – Mário, Oswald e Menotti, Tarsila e Anita – não surgem em um desenho algo idealizado e caricatural, mas na realidade da dinâmica social. Tornou-se um lugar-comum proceder à leitura em paráfrase do desenho pintado por Anita Malfatti (figura 1), interpretando de imediato, na reunião do Grupo dos Cinco, conforme fixado coloridamente pela pintora, os ares de descontração, calma, fraternidade, entre outras qualificações alegadamente predominantes no grupo, como se discutiu antes.

Veja-se, a propósito dessa gravura, a introdução escrita por Cadão Volpato, então diretor do Centro Cultural São Paulo, para o catálogo da programação especial *MáriOswald – 100 anos de uma amizade*, apresentada durante a última semana de abril de 2017. Volpato assim entende o desenho:

> Mário e Oswald, com seus poemas, trouxeram o mundo para São Paulo, acertaram o relógio da modernidade, e, mal ou bem, divertiram-se a valer. Um dos retratos da época, feito por Anita Malfatti, mostra um Oswald dormindo no tapete, enquanto Mário, de costas, está tocando piano. Tudo no ambiente é puro deleite, ócio, alegria, sono e despreocupação. (Volpato, 2017, p. 6)

Tudo no desenho deve ser interpretado, porque não se trata só de deleite, ócio, alegria, sono e despreocupação no modo pelo qual cada integrante do Grupo dos Cinco foi figurado. A sugestão fixada no desenho, vale novamente frisar, remete a um ambiente de conforto e de harmonia, de acomodação e tranquilidade, de ampla fraternidade amigável e comunhão. Porém, o desenho também indica algo como um *raio x* de uma situação relacional por oposição, destacando cada integrante do Grupo dos Cinco. A leitura do desenho ganha outra significação ao ser inscrita num quadro mais amplo, de maneira a identificar as posições individuais de cada integrante em relação às circunscrições sociais que trazem internalizadas, e em atenção às diferenças existentes entre eles mesmos, recuperando as tensões e clivagens que subsistiam dentro do grupo, a par ou apesar da amizade.

O que se sugere, portanto, é uma visualização do "desenho-caricatura" feito por Anita Malfatti dentro de uma matriz interpretativa condizente com o argumento sustentado aqui. O ponto de partida referencial para a "leitura" do desenho deve ser o da pintora, ou seja, o olhar perscruta o desenho do ponto de vista situacional e da localização em que ela se encontra. Vemo-la deitada em posição lateralmente oposta aos demais. Se ela apenas repousa ou se dorme, pouco importa, porque pouco informa quanto ao principal. A informação está na espacialidade figurativa do corpo tal qual foi pintado: no braço direito escondido, suprimindo o defeito de nascença; na posição que remete a uma "musa", sugestivamente entregue à visualização, que se deixa admirar ou contemplar, mas que não está sendo vista, admirada ou contemplada por nenhum dos demais integrantes do grupo. Está só ao canto, sem formar par, em um isolamento ou retraimento. Pode-se perguntar: atitude de isolamento ou retraimento como sinal da incompreensão pela arte praticada, e assim demonstrando sua indiferença? Ou atitude de indiferença em relação ao próprio isolamento e retraimento e, também, em relação à incompreensão da arte praticada?'

Do outro lado estão Mário e Tarsila, sentados em frente a um piano, com os corpos apoiados lateralmente por ombros e costas. Formam um casal e podemos nos perguntar: por que foram representados em união? Só porque Tarsila também tocava piano esmeradamente? Possivelmente não só. Após a Semana de Arte Moderna, com o retorno de Tarsila da Europa em junho de 1922 e sua introdução no grupo por Anita, fica-se sabendo o impacto que a primeira causou nos homens do grupo, tanto pela beleza quanto pela elegância, embora a genialidade artística estivesse ainda em processo de lapidação. Dois relatos trazidos por Marta Rossetti Batista ilustram o ocorrido. Primeiro, Batista diz: "Anita, feliz com a volta da amiga, apresenta-a a Menotti, Oswald e Mário, que se entusiasmaram com a beleza e elegância de Tarsila". Depois, acrescenta citação de Anita, colhida nas notas biográficas da pintora: "Volta Tarsila da Europa e o Grupo dos Cinco se completa. Este grupo merece sozinho um capítulo dos mais coloridos das minhas memórias. Tarsila nos conquistou a todos de saída". Além disso, há o episódio em que Mário de Andrade enviara grande quantidade de margaridas para o ateliê de Tarsila, em gesto de admiração e encanto, o que resultará na composição de duas telas retratando as margaridas (figuras 5 e 6), pintadas uma por Anita e outra por Tarsila (Batista, 2006, pp. 292, 294).

Podemos supor, nesse segundo semestre de 1922, o quanto Mário e Oswald, além de Menotti, protagonizaram a explicitação desse impacto, fazendo Anita assumir, talvez, uma posição coadjuvante. A "musa do grupo" não era uma mulher dentro dos padrões usuais; não era nada convencional para a época. Mais velha que todos, ela era desquitada e mãe, sem retraimentos por tal marca social; era autônoma, decidida e competitiva – e nisso rivalizava com Anita.

Ao estarem em diâmetro oposto, o que surge caracterizada sugestivamente é a distância entre Anita e Tarsila, indicativa de uma tensão – não só no plano pictórico, como concorrentes por certo, mas também no plano da atratividade e disputa amorosa. E ao colocá-la ao lado de Mário de Andrade, outra tensão se desfia em forma de indicação de um casal improvável, algo que talvez surgisse mais explicitamente naquele momento em vista das investidas de Oswald, por quem Tarsila se enamorará meses depois, ao partir para Paris em fins de 1922.

Mais tensa e improvável ainda se torna a sugestão de Oswald e Menotti juntos, dividindo o tapete ao chão. O gênio criativo de Oswald contrasta com o de Menotti, tanto quanto a obra de um e de outro. Contrasta também pelo "desnível de formação", como faz crer Rubens Borba de Moraes em depoimento colhido por Aracy Amaral, se comparado aos demais modernistas (o próprio Rubens, Sérgio Milliet, Oswald, Tácito de Almeida, Couto de Barros etc.), que tinham estudado na Europa ou passado temporadas no estrangeiro, estando, portanto, informados acerca do que acontecia em arte e literatura nos "grandes centros" produtores de cultura, conforme diz Amaral (2001, p. 73).

Não bastasse essa comparação, Rubens Borba de Moraes, citado ainda por Aracy Amaral, arrematou mais abruptamente a distância entre Menotti e os demais:

> Se havia em nosso movimento um instintivo genial como Oswald, havia um homem de cultura e erudição como Mário de Andrade, profunda e rapidamente informado do que se passava no mundo literário e artístico na Europa como na América. Menotti, de sua parte, não era um homem de formação regular, sistemática. Daí o porquê, em textos seus, de citações, lado a lado, de D'Annunzio, Romain Rolland e Taine. Chegamos mesmo a combinar com o Mário que lhe fossem dadas aulas, visando informar o Menotti de maneira mais racional. (*Ibidem*, p. 73)

Aracy Amaral não desfaz o nó da citação quanto à diferença entre os autores citados, o que propiciaria maior inteligibilidade na descrição do procedimento "errático" de Menotti del Picchia. Gabrielle D'Annunzio (1863-1938) foi um poeta e dramaturgo italiano, assim como herói de guerra, e representante-símbolo do decadentismo. Romain Rolland (1866-1944), por seu turno, era novelista, biógrafo e músico francês, que tentou conciliar em sua obra (peças teatrais, manifestos pacifistas, romances etc.) o idealismo patriótico com o internacionalismo humanista. Já Hippolyte Adolphe Taine (1828-1893) foi um dos expoentes do pensamento positivista francês, cujo método de fazer história compreendia pensar o homem a partir da interligação entre três fatores determinantes: meio ambiente, raça e momento histórico. Claramente, pensadores distintos e representativos de escolas específicas.

Não se deve deixar de notar que, embora aos olhos dos correligionários modernistas Menotti del Picchia tenha caído em descrédito devido ao desnível de formação, muitos críticos literários (Tristão de Athayde, Cassiano Ricardo, Mário da Silva Brito, para citar alguns) posteriormente conciliaram a relevância da participação do escritor e poeta no movimento modernista, ressalvando que sua obra *Juca Mulato*, publicada em 1917, já trazia indícios precursores da revolução poética vindoura, possuindo versos livres e temas primitivistas com aproveitamento inicial, mesmo que leve, de expressões populares (Athayde, 1948; Ricardo, 1970; Silva Brito, 1964).

Como vimos, em contraponto ao ambiente de "encontros animados" e de "discussões e debates calorosos", no reverso de um ambiente de conforto e de harmonia, de acomodação e tranquilidade, ou de ampla fraternidade amigável, são justamente as determinações sociais, as diferenças de capital econômico e cultural, as subjetividades e o fulcro das ambivalências, ambições e animosidades mais recônditas que dominam as relações. E essas relações estão imersas, também, em recortes de gênero, pelo lado dos relacionamentos (um vingado e outro fracassado). E nessas situações todas, a expressividade, a estruturação e a permanência do que produziram artisticamente constituem o inescapável ponto de encontro com a experiência do real.

Nos próximos dois capítulos se faz o exame da correspondência entre Mário de Andrade e Anita Malfatti e deste com Oswald de Andrade e Tarsila do Amaral. O fato de não mencionar Menotti del Picchia nessas duas relações se deve à quase total ausência de cartas disponíveis. Relata Marcos Antonio de Moraes que as cartas existentes no Fundo Pessoal foram roubadas faz muitos anos. Há duas cartas, no entanto, que saíram publicadas e datam de 1940 e 1941. Evidentemente, elas não permitem reconstruir a relação tal qual é possível em relação aos demais integrantes do Grupo dos Cinco. Por outro lado, Menotti del Picchia foi figura central no grupo e na intermediação entre Mário e Oswald, o que será tratado condizentemente.

CAPÍTULO 3

EM TORNO DE ANITA MALFATTI, COM O ENVOLVIMENTO DE TARSILA DO AMARAL: RENASCIMENTO FELIZ

ANITA CATARINA MALFATTI, a segunda de uma prole de quatro filhos, nasceu na cidade de São Paulo a 2 de dezembro de 1889. Como marca de origem, a pintora era descendente de famílias imigrantes educadas e cosmopolitas – os Malfatti e os Krug – que transitaram no eixo Europa-Estados Unidos-Brasil. Trajeto que teve peso indubitável em sua formação artística por conta da experiência sociocultural acumulada nessas andanças.

Pelo lado patrilinear, os chefes de família possuíam diplomas superiores e elevada qualificação técnico-profissional, de modo que, em vista do cenário rarefeito de profissionais competentes na São Paulo de início de século XX, em começo de surto industrial, logo adquiriram uma situação material confortável.

O pai, Samuel Malfatti, engenheiro civil italiano, católico e liberal, casou-se com Eleonora Elisabeth Krug, pertencente a uma família alemã de passagem pelos Estados Unidos que fixou residência inicialmente em Campinas e cujo pai era construtor e empreiteiro. Samuel Malfatti chegou a ser sócio de Ramos de Azevedo, então um dos grandes nomes da arquitetura paulista e brasileira.

Marta Rossetti Batista assim descreve o pai:

> Samuel Malfatti, engenheiro civil natural de Lucca, Itália, era republicano, por isso estava no Novo Mundo [...], atuaria no novo regime político brasileiro: em março de 1892 seria eleito deputado estadual – um dos três representantes da "legislatura do Congresso de São Paulo" saídos da colônia italiana [...]. De formação católica, imbuído de princípios liberais, Samuel Malfatti seria lembrado pelos familiares de modos opostos: para uns, uma figura dominadora e instável; para outros, um homem amoroso e algo tanto distraído. (Batista, 2006, pp. 26-7)

E assim descreve a mãe:

> Eleonora Elisabeth veio de Fresno [Califórnia] ainda criança; terminou seus estudos no Colégio Florence de Campinas, fundado e dirigido por sua tia Carolina; estudou pintura e falava diversas línguas. Lembrada pelos descendentes como uma criatura meiga e educada, que nunca levantava a voz, D. Bety também sabia ser rígida e inflexível, exigindo – suavemente – de seus filhos, e em especial das filhas, a estreita observância de hábitos e costumes sociais. (*Ibidem*, p. 29)

Com a prosperidade dos negócios, os Malfatti foram logo incorporados a uma "elite de técnicos e especialistas contratados pelas estradas de ferro e pelos empreendimentos da construção civil" (Miceli, 2003a, pp. 103-4). Dessa situação originária, Anita viverá em um ambiente de prosperidade, com os familiares conversando em inglês, alemão, francês, italiano e português – logo se verá que o português de Anita, segundo ela própria, era "precário" –, preservando os laços com os parentes norte-americanos e italianos.

A influência familiar parece ter se dado em dois caminhos: primeiro, ajustando em Anita uma percepção fina de sua situação migrante, como rebento de segunda geração, referenciada a uma parcela da população que se encontrava, por assim dizer, em situação cambiante – nem tanto brasileiros enraizados, mas também não mais estrangeiros. E em segundo, talvez como expressão dessa primeira situação, uma insegurança algo escondida na amabilidade no trato e nas relações, ao lado de uma firmeza de propósito e decisão traduzida, por exemplo, no afinco com que modelou sua carreira artística, mesmo durante os períodos de incerteza quanto ao rumo a seguir.

Mas havia outra marca de origem, em forma de estigma. A pintora nascera com uma deformidade na mão direita. A própria Anita relata o "mito de origem" da deformidade:

> Quando estava me esperando, mamãe foi um dia ao mercado. Lá, uma aleijada lhe pediu esmola e, como mamãe não ouvisse, bateu-lhe com a mão aleijada. Mamãe assustou-se muito. E eu nasci com o mesmo defeito. Depois do meu nascimento, mamãe procurou a aleijada, mas não a encontrou. (*Ibidem*, p. 32)

Logo cedo, quando ela contava 3 anos e meio, a família envidou esforços para uma possível resolução. Em temporada que resolveram passar na Itália, Anita Malfatti foi submetida a uma cirurgia que visava recuperar a atrofia da mão e do braço; porém, sem grande êxito. Ela por fim viveu com essa marca na mão direita por toda a vida, tendo que se valer, da melhor maneira possível, de sua outra mão para a produção pictórica.

Com o falecimento do pai e, poucos anos depois, do avô, quem assumiu as rédeas financeiras, como chefe e protetor da família Malfatti, foi o tio mais velho e padrinho de Anita, Jorge Krug, o qual "pertencia ao seleto grupo de grandes colecionadores de arte na cidade de São Paulo nas décadas de 1910 e 1920" (Miceli, 2003a, p. 105). Esse fato, inclusive, criou a necessidade de a mãe e a própria Anita darem aulas particulares para reforçar o orçamento doméstico de maneira mais autônoma. A mãe tinha como *métier* a pintura (assim como outros parentes que desenhavam e pintavam nas horas vagas) e daí surgiu a oportunidade de formação da Anita pintora.

Não se deve esquecer, adicionalmente, o contato com o círculo de artistas e professores ligados a Jorge Krug, vinculados ao Mackenzie, à Escola Politécnica e ao Liceu de Artes e Ofícios, que, é possível supor, também propiciaram um ambiente de relações, trocas e discussão afins à área da pintura.

O apoio do tio foi indubitável nesses anos de estudo, segundo as palavras da própria pintora em conferência de 1951, intitulada "A chegada da arte moderna no Brasil", na qual expôs sua vontade de aperfeiçoar-se na pintura e comentou principalmente a oportunidade surgida para estudar na Alemanha:

> Uma ideia martelava minha cabeça. – Você vai mais é para a Europa estudar pintura; [...] Um dia, visitando umas amigas, disse-me a mãe delas: "Vou levar minhas filhas a Berlim, a fim de terminarem sua educação musical. Por que você não nos acompanha?" – Eu achava isto impossível, visto minha mãe ser viúva, lecionar o dia todo, e minha avó, com quem morávamos, viver entrevada na cama com reumatismo. Procurei uma de minhas tias [...]. No domingo seguinte, meu tio Jorge chamou-me e perguntou se era mesmo verdade que eu queria estudar pintura na Europa; fiquei tão admirada com o resultado da conversa que mal pude responder. Ele me fez uma única recomendação, que não esqueci: "Nunca aceite o medíocre". Fiz a ele esta promessa, que cumpri da melhor maneira possível. (Batista, 2006, pp. 44-6)

O tio, então, patrocinou a temporada que Anita Malfatti passou na Alemanha, e seu retorno, em 1914, após quatro anos de estudo e aos 24 anos de idade, resultou na primeira individual da pintora em São Paulo, com uma "bem-sucedida primeira série de retratos de familiares e amigas". Essa temática retrativista, que "espelha e reprocessa os ardis da sofrida experiência pessoal da pintora" (Miceli, 2003a, p. 106), será mais bem trabalhada nos quadros realizados durante outra temporada de estudos, dessa vez nos Estados Unidos (1915-1916), novamente patrocinada pelo tio. O resultado desse segundo período se materializou nos quadros expressionistas de figuras diversas e inusitadas (*O japonês*, *A estudante russa*, *A boba*, *A mulher de cabelos verdes* etc.), em que a definição ficou sucintamente bem expressada pelo que Anita infundiu de "energia artística" nesses retratos, mediante a

> reapropriação visual de figuras anônimas com que se identificou e em cujas imagens atordoantes buscou equacionar o que via ao que silenciava, pintando sentimentos velados por queixas, numa síntese inovadora e impressionante das influências incorporadas às ousadias de quem está fora de casa. (Miceli, 2003a, p. 107)

O marco propulsor do nome e da carreira de Anita Malfatti, evento inclusive que selou o círculo de contato entre os modernistas e, assim, seu encaminhamento pictórico posterior, se deveu ao contexto da segunda exposição individual. Com 28 anos de idade e no sétimo ano de sua carreira como pintora, a exposição aconteceu entre dezembro de 1917 e janeiro de 1918 em São Paulo, à rua Líbero Badaró, 111. Mário de Andrade compareceu à exposição, como se sabe, inicialmente de maneira tímida na primeira semana ao assinar o livro de visitas com seu pseudônimo, Mário Sobral, e depois nas semanas seguintes por mais três vezes, já se identificando por seu verdadeiro nome. Percebe-se pela correspondência que nesse momento o poeta não era conhecido e muito menos amigo da pintora. De modo que a relação mais próxima, a ponto de encontrarem-se frequentemente, só se daria a partir de 1920, como demonstram as primeiras cartas, datadas de 1921.

Outra figura deve ser considerada nesse marco: Monteiro Lobato. Já é sabido e muito estudado o episódio posterior à abertura da exposição, em que Lobato, no artigo publicado na edição vespertina do jornal *O Estado de S. Paulo*, em 20 de dezembro de 1917, *O Estadinho*, condenou com violência arrasadora a arte moderna, e especificamente a arte feita por Anita – uma mulher portadora de "dicção autoral" e "representativa da parcela imigrante brasileira" de inserção econômica majoritária. Lobato rechaçou o estilo artístico "moderno importado" e o que esse estilo representava contra o "ideal de uma arte brasileira realista" e "naturalista", já que trazia em primeiro plano, seguindo a voga modernizante, o acento deformador, desestabilizador, antimimético e abstratizante (Batista, 2006, pp. 195-218).

O que importa reter diz respeito às três figuras masculinas encravadas na vida de Anita Malfatti, entre as quais Mário de Andrade, que entrou em cena nesse momento. O poeta veio a ocupar lugar distinto, tanto por ter acompanhado o desenrolar do episódio lobatiano, quanto por clamar pela continuidade do acento expressionista da pintora nos anos subsequentes. Pelo lado do tio, que cravou o conselho a ela de evitar a mediocridade, já havia uma inquietude acerca dos rumos artísticos que Anita seguia, o que só veio a aumentar no seio familiar após a recepção pública "desmistificadora" representada pelo artigo de Lobato.

Desse modo, a leitura do conjunto de cartas trocado entre Mário de Andrade e Anita Malfatti permite perceber os investimentos que ambos colocaram em marcha para a consecução de suas obras, e mesmo para entender o delineamento de suas biografias no que detinham de brilhantismo e inconformismo. Ainda mais, é possível reconhecer os enfrentamentos e a subjetividade da pintora e do poeta, ao explicitarem acontecimentos e descreverem constrangimentos variados, concernentes ao processo de criação artística e às situações cotidianas de vida, as quais vão ganhando contorno objetivo na correspondência.

Muitas afirmações presentes nas missivas, que se querem meramente descritivas ou descompromissadas acerca de determinados assuntos ou situações – mas que em geral envolvem, por exemplo, o modo de encarar a vida como filiada à arte; o processo de produção pictórica e as soluções ou recusas assumidas por Anita em suas pinturas; e a total dedicação de Mário de Andrade na abertura de flancos de estudo e conhecimento sobre a realidade cultural cotidiana do brasileiro –, realçam as tomadas de posição, os valores e os receios originários do contexto social, a história pessoal e familiar; enfim, realçam acontecimentos que deixaram sulcos profundos e que recobrem o êxito ou fracasso das decisões, tanto na vida pessoal quanto na vida profissional da pintora e do poeta.

Por isso, a leitura da correspondência completa entre os dois modernistas constitui instrumento importante para o conhecimento matizado, e até certo ponto, aprofundado, do pensamento e da prática que lograram registrar em discussão subjetiva e artística.

Escreve Marta Rossetti Batista:

> Esta correspondência trata, sobretudo, de uma grande e duradoura amizade que deixou marcas importantes na vida e na obra do escritor Mário de Andrade e da pintora Anita Malfatti. Revelando a metade Mário de Andrade de um diálogo intimista[15], estas cartas diferem de sua "correspondência literária", trocada com escritores, críticos e outros personagens ligados à literatura. (Batista, 1989, p. 13)

Nas cartas, a pintora inicia dizendo: "Agora sou sua amiga"; e o escritor retruca ratificando: "amiga inalterável"[16]. Mas, para os dois modernistas, essa afir-

---

15 Batista se refere ao fato de que o livro organizado e publicado por ela em 1989 contém somente a metade Anita Malfatti da correspondência, já que ainda não estavam completados os cinquenta anos prescritos por Mário de Andrade para a disponibilidade pública de consulta às cartas.
16 A expressão "agora sou sua amiga" consta na primeira carta de Anita Malfatti, possivelmente de dezembro de 1921, endereçada a Mário de Andrade; já a expressão "amiga inalterável" consta na segunda carta do poeta endereçada à pintora. É interessante notar que a construção da relação epistolar se inicia pela afirmação da amizade, a um só tempo como cautela e como necessidade de esclarecimento, quando, no entanto, a possibilidade de dois adultos – um homem e uma mulher – trocarem correspondência naquele momento,

mação extrapola o convencional. Caracterizar como amizade é pouco, quando se verifica que o conteúdo das missivas transitava por temas e questões que ultrapassam as barreiras intimistas. Mais do que na escrita de Anita Malfatti, para o escritor a clivagem concedida à natureza de seus dizeres assume a forma de correspondência-documento e de correspondência catequizadora, ou seja, assume a forma de uma narrativa que, mesmo quando apresenta conotação literária (o que às vezes ocorre, embora com pouca frequência em relação a outros missivistas mariodeandradianos), traz ainda seguramente um valor de confissão pessoal e social com alto grau de intenção influenciadora.

Trata-se de cartas, por um lado, em que o escritor diz "o que sou, o que faço e o que quero agora". Por outro lado, poderíamos acrescentar em complemento à frase de Mário de Andrade: "e o que penso que tu deves fazer", embora o poeta procure descaracterizar essa catequese. Veremos os exemplos na análise subsequente.

Por fim, nessas cartas há o sentido consciente de que a correspondência será uma fonte primária para o estudo do período e do que foi realizado como obra e pensamento modernistas: ele "se apresenta, conta sobre as obras que desenvolve, expõe e discute suas ideias". E também discute as ideias da interlocutora, cobra soluções (artísticas, no caso) e, quando expõe suas ideias, também aprofunda a amizade por meio da criação de enredamento e influência.

Com esse adendo, e contrariamente a Batista, não se deve ficar tomado absolutamente de fascínio pela correspondência a ponto de nela tudo absolutizar e tudo assumir, relegando a segundo plano, como algo de menor atenção, os mecanismos de persuasão que Mário de Andrade utiliza recorrentemente, encobrindo muitas vezes a postura e os reais anseios em jogo – mecanismos que são engendrados não só para cativar, mas, principalmente, para sugerir, influenciar e, por conseguinte, catequizar.

A afirmação a seguir de Batista, caracterizando a relação entre Mário e Anita, mostra bem os riscos a que aludimos quando se idealiza por demais, e literalmente, como paráfrase, o conteúdo da mensagem:

> e naquele contexto social, já dinamizava outros significados que gravitavam ao redor do termo "amizade". Mário, mesmo depois, em 27 de maio de 1928, quando do retorno de Anita de Paris, ao término do Pensionato Artístico, reconhece: "Ninguém não compreende amizade entre homem e mulher que não tenha qualquer coisinha feia no meio, bestas!" (IEB-USP, Arquivo Mário de Andrade, Série Correspondência).

> Se nelas [nas cartas] o escritor se refere a suas atividades e a seus trabalhos, se dá notícias sobre os acontecimentos artísticos da Pauliceia – muitas vezes sobre os pintores e escultores modernistas –, seu foco de interesse é outro: dedica-se à sua amizade por Anita Malfatti. Uma amizade "longe da existência, fora da vida, para além da morte" (1922), fora das contingências e exigências do momento. Ou, como a descreve para a amiga em 1926: – "Pensando em você e na amizade nossa não sei… mas me parece que estou numa rede macia na varanda duma fazenda larga. Tem um Sol brilhante ardendo lá fora porém tudo é tão manso tão íntimo e tão gostoso na sombra quente da varanda…" Aqui está um Mário de Andrade carinhoso, atento à sensibilidade exacerbada da amiga – a quem sempre parece estar devendo algo importante. Admirador da expressionista, o escritor oferece-lhe com constância o braço forte em que se arrimar nas hesitações e no isolamento. Identifica-se com ela neste isolamento consequente do papel assumido, de "abrir caminho", e procura apoiá-la, transformando-se em sua… "consciência crítica". (Batista, 1989, p. 13)

O início do trecho citado refere-se às trocas de cartas entre Mário e Anita durante o período em que a pintora permaneceu em Paris para estudos. Esse é um novo período na correspondência, após a fase de "ajuste" da amizade entre eles, como se discutirá logo mais.

Esperada havia muitos anos, a notícia de ser agraciada com o Pensionato Artístico do Estado de São Paulo concretizou-se em 20 de junho de 1923, comunicada pelo próprio senador Freitas Valle durante sessão no salão da Villa Kyrial, justamente na data da conferência proferida por Mário de Andrade, de título "Paralelo de Dante e Beethoven". Anita havia solicitado o pensionato pela primeira vez em 1914, e, não o conseguindo, seguiu para os Estados Unidos com financiamento do tio, Jorge Krug. Em 1921, novo pedido, nova negação. Nesse ano, o escultor Brecheret foi o contemplado (Batista, 2006). Anita, assim, somente parte para Paris em agosto de 1923. Ela saberá, anos mais tarde, como afirmou a Mário de Andrade em carta de abril de 1939, que a ida para a França pelo pensionato foi um arranjo feito pelo padrinho, dr. Eugênio Egas, com Washington Luís, quando este era "presidente" do estado de São Paulo (cf. IEB-USP, Arquivo Mário de Andrade, Série Correspondência[17]).

17   De agora em diante, nas citações, abreviando-se: IEB-USP, AMA, SC.

Pelos cinco anos seguintes, a correspondência entre os dois artistas será profícua, tendo o ano de 1924 como marco da intensificação da relação a distância. O conteúdo não só comunica a vida à francesa do ponto de vista cultural e social, mas versa sobre os estudos de Anita, as variações no traço e nas temáticas e a chamada de atenção de Mário para que a pintora retome o caminho expressionista aberto anteriormente.

Percebe-se, em linhas gerais, que o cultivo da amizade por Mário surge, nesse período, totalmente marcado por um interesse quase compulsivo em convencer Anita a seguir um caminho determinado de estudos, na diretriz do contínuo aprimoramento de sua técnica dentro de uma chave pictórica considerada original, ou seja, relativa ao período 1914-1917, portanto também imaginativa e inovadora, algo bastante distinto de uma dedicação à amizade "longe da existência" e "fora das exigências e contingências do momento".

Mesmo durante a década de 1930, com um lapso temporal significativo que salta o período anterior e posterior à Revolução de 1932 e o período em que o poeta esteve à frente do Departamento de Cultura e Recreação da Municipalidade de São Paulo (considerando-se que as últimas cartas de que se tem registro são datadas de 1938 e 1939), a toada não será diferente. Mário de Andrade mantém a ternura e o carinho pela pintora, o tom elogioso coberto de grave cobrança, mas as cartas são mais espaçadas e trazem referências mais autocentradas no que o poeta e a pintora fazem ou deixam de fazer.

Um esclarecimento necessário. Há cartas desse período, como três ou quatro do início de 1939, em que Anita e Mário discutem ideias sobre arte, criação e representação. Há tensão na escrita; no entanto, como o período delimitado neste livro recobre a década de 1920, não se detalharam essas missivas. Fica aqui a referência de que são cartas em que os dois discutem uma frase da pintora: "A verdade é que na obra de arte nada nos pertence, somos somente os transmissores da beleza"; e, prosseguindo com esse raciocínio, Anita afirmava querer pintar – para si e para ter em sua casa – quadros com sabor de um Rugendas e um Debret. Mário responde discordando: "o artista não é 'transmissor' de beleza, é *criador*". Ele criticou essa postura de "exercício artístico" de Anita ao querer fazer cópias de estilo. Chamou-a de "acadêmica". Anita retrucou, veemente, afirmando que nunca foi acadêmica e que sim, quando desejava, pintava quadros de "escola", ou seja, em semelhança à técnica de outros pintores. A discussão, portanto, girou ao redor da "força criadora", e Mário continuou a cobrar de Anita uma volta ao passado, uma volta ao expressionismo (IEB-USP, AMA, SC).

Não há como subtrair-se, entretanto, ao reconhecimento do tom sensível percebido na troca de cartas, mutuamente, embora seja mais preponderante pelo lado do poeta. Esse tom é uma constante em razão do alto grau de elaboração que o poeta almeja e concretiza. Frases musicais, ritmadas, repletas de imagens sensoriais. Ao mesmo tempo, frases às vezes imperativas, com aconselhamento professoral, entre a lucidez analítica e a profetização sonhadora. Uma "consciência crítica" de Mário de Andrade, que, contudo, mais indica caminhos a seguir para a pintora do que sinaliza uma abertura livre e imaginativa na direção de novos horizontes pictóricos possíveis.

O conjunto da correspondência compreende um total de 114 cartas. É possível sugerir, dado o conteúdo e os marcos substantivos das discussões, três momentos distintos temporalmente, que já ficaram em parte delineados pelas observações anteriores.

Esses momentos, decerto a serem analisados em ordem linear, não possuem uma datação exata que indique o início e o fim entre os mesmos; formam, antes, indícios de teor expressivo da sociabilidade e do lastro relacional mantidos entre os correspondentes, em meio à condensação de experiências, ideais, comportamentos, ações e práticas que confluem para a percepção das questões mais íntimas, entre condicionantes sociais e *habitus* internalizado, e para uma perspectiva de influência desejada pelo poeta sobre a pintora. Enfim, mostram do que é feita a tessitura das relações humanas.

O primeiro momento recobre a construção da amizade sob o signo de uma relação de gênero e dá sinais do que ela significou de fato na conjuntura daquele momento e no tom da correspondência proposto por Mário, em forma de abertura confessional, sem peias e sem medo de se expor emocionalmente, como ele cobra e executa. O segundo momento pende para a discussão da produção artística tendo como foco as notícias da pintora em Paris e a devolutiva do poeta em muitas reflexões sobre arte e modernismo. Aqui, a análise das cartas faz ganhar maior dimensão uma certa catequese a que Mário se lança e que será discutida a partir dos elementos que a compõem. O terceiro momento, concernente à década de 1930 (acrescido de duas cartas finais, de 1940 e 1944), é de refrega e desaquecimento na frequência da correspondência; traz, porém, o signo de releitura da primeira fase modernista, com o poeta ainda insistindo em seus argumentos sobre a força expressionista da pintora, deixada no passado.

●

Eis o primeiro trecho da carta inicial de Anita Malfatti para Mário de Andrade, conforme consta no arquivo do IEB-USP: "Mário, bons dias, veja só como está esta Anita, escrevendo assim, sem mais outras... etc... etc... mas estou com muitos medos... meu português, você compreende... mas... sou... agora sua amiga" (IEB-USP, AMA, SC, Carta, dez. 1921).

Com tais palavras, entre a timidez e a apreensão, e hesitando no anúncio do início da amizade, operava-se a abertura da correspondência entre a pintora e o poeta[18].

Essa carta introdutória, cuja datação foi aferida e aproximada a dezembro de 1921, teve sua escrita quando Anita Malfatti se encontrava na fazenda Costa Pinto, no interior do estado de São Paulo – fazenda de propriedade de sua família e administrada por Alexandre Malfatti, seu irmão mais velho. Era costume familiar passar longos períodos na fazenda, entre as festividades de Natal e Ano-Novo, momento em que todos se reuniam.

A relação do poeta com Anita Malfatti por missivas surgiu em 1921 e se estendeu até 1939. O conteúdo das cartas delineia aspectos variados sobre a importância da pintora para a história do modernismo e de seus desdobramentos. As missivas permitem verificar, também, as fortes marcas do processo de ajuizamento de Mário de Andrade sobre a própria produção modernista, a de Anita e a dos demais companheiros de movimento.

18 Como este estudo não traz o acento da crítica genética e epistolográfica, não será concedida ênfase a alguns aspectos centrais dessa área de estudos (questões da materialidade da carta; discussão sobre a circulação de inéditos ou ênfase na missiva enquanto "arquivo da criação" etc.). Claro que em determinada direção genética, mormente a que se abre para a expressão testemunhal/documental das cartas, passível de verificar um perfil biográfico, ou mesmo a que se dedica a refletir sobre os bastidores da vida artística, no relevo das tensões e competições, como é o propósito aqui, a aproximação se faz visível, embora pelo crivo da sociologia da cultura e da história intelectual.

O primeiro dado trazido na data de início da correspondência é o de que a afinação da amizade, na observância do maior contato entre ambos, teve começo provavelmente entre o fim de 1920 e o início de 1921, anos depois do contato primevo ocorrido por ocasião da segunda exposição da pintora, a qual foi visitada pelo poeta algumas vezes.

Data de 12 de dezembro de 1917 o início dessa segunda exposição individual, à rua Líbero Badaró, 111, e constituiu um marco determinante no que se refere ao futuro da pintora em relação aos acontecimentos que darão ensejo à construção da história do modernismo brasileiro, como afirma Eduardo Jardim, escorado nos dizeres do modernista: "Anita Malfatti foi quem abriu o caminho, como reconheceu Mário de Andrade. Foi ela a primeira a trazer 'uma sistematizada manifestação de arte moderna para o Brasil' e sua obra significou uma 'confissão de independência'" (Jardim, 2015, p. 38).

A exposição contou com a visita de vários jovens jornalistas, artistas e escritores – Oswald de Andrade, Mário de Andrade, Tarsila do Amaral, Di Cavalcanti, Menotti del Picchia, Guilherme de Almeida, Ribeiro Couto, Yan de Almeida Prado, para citar alguns –, e muitos isoladamente, pois naquele momento ainda não formavam um grupo que se frequentava com assiduidade, como ocorreu depois.

Mário de Andrade visitou a exposição um dia depois, a 13 de dezembro, quinta-feira. Tinha 24 anos e Anita, 28. O poeta perdera o pai nesse ano, no Carnaval, e publicara, sob o pseudônimo de Mário Sobral, o livro de poesias pacifistas *Há uma gota de sangue em cada poema*. Assinando o livro de presença com o pseudônimo, retornou três vezes seguidas à exposição e parece ter sido somente a 15 de dezembro, sábado, que ele e Anita acabaram se conhecendo. Depois, o poeta ainda visitou a exposição outras duas vezes, dias 19 e 20 de dezembro, e nessa última, uma quinta, Monteiro Lobato teve publicada a crítica da exposição de arte moderna de Anita Malfatti. Depois do artigo de Lobato, o poeta voltou novamente e não assinou o livro de presença. Mas, na semana seguinte (a terceira da exposição), assinou como Mário Sobral e Mário de Andrade, como a sinalizar a sua adesão à arte da pintora.

Sabe-se que a exposição individual de 1917 instaurou em Mário de Andrade, em suas palavras, a "revelação" de uma nova arte, uma aceitação da estética vanguardista pelo lado emocional e intuitivo. O poeta reputaria como "importantíssima" para a sua formação autodidata o contato com a arte de Anita Malfatti. Por exemplo, uma primeira carta enviada por ele ao poeta gaúcho Augusto Meyer, com data de 20 de maio de 1928, traz o registro do que o motivou a querer romper com as "coisas parnasianas". Alegava que enjoara. Chegou a oferecer uma outra justificativa, acerca da "impossibilidade de fazer coisas com a perfeição formal de muitas de Bilac e Cia.". Mas enfatizou a influência da "companheiragem nova" de Anita, possível explicação para o que provocou esse enjoo. Termina por dizer que "em todo caso essa amizade conto como importantíssima na minha formação" (Batista, 1989, pp. 20-1). Correlatamente, a correspondência entre os dois traz indícios do quanto a pintora o impactara, assim como mostra o desejo de Mário para a continuidade do expressionismo malfattiano. Trata-se mesmo de um impacto, que ficará registrado textualmente quando o poeta, em 1942, proferiu a conferência "O movimento modernista", como já mencionado antes.

É necessário reter que, em 1917, Mário de Andrade não estava totalmente a par das principais correntes artísticas representativas das vanguardas europeias, a ponto de já ter tomado partido com consciência de causa. Essa "revelação" inicial ocorreu não por livros, não por estudo ou por aceitação de novas teorias, mas em razão do contato visual com uma nova pintura, de caráter expressionista. Entretanto, esse termo só será empregado anos mais tarde em referência à arte de Anita.

Marta Rossetti Batista ressalta:

> É preciso lembrar que, durante a individual de 1917-18, o termo "expressionismo" não fora empregado. A própria pintora talvez o desconhecesse – ou não o utilizasse –, apesar de ter vivido mais de três anos na Alemanha, no auge daquele movimento – isto é, nos anos que antecederam a Primeira Guerra Mundial. É que, naquele momento, por volta de 1911, o termo começara a ser usado, mas não com o significado de hoje: às vezes, como sinônimo de "arte moderna francesa", isto é, o pós-impressionismo francês; às vezes sinônimo de "vanguarda" (por Herward Walden); ou ainda, simplesmente como "arte moderna", como aparecera no catálogo da retrospectiva de Colônia, a Sonderbund de 1912 (exposição que influenciou Anita Malfatti). Só depois de 1914 o termo se firmaria para designar especificamente a "moderna escola alemã" – e no Brasil, ao que

conhecemos, só seria empregado após a Primeira Guerra Mundial. (*Ibidem*, p. 23)

A dinamização dos estudos posteriores do poeta – o autodidatismo desenfreado – encontra aqui um de seus pontos de partida no que se refere à arte moderna mais desafiadora, porque distinta, ao romper com a representação naturalista, de ocorrência crescente nas principais cidades europeias, Paris à frente. Ou seja, como sublinha Batista, é mediante o emocional, e não o racional, que Mário de Andrade se vê "avisado" sobre a "existência de uma arte contemporânea com que nem sonhávamos", conforme testemunha (Batista, 2006, p. 18).

É, então, da segunda individual de Anita Malfatti que surge para o poeta o "enigma" do novo e uma grande lição de liberdade criativa, em forte rompimento com o academicismo (e o parnasianismo, corrente a que o poeta se via ligado até então), a indicar os novos ares vanguardistas à europeia que poderiam ser trazidos como modelo ao Brasil.

Também com esse rompimento iniciaram-se os estudos de línguas, internacionalizando-se: inglês, italiano, alemão, espanhol... Já sabia o francês e seus derivativos teóricos e romanescos, presente como formação principal, mas reagiu ao que chamava de "francização" e procurava instruir-se nas "tendências modernas". Leu os grandes mestres da literatura europeia: Dante e Goethe, por exemplo. Leu autores de sua época, como o poeta belga Émile Verhaeren; conheceu outros poetas, dramaturgos e escritores norte-americanos e ingleses – Shakespeare, Walt Whitman etc. –, aplicando-se em compor para si uma formação clássica mais completa e abrangente.

Em 1919, tendo contato com a colônia alemã em São Paulo por razão de sua vivência dedicada à atividade musical no conservatório, conhece e passa a ter aulas com Else Schoeller Eggebert, sua primeira professora de alemão, que era ligada à Livraria Transatlântica, especializada em publicações germânicas. Decerto a livraria foi um achado para que o poeta travasse contato com livros e revistas e, assim, pudesse ler os clássicos de língua alemã (romancistas e poetas) e se atualizar sobre os assuntos hodiernos culturais.

Ato contínuo, assinou a *Deutsche Kunst et Dekoration* em 1919 e, no ano seguinte, a revista *Die Kunst*, por meio das quais obteve as primeiras informações sobre o movimento futurista, cubista e expressionista. E com o retorno de Sérgio Milliet e Rubens Borba de Moraes ao Brasil, "chegados sabidíssimos", fechou-se o círculo de ardente e profundo aprendizado.

Verifica-se, por essas ações, o que fez com que, em tão pouco tempo, justamente entre 1917 e 1921, o poeta tenha conseguido realizar, com esforço autodidata, boa parte de sua formação intelectualista, de maneira a alcançar o inicial arroubo de maturidade artística para compor *Pauliceia desvairada*.

Um segundo dado proveniente do início da correspondência, no vértice que segue de 1921 ao início de 1923, relaciona-se com o modo pelo qual a amizade epistolar se materializa entre os dois e ganha ares de troca e confidência intimista, bem ao modo do enredo (ou artimanha) missivista mariodeandradiano. O enredo, contudo, não será lido no mesmo registro de sentido de quem o (d)escreveu.

A primeira carta de Anita Malfatti resulta tímida, mais detalhista da vida na fazenda (com ênfase na natureza) do que indicativa de uma abertura intimista ou confidente. A pintora relata o cotidiano, certos acontecimentos e aspectos do ambiente:

> Aqui dorme-se... [...] Deborah[19] parece Mlle Pantalon pois tem umas deliciosas botinhas verdes (eram pretas) com cordões tango... à tarde quando o calor é demais, caímos num rio raso e morno cheio de jacarés... [...] mas à noite ó delícia das delícias... a lua enche-se e nós na ponte, nos fartamos. Quanta lua, Santo Deus! Oh! felicidade... não pensamos mais. [...] Temos procissões todos os dias, os colonos pedem chuva pois estão perdendo as plantações com a seca que está terrível. (IEB-USP, AMA, SC, Carta, dez. 1921)

Distintamente, a primeira carta de Mário em resposta, com data de 22 de dezembro de 1921, apresenta aspecto estilístico marcante: traz parágrafos curtos e separados por assuntos, em clara referência telegráfica ao modo do "Prefácio interessantíssimo"; insere onomatopeias e latinismos; e "faz literatura", como se verifica nestes trechos:

---

19 Débora Prado Marcondes, amiga de Anita Malfatti, futura esposa de Franco Zampari, industrial e mecenas do teatro.

1 vez, 6 anos atrás, comprei este papel para correspondências marcáveis com pedra branca... 3 ou 4 folhas foram gastas! Chegou momento de gastar mais uma! Taratá! Taratá! Tchim, bum! Alto prazer[20]!

•

Imagino valor comotivo da fazenda! Sonho procissões... Ad pretendam pluviam... Desculpe o latim. Naturalmente está errado. Não sei a língua. Mas sei sonhar: .... na sua companhia... na companhia dos seus.................... Débora, essa miniatura... "crépuscule bougie silence"... sombras... um pio... a Lua, pingo de tinta branco num papel verde azul... últimas aves... E os homens passam, e as mulheres... Círios acesos... E a monotonia brancalenta das rezas dos Sem-Pecado........... (Batista, 1989, pp. 51-2)

Ao trazer, aqui, partes do conteúdo das duas cartas em questão, fica a tentação de sugerir – com a devida cautela, mas tendo propriedade na afirmação – que ambas sejam lidas como paradigma de escrita de cada correspondente. Não só como marca do início da amizade, mas como maneira de chamar a atenção para a carga e a tensão composicional que as distinguem e que caracterizam os interlocutores em questão. Não se sugere um exercício de leitura substancialista (ou totalizante, como se Anita ou Mário procedessem sempre de modo igual, estilisticamente, em cada carta), mas sim relacional, que opera pela distinção de traços marcantes e que permite inferir características habituais, indicativas de traços subjetivos do poeta e da pintora.

Verifica-se que o procedimento de Anita Malfatti era o de descrever, como se estivesse realizando uma pintura, o que vê e acontece ao seu redor, dando ênfase à observação do ambiente, destacando as cores de tudo – principalmente da natureza – que contorna o mundo, conservando certa distância em relação a confidências e evitando expor-se. Mantinha-se solitária e desconfiada. Mesmo quando ocorreu a maior abertura subjetiva para com o poeta, esses traços de observação descritiva e pictórica da natureza e do ambiente circundante permaneceram presentes em boa

---

20 Apenas como dado salutar, a importância dessa primeira carta fica destacada por Mário de Andrade em razão do tipo de papel utilizado: mais requintado, feito à mão, da marca Whiting & Cook (linha d'água). Por isso a felicidade em "gastar mais um" papel.

parte de suas cartas, com destacada sensibilidade artística sobre as cores existentes ao observar o entorno, e ainda mantendo o modo contido ao falar de si. Inclusive, essas características coexistiram no período em que ficou em Paris a estudos, ao ser contemplada com o Pensionato Artístico em 1923.

Já Mário de Andrade, por seu turno, se entregava de imediato no ato de indicar o prazer da escrita e de escrever – especialmente para Anita. Ao afirmar que imagina o "valor comotivo da fazenda" e que "sonha procissões", ele se inseria no ambiente em que ela estava, projetava-se e sonhava com ela ("na sua companhia") e com os dela ("na companhia dos seus"). Esse procedimento de projeção espacial pode ser pensado em paralelo ao princípio da "ilusão de presença", sendo este último um manejo estilístico de encenação de presença do eu epistolar, em que o poeta recria o entorno no ato de escrever, aproximando-se e compondo também um recurso linguístico de sedução intelectual. Nessa carta para Anita, Mário cria o artifício de aproximação na distância (Moraes, 2007).

Há, portanto, no texto, uma entrega sentimental e intimista do escritor, o que fazia parte de um investimento reflexivo, dado ao valor da correspondência.

Esse "prazer" e essa "projeção de sonho" parecem ter, ao certo, uma significação maior, pois, nesse período, de início de 1922 (era Carnaval...), Anita realizou o primeiro quadro de Mário de Andrade, do qual o poeta registrou suas impressões no manuscrito *No ateliê*, reproduzido por Marta Rossetti Batista (Batista, 1989).

A tela (figura 7) apresenta Mário de Andrade da seguinte forma:

> [...] em roupa de gala, de colarinho alto engomado e gravata-borboleta, calvo, a cabeça levemente inclinada, mirando o espectador com seus óculos redondos, numa composição estruturada por faixas de verdes, azuis, amarelos e vermelhos intensos, em cujo interior o rosto e o meio-corpo do retratado cabem por inteiro, emoldurados pelos planos coloridos ordenados em semicírculo em torno da cabeça. (Miceli, 2003a, p. 117)

A reação foi muito positiva. Ele viu nessa tela a "matriz" expressiva malfattiana: "caracteristicamente expressionista" – embora não estivessem presentes na pintura a audácia construtiva e o fulgor cromático dos retratos da exposição de 1917. O que importa registrar é o impacto que a tela deve ter causado em Mário de Andrade, a primeira pintura em que se viu retratado, o que muito provavelmente só ampliou o fascínio dele pela pintora.

No manuscrito *No ateliê*, o poeta "faz literatura" ficcional do encontro em que Anita o figurou; narra o modo pelo qual ela misturava as cores, "criava tons inebriantes, imateriais, num frenesi potente de criação". A sequência da escrita vai insinuando a relação sugestiva entre o Mário real e o Mário pictórico:

> Suas cores eram fantasmagorias simbólicas, eram sinônimos! Por trás da minha face longa, divinizada pelo traço da artista, um segundo plano arlequinal, que era minha alma. Tons de cinza que eram minha tristeza sem razão... Tons de ouro que eram minha alegria milionária... Tons de fogo que eram meus ímpetos entusiásticos... [...] Completou os tons de cinza de minha alma. E sorria dando-lhes aqui um azul de iludidos, além da cor terrosa das inquietações... (Batista, 1989, p. 48)

Por meio dessa descrição literária também se vislumbra o impacto que a pintura causou no escritor. O texto termina sacralizando a importância da amizade: "cantei a amizade! a amizade cega que não tem dúvidas! A amizade prisão que não tem férias! A amizade vertigem que purifica! e sobre-humana que diviniza!..." (*Ibidem*, p. 49).

Uma amizade ideal e romantizada.

As duas cartas seguintes e um bilhete de Anita Malfatti mantêm o aspecto da primeira missiva vista antes; trazem data, respectivamente, de 11, 15 e 26 de dezembro de 1922 (IEB-USP, AMA, SC), sendo as duas primeiras postadas quando estava em férias de fim de ano em Campos do Jordão, e a última provavelmente de São Paulo, antes de ir para o sítio familiar.

Anita relata aspectos do dia a dia: menciona notícias sobre os amigos em comum, as visitas que fez, o tempo utilizado para pintar, as saídas a cavalo, a beleza da natureza, e chega a convidar o poeta a ir ao sítio visitá-la. No bilhete, pergunta sobre a saúde do escritor, pois sabia que ele se recuperava de algum mal.

O retorno de Mário de Andrade por carta, a segunda até agora, remetida a 30 de dezembro de 1922, relatava à pintora que estava "diáfano", "fraquíssimo", mas que já se sentia reviver. Agradece à "amiga inalterável" pelo carinho e pela preocupação acerca de seu estado de saúde, demonstrando felicidade pela amizade. Alerta que não poderá visitá-la na "fazenda", porque ficará na "chácara dum tio" (Tio Pio). Carta breve do poeta, apenas para relatar o estado de saúde e manter o contato epistolar.

No início de 1923, a quinta carta de Anita Malfatti a Mário de Andrade surge diferente. Fica manifesta uma maior abertura sentimental, mesmo que circunstanciada. Escreve do sítio, pois estava ainda em férias com a família. Relata ter recebido carta de Zina Aita, sua amiga também pintora, cuja "discurseira" escrita por ela termina por comentar com entusiasmo a arte do poeta – e Anita acrescenta a Mário, na carta: "Pensava estas coisas de tua poesia mas bem sabes que não sei dizer as coisas. Temo o ridículo de uma comoção" (IEB-USP, AMA, SC, Carta, jan. ou fev. 1923).

Acrescenta notícias dispersas sobre os amigos, comenta que anda a cavalo, para depois dizer que escreve para matar as "Mariíssimas saudades", porém reclama que "sendo one-sided é um tanto desenxabida – prr-rr.-rum-rr..." (com uma onomatopeia que remete à primeira carta do poeta). Reclama porque, para cada três cartas enviadas, ela tinha recebido apenas uma de Mário. Termina por dizer que deixou toda a amizade que possuía nas mãos dele, seguindo leve o caminho: "mas tenho medo que esteja pesando um pouco. Se assim for, deixe por aí o que for demais e mesmo se ficares com um pouco me darei por feliz" (*ibidem*).

O ponto de clivagem na correspondência, que perdurará por todo o contato epistolar entre os dois, se opera na resposta de Mário de Andrade em carta de 15 de janeiro de 1923, que marca o início de um mal-entendido e de um desencontro amoroso. Já aqui estava presente o estopim da futura declaração de amor de Anita Malfatti pelo poeta.

Ele reclamou:

> Não sei por que tuas cartas claramente indicam o teu receio de te tornares cacete para comigo. Deixa disso. Será possível que ainda duvides de minha amizade por ti, Anita! [...] O que te posso dizer é que me sinto perfeitamente feliz a teu lado. Creio em ti. Se tivesse de chorar procuraria tuas mãos para minhas lágrimas, teus ouvidos para meus lamentos. (Batista, 1989, p. 55)

Mário de Andrade celebra a amizade com Anita Malfatti na observância de que ela não o aborreceria (não o cacetearia) nunca se passasse a contar coisas íntimas, sofrimentos, medos, anseios, pois tais assuntos não causariam incômodo. A referência à carta anterior de Anita é clara, na visada de superar o "ridículo de uma comoção", porque Anita poderia, sim, dizer o que bem entendesse sobre a poesia dele, sem o ofender; e superar ainda o "peso da amizade", já que, sendo inteiramente amigo de Anita, ela não o cacetearia jamais, "porque és como uma irmã suavíssima e bem querida".

Ao final dessa correspondência, em abertura literária, o poeta escreve para a pintora:

> És anjo demais, para esta Terra. És mulher demais, para que não cultives a desilusão. Como anjo, acreditas todos tão bons como tu, capazes de uma amizade tão linda como a que nos liga, tu e eu. Como mulher, sonhas em todas as mulheres, às quais me prendo às vezes por uma atração passageira, novas amigas que te substituirão. Continua anjo. Separa de ti essa fraqueza feminina, que desequilibra teu talento e tua grandeza. Verás então em mim, o que quero que vejas em mim, o que sou, o que não poderei jamais deixar de ser. Teu amigo. Um amigo esquisito, dirás... Perdoa minha leviandade, minha esquisitice, pelo muito que te quero. Olha: aqui vai um beijo para as tuas mãos. Mário. (*Ibidem*, 1989, p. 56)

Na beleza dessa declaração, Mário de Andrade encerrou uma dubiedade interpretativa. A afirmação da amizade ocorre inúmeras vezes ao longo da carta, alternando os sentidos: amizade como confiança, mas também como intimidade perfeita; amizade no sentido da felicidade perfeita; amizade por uma "irmã suavíssima e bem querida"; amizade como tesouro insubstituível. A alternância ganha mais profunda dubiedade justamente quando Mário vê em Anita a mulher amiga em comparação e relação direta com as mulheres às quais ele se prende às vezes por uma atração passageira. Mais à frente, pede perdão pela "leviandade", pelo muito que a quer. Encerra a carta anexando o poema "Noturno", composto justamente naquele mês de janeiro (e que será acrescentado ao *Pauliceia desvairada*), num arroubo "duma noite pasmosa de ardor sexual procurando uma mulher no bairro do Cambuci", como relata o poeta em carta a Augusto Meyer de 20 de maio de 1928.

O ponto nodal dessa interpretação repousa sobre os *matizes de expressão* do conteúdo da carta[21], em que se procura justamente evitar a superinterpretação e, ainda, a armadilha da projeção do pesquisador – que, estudando a missiva, perscruta nos interstícios do texto a comprovação antecipada de um argumento que se almeja provar. A artimanha de escrita do poeta – no caso, o investimento em cativar, encantar e criar cumplicidade (e influência) – mostra uma encenação (a *mise en scène* já discutida) de amizade fraterna, mas não tão distanciadora no que tange aos indícios afetivos.

Em continuidade à interpretação proposta, o retorno de Anita Malfatti à carta do poeta, ocorrido em 19 de janeiro de 1923, delimita bem o quadro de anseios afetivos que começava a ganhar dimensão. À felicidade em receber a carta, Anita justapõe a não concordância com a imagem traçada por Mário ao vê-la como anjo, "anjo demais para esta Terra", e se declara: "Nunca fui anjo assim, apesar de gostar que o penses, e o que é coisa mais séria... não temo uma 'substituição' isso não Aiii o que de meu te pertence não foi dado a troco de qualquer coisa, mas simples e incondicionalmente" (IEB-USP, AMA, SC, Carta, 19 jan. 1923).

Anita acrescenta, no mesmo registro de sentido, que já deu ao poeta provas da amizade:

> [J]á há algum tempo, me parece, dei-te minha "Maior Amizade". Quero-te infinitamente bem. Estás contente? Estou tremendo um pouco, sabes, nunca em minha vida dei Isto a Criatura alguma. De tua parte? Tens tantas amigas e como és dadivoso dás um pouco de se [sic] a cada uma. Acho isto belo e natural, mas nunca me atrevi a acreditar que davas a mim mais que às outras... e afinal... mesmo agora custa-me a crer em todo o teu "Bem querer" como uma belíssima realidade. Aceitava-o como "maravilhosa fantasia" me perdoarás, sim, pois não duvidarei mais de tua Amizade. Nada me custa fazer-te as vontades... de longe. ... Não escondo meus

---

21 Conforme termo cunhado por Erich Auerbach, em *Mimesis*, no capítulo de título "A ceia interrompida". Nesse texto, Auerbach estava preocupado em discutir, a partir da análise de uma carta de Voltaire enviada a Madame Necker, "os traços essenciais do nível estilístico médio, caracteristicamente excitante e superficial, no qual o realismo e a seriedade que estavam, no tempo de Luís XIV, tão severamente separados, começaram a se aproximar novamente". O ponto é o procedimento analítico que se mostra profícuo para a interpretação epistolar em viés sociocultural (Auerbach, 2007, p. 368).

defeitos... minhas incredulidades... [...] Possues um coração precioso... é Belíssimo... sabes, mas não deves escondê-lo tanto assim – especialmente de mim, Toda tua amiga, Anita. (*Ibidem*)

Não sabemos pela carta, apesar de toda a expressividade, qual o sentido mais recôndito da "maior amizade" dada por Anita Malfatti a Mário de Andrade. O que sabemos é a comoção que a invade ao declarar-se ("o que de meu te pertence"), sinalizando a transição do modo pelo qual vivia a "maravilhosa fantasia" para um modo mais realista, designado apenas por uma bela amizade. Porém, ainda ao fim insinua-se, pedindo para que o poeta não esconda o coração precioso ("especialmente de mim").

Talvez se possa entender o tateio de Anita, ao querer agarrar-se a alguma prova mais concreta de "confiança perfeita" e "intimidade perfeita" (segundo as duas expressões de Mário de Andrade na carta de 15 de janeiro de 1923), em busca de uma última confidência afetiva daquele que muito a queria.

Não há sequência a essas duas cartas de janeiro de 1923. No contexto daquele ano, e na cronologia do Grupo dos Cinco, Tarsila do Amaral já tinha partido, em novembro de 1922, para nova temporada de estudos na França. Oswald de Andrade preparava-se justamente naquele fim de ano para viajar ao encontro de Tarsila, por quem se apaixonara. Desfazia-se o Grupo dos Cinco presencialmente, após aproximadamente cinco meses de encontros frequentes.

Nesse período de 1922 até o primeiro semestre de 1923, no entanto, mais dois dados vêm acrescentar lenha à fogueira ao que se percebe como um início de paixão entre a pintora e o poeta, de seus sentimentos e eventuais expectativas.

Em outubro de 1922, durante o período de encontros do Grupo dos Cinco, Anita Malfatti fez um desenho a carvão e pastel de Mário de Andrade, ou seja, um segundo retrato, com uma fisionomia mais jovem do que na figura 7, e a reação de Mário foi igualmente entusiástica: "obra admirável de energia, caráter e calma" (Miceli, 2003a, pp. 117-8). Anita realiza mais um quadro a óleo, o terceiro do poeta (figura 8), no qual o retratado percebe um "partido implacável". Embora elogiasse a obra, "muitíssimo mais plástica", Mário verificava a primazia concedida "à expressão de um tipo físico em lugar de fixar uma expressão psicológica" (*ibidem*, p. 118).

O segundo dado é amplamente mais explícito. A pintora realiza o quadro *Nu*[22], feito provavelmente nesses meses em que frequentava o ateliê do pintor Elpons (a datação é incerta). Mas há um indício inequívoco que permite reter a temporalidade: o quadro traz ao fundo a terceira representação que Anita fez de Mário de Andrade, assim como *A estudante russa*, de 1915 (e esta última tem sido entendida como um autorretrato da pintora). A conclusão possível, segundo Sergio Miceli: "Essas telas podem ser tomadas como o díptico plástico de uma parceria amorosa virtual [...]. Anita reelabora a proximidade amorosa por meio da conjunção entre um autorretrato e uma estampa do parceiro de sua autoria".

> Quando se sabe que *A estudante russa* pode ser considerado um verdadeiro autorretrato, estou seguro de que a decisão de posicionar a modelo em nu frontal, como se fora uma figura substituta, a mulher por inteiro que talvez Anita almejasse ser, com o braço e o seio tapando o rosto dessa Anita "imigrante" sentada no autorretrato, insinua uma contiguidade que se desloca do plano visual para o universo da fantasia, do imaginário, do que talvez fosse seu desejo mais ardente. (*Ibidem*, p. 119)

O fio epistolar entre o poeta e a pintora foi reatado somente em 21 de agosto de 1923, quando Anita Malfatti embarca no vapor *Morsella* rumo à França para um período de estudos de cinco anos, à custa do Pensionato Artístico do Estado de São Paulo. Mário de Andrade não chegou a tempo de despedir-se; atrapalhou-se com o automóvel que o levaria à estação de trem. Redigiu um telegrama choroso declarando saudade e desespero e, no mesmo dia, remeteu carta a Anita. Pedia perdão e explicava o ocorrido:

> Sou tão desastrado que mesmo no instante em que mais te desejara coberta de prazeres em vez de prazeres causo-te um pesar. Perdoa. Mas, Anita, o que me torna intolerável o sofrimento é imaginar que poderias tomar meu gesto como um princípio de ingratidão e uma primeira falha à amizade tão linda e incomensurável que nos une. Acredita: não foi nada disso. Como é meu costume chego sempre tarde à estação. Desta vez chamei o automóvel com 20 minutos

22 Disponível em: https://enciclopedia.itaucultural.org.br/obra2051/nu.

de antecedência! E isso porque pretendia de qualquer maneira ir até Santos. Nem que fosse sem passagem. Estava disposto a pagar a multa. Chamei o automóvel e descansei nele. Tomei meu café, tranquilíssimo. Fui vestir o sobretudo. Olho no relógio. Faltavam 5 minutos para a partida do trem. Saio a correr. Nada de automóvel. Só no largo das Perdizes encontro um. Eram já 7 e 50. Mas uma esperança desesperada fazia-me pensar num atraso do trem. Voo. Mas já tinhas partido. E com a imagem de minha ingratidão. Acredita, Anita, que muito sofri. O desabafar agora, contigo mesma, amaina um pouco o meu remorso. (*Ibidem*, pp. 68-9)

Provavelmente, no mesmo dia, ao partir de trem de São Paulo e chegar ao Rio de Janeiro para embarcar no *Morsella*, Anita Malfatti, sentida pela ausência de quem ansiava ver, finalmente redigiu uma carta na qual declarava seu amor por Mário de Andrade.

Solicitou depois, ao final de agosto do mesmo ano, em nova carta redigida durante a parada do navio em Dacar, que a missiva anterior fosse rasgada, o que o poeta faz. Do mesmo modo, a correspondência em que ele reafirma a amizade em vez do amor, provavelmente enviada em setembro, também foi rasgada por Anita. Mas ele guardou, no entanto, a carta de Dacar, na qual a pintora expressa seu arrependimento:

Caro Mário. Cometi um crime de lesa-amizade. Escrevi uma carta sentimental a um amigo. Perdoe-me. Estava desesperada por deixar os meus eis a razão do meu sentimentalismo "déplacé". Sinto-me tão constrangida contigo que resolvi escrever-te pedindo-te que destruísses esta minha falta. Confio em tua amizade que conforme confirmastes vai "hasta la muerte". Percebo quanto pareceria ridícula minha carta nas tuas mãos... por favor rasgue-a depressa pois só assim poderei continuar a escrever-te sempre, a ser tua amiga.
(IEB-USP, AMA, SC, Carta, presumivelmente final ago. 1923)

Pouco se sabe sobre o teor da correspondência de Mário de Andrade em negativa à declaração amorosa. Logo depois, em carta de 27 de outubro de 1923, após pouco mais de mês e meio de vida em Paris, Anita novamente escreve ao poeta discutindo as farpas deixadas pelo assunto mal resolvido.

Repete o pedido de destruição da carta enviada do Rio de Janeiro: "quero que a rasgues por cavalheirismo à minha amizade". Diz ter sido apenas "um curiosíssimo caso psicológico": "Ao partir toda minha grande amizade tomou o aspecto de um grande Amor, mas felizmente não passou disto".

Expressa como o procedimento de Mário de Andrade, em via epistolar, ocasionou a atitude sentimental:

> Quando a tua carta chegou triste de precisar dizer-me que não podias corresponder a tais lirismos[23], ri-me, Mário, ri-me com tanta camaradagem que certamente terias rido comigo ao ver-me. Houve um tempo porém em que isto nos teria magoado. Tens uma maneira muito exagerada de expressar teus sentimentos, por gesto, palavra e a célebre facilidade literária. Eu não soube distinguir o sentimento do coração, da atitude artística. Esta mudança em ti é inconsciente e muito rápida. És em tudo muito inquieto de espírito. Ao sentimento exaltado, belíssimo que davas o nome de amizade, Mário, eu correspondi ao pé da letra, mas ultrapassou limite da amizade e ficou uma coisa terrível, exigente e falsa neste caso. Sei que te libertastes quase ao princípio disto e não sofrestes, mas eu não sou inteligente de coração e custei um pouco mais a compreender. Eis meu erro, meu Querido. (IEB-USP, AMA, SC, Carta, 27 out. 1923)[24]

Há mais dados que auxiliam na compreensão do ocorrido. Por exemplo, uma carta de Manuel Bandeira remetida a Mário de Andrade, com data de 23 de fevereiro de 1924. Nela, Bandeira comentava que Zina Aita escrevera ao poeta justamente procurando saber como este se posicionava sobre a declaração de amor de Anita, porque, até então, como se depreende dessa

---

23 Menção à correspondência do poeta (também rasgada) em negativa à declaração de amor malfattiana, enviada entre setembro ou início de outubro de 1923.

24 A respeito desse acontecimento, tive a oportunidade de conversar com Sylvia Malfatti, sobrinha-neta da pintora, que me relatou, a partir da experiência e das memórias vívidas junto à família, como a relação entre Mário e Anita – portanto, entre um homem e uma mulher – assumiu a forma de um "encontro de almas", no registro do "amor transcendente", por assim dizer. Uma relação de amor e amizade, segundo ela, pois expressaria algo como um porto seguro (um apoio de extrema confiança) no qual os dois artistas podiam se deixar estar. Além disso, cabe notar o reconhecimento de que o gesto assumido por Anita Malfatti nessa iniciativa de declaração e na maneira pela qual levou adiante a relação com Mário de Andrade, é demonstrativo de força, coragem e determinação.

correspondência em específico, ele não tinha ainda se dirigido com uma resposta. Porém, nessa reconstituição da linha do tempo, é possível perceber que ainda em 1923, provavelmente em setembro ou início de outubro, o poeta escreveu, sim, uma carta em resposta para Anita, e esta, por sua vez, ao fim de outubro, retornou outra com comentários. Parece que Mário manteve discrição absoluta sobre a situação, inclusive com Bandeira, enquanto Anita, ao dialogar com Zina Aita, possivelmente quando embarcava no Rio de Janeiro para a França, parece ter feito algum comentário sobre a situação com a amiga, ao que Zina Aita procurou respostas ao longo dos meses finais de 1923 e início de 1924 – meses em que as duas, caso tenham trocado correspondência, não devem ter tocado no assunto desse amor, pois o lapso temporal é grande até fevereiro de 1924 (Moraes, 2001, p. 115).

Outro ponto refere-se a uma afirmação de Marcos Antonio de Moraes, organizador da correspondência completa entre Mário e Bandeira, em nota de fim de página dessa carta de 23 de fevereiro de 1924: Moraes consubstancia que Mário de Andrade deixou clara a "amizade fraterna, distanciadora". Entretanto, ocorreu o mal-entendido. A leitura proposta aqui sugere a existência da dubiedade. E mesmo na carta de Bandeira existe a pista sobre a escrita mariodeandradiana: "Zina acha também que Anita se enganou e tomou talvez por palavras de amor as mesmas de afeto que você manda a outras amigas, como a ela própria Zina" (*ibidem*, pp. 115-6).

Ao fim, nessa carta de 27 de outubro de 1923, feita a *mea culpa* e dada a explicação, Anita passou a relatar as notícias de Paris, do grupo brasileiro que lá estava (Di Cavalcanti, Brecheret, Villa-Lobos, Tarsila, Oswald, Sérgio Milliet, Paulo Prado etc.), das saídas noturnas (cabarés com o grupo, teatro etc.) e do ateliê de que fez uso.

Mário de Andrade, por sua vez, silenciou até a virada do ano, distanciando-se. Somente em janeiro de 1924 encetará contato. Uma situação demonstrativa de que cartas são também uma "máquina de produzir distâncias" (Moraes, 2007, pp. 83-4). No caso de Anita e Mário, a distância é tanto física, por conta dos cinco anos da pintora em Paris, quanto simbólica, pelo convívio epistolar desse período, crivado de cuidados no trato, sempre procurando afastar qualquer indicativo mais sentimental após o episódio da declaração de amor desse ano de 1923. Contudo, a reaproximação ocorre, com certo entusiasmo e compreensão, por ação do poeta, que visa incentivar e influenciar a produção artística da pintora.

Esse "crime de lesa-amizade", portanto, marcará toda a troca epistolar entre os dois. O implícito nessa carta de Anita Malfatti é o que se mostra implicado como finalidade de Mário de Andrade em favor do tipo de investimento epistolar no qual se lançou desde o início, de maneira a concatenar seu protagonismo – e assim será até o fim de sua vida. Uma entrega máxima que exigia o máximo de cada correspondente.

Mas o que foi exigido ao máximo de Anita Malfatti – a entrega subjetiva – nesse início de troca epistolar pode ser interpretado também por meio de uma metáfora, na comparação com a flor de cacto que a própria pintora relata em *post scriptum*, ao terminar aquela primeira carta remetida a Mário de Andrade: "Candinho trouxe-me a primeira flor de cactos completamente aberta, agora está maravilhosa toda branca, quisera mandá-la aqui, está fantástica. Abrem à noite só. Está perfeitamente linda. Boa noite" (*ibidem*, p. 49).

> Tal qual a flor de cacto, que nasce em condições extremas, e é forte e vistosa, adaptando-se à vida em ambientes áridos, a declaração amorosa e ousada de Anita, cuja expressividade está perdida para sempre, já que a carta foi rasgada, sinalizava, para além da abertura sentimental, uma entrega de si impulsiva – como Anita mesmo evoca na carta de 22 de outubro de 1923: "No momento em que a escrevi obedeci ao impulso da hora e o fiz" (IEB-USP, AMA, SC) –, uma entrega realizada em condições extremas (a viagem de cinco anos para estudos) e que trazia a esperança de uma adaptabilidade de convívio amoroso que pudesse ressignificar sua experiência pessoal (*ibidem*).

A abertura de Anita Malfatti a Mário de Andrade encerra um capítulo de desencontro e tensão, um amor romântico não realizado de dois protagonistas do modernismo paulista marcados por "dulcíssimo afeto", o qual só pode ser entendido pela via da entrega descomunal que ambos dedicaram ao fazer artístico.

●

Para Marta Rossetti Batista, o assunto recorrente das mensagens entre Mário de Andrade e Anita Malfatti é a amizade. Não equivaleria a uma "correspondência literária" como o autor de *Macunaíma* (1928) estabeleceu com outros interlocutores de igual ofício, como Manuel Bandeira (1886-1968) e Carlos Drummond de Andrade (1902-1987), mas, sim, de uma "correspondência amiga", entre "almas-irmãs". Ela afirma, textualmente:

> As cartas deixam entrever trechos de diálogos e discussões, encontros e desencontros de uma amizade duradoura – que persistiu mesmo no desentendimento artístico posterior. Datam justamente dos períodos em que um ou outro se afastou do convívio normal em São Paulo. Anita não foi uma "amizade epistolar" de Mário, mas uma companheira importante do escritor, especialmente na "fase heroica" do movimento modernista. (Batista, 1989, p. 14)

Por que Batista não caracterizou essa troca como uma "amizade epistolar"? Porque Anita desempenharia outra função, a de ser a companheira importante, especialmente ao longo da década de 1920. O próprio Mário de Andrade qualificou a relação entre os dois, em carta de 5 de agosto de 1925, quando a pintora se encontrava em Paris a estudos, na qual escreveu:

> [...] me falta a doçura da minha Anita pra me confortar um pouco, me dar coragem ainda mais de que a que eu tenho. Como é bom um amigo verdadeiro junto da gente! Tenho amigos e muitos e bons porém não me satisfazem a fome de carinho em que vivo. Só você, Manuel Bandeira me dariam gosto pleno junto de mim... Porém Deus escreveu que eu havia de viver longe dos meus amigos do coração... Paciência. (*Ibidem*, p. 102)

Adicionalmente, em carta de 24 de julho de 1926, Mário trazia o indicativo de que se tratava de uma "correspondência fraterna", que poderia ser descrita no sentido da dedicação voltada à arte:

> Está claro que a nossa amizade cominciou por pura fraternidade artística. Porém depois veio o resto da intimidade e do conhecimento mais íntimo selar essa fraternidade de tal forma que

> mesmo que você ficasse a pior das pintoras e eu o pior dos poetas deste mundo tenho certeza que a nossa amizade nada sofreria com isso. (*Ibidem*, 1989, p. 119)

Como "companheira importante", Anita Malfatti desempenhou a função de saciar em Mário de Andrade a carência da figura de uma amiga. Mas com a ressalva de que a arte, que os uniu, mantinha-se prevalecente, mesmo que fossem os piores no que faziam – a amizade seria uma consequência. A necessidade de carinho sentida por ele responde e explica por que iniciara a correspondência com a pintora de maneira tão sentimental, a ponto de confundi-la e fazer nascer nela o indício do amor, como visto antes.

Por outro lado, ao igualá-la a Manuel Bandeira, voltava o acento ao que este significou para Mário de Andrade: um companheiro literário-artístico, com o qual se abria com sinceridade na discussão mútua da atividade artística e intelectual, usufruindo da sapiência do autor de *A cinza das horas* (1917).

Resta complementar, à indicação de Batista, que Anita Malfatti era a amiga fraterna pintora. Essa qualidade enseja a percepção de que a arte pictórica (e não literária) está presente, reintroduzindo a caracterização de que se trata de uma "correspondência (fraterna-)artística". Afirma a estudiosa da pintora:

> Aqui está um Mário de Andrade carinhoso, atento à sensibilidade exacerbada da amiga – a quem sempre parece estar devendo algo importante. Admirador da expressionista, o escritor oferece-lhe com constância o braço forte em que se arrimar nas hesitações e no isolamento. Identifica-se com ela neste isolamento consequente do papel assumido, de "abrir caminho", e procura apoiá-la, transformando-se em sua... "consciência crítica". (*Ibidem*, 1989, pp. 13-4)

É pertinente partir dessa citação, e do princípio da "fraternidade artística", para compor um quadro analítico da relação epistolar entre Mário de Andrade e Anita Malfatti. A leitura do conjunto das cartas evidencia um alto grau de envolvimento emotivo e artístico entre o poeta e a pintora, como demonstrado antes, tendo como ápice justamente os anos em que esta permaneceu em Paris subvencionada pelo Pensionato Artístico (1923-1928).

Como linha mestra, nota-se o teor afetuoso das missivas (a constante reafirmação da amizade), que segue lado a lado com a grande preocupação de Mário de Andrade com o aprendizado parisiense da pintora. Em segundo plano, o conteúdo das cartas informa sobre viagens (Anita pela Itália, em 1924 e 1927, e em Mônaco em 1925; pelo lado de Mário, a Campos do Jordão, em 1924; ao Norte, em 1927, acompanhando a mecenas Dona Olívia Guedes Penteado), notas sobre produção e realização criativa dos dois (os inúmeros livros de Mário de Andrade nesses anos[25], o direcionamento pictórico mais clássico de Anita Malfatti), considerações sobre o cotidiano, críticas e conselhos, amenidades e confissões, instabilidades financeiras de ambos os lados e notícias de entes queridos (mormente familiares e integrantes do grupo modernista).

Esse período de cinco anos cobre por volta de 79 missivas do total de 114 que foram trocadas entre os dois, na proporção de duas cartas de Anita para uma de Mário – e essa proporção é importante porque permite entender duas situações. Primeiro, que o início do contato epistolar, que data de 1921, manteve uma proporção quase igual de remessas e recebimentos de carta, mas somente até o segundo semestre de 1923, quando Mário permaneceu relativamente distante de Anita em virtude da declaração amorosa desta, não correspondida por ele. Nesse ano, o poeta começou a espaçar a escrita, indicando, no entanto, o que fazia – o quanto trabalhava, o que produzia e quais compromissos atendia. Desse ano em diante, ainda, tornaram-se frequentes os relatos sobre o próprio estado de saúde, e fazia saber, no início das cartas, o que o deixou acamado e impossibilitado de agir. Por exemplo, em carta de 30 de novembro de 1925, Mário relatou ter ficado doente "mais de mês", "condenado a ficar deitado e imóvel" (*ibidem*, p. 106). A fraca saúde foi uma marca de vida do poeta, frequentemente relatada a seus correspondentes. E, segundo, pela percepção de que o ato da escrita epistolar assumiu preponderância na vida de Mário de Andrade – aliás, como uma estratégia muito acertada de envolvimento dialógico e de construção de um capital social e cultural dinâmico sempre ampliado, em que o poeta investiu boa parte de seus trunfos para consolidar seu protagonismo frente ao grupo modernista.

25 Publicações de Mário de Andrade durante o período em que Anita Malfatti esteve em Paris: *A escrava que não é Isaura* (janeiro de 1925), *Losango Cáqui* (janeiro de 1926, livro de poemas dedicado a Anita Malfatti), *Amar, verbo intransitivo* (janeiro de 1927), *Clã do Jabuti* (novembro de 1927) e *Macunaíma* (julho de 1928), às vésperas do retorno de Anita, em setembro de 1928.

Com o passar dos anos, esse ato de escrita só veio a aumentar quantitativamente, devido ao volume surpreendente de interlocutores. Inclusive, ele se queixou para Anita dessa sobrecarga e do espaçamento das cartas, ao modo de uma desculpa, já que ela cobrava dele constantemente – desde 1924 e com maior intensidade em 1926 – o aumento na frequência de envio das mesmas. Às vezes, passavam-se meses sem o retorno do poeta, como cita Anita Malfatti ao término de sua missiva de 26 de dezembro de 1926: "Adeusinho meu querido Mário, não sei se você está doente, ou se pesa a você esta nossa correspondência pois recebo somente carta sua a cada 2 ou 3 meses" (IEB-USP, AMA, SC).

Mário de Andrade justificava, em 9 de fevereiro de 1927: "Nitoca, você se queixa que as minhas cartas vão rareando... Não queixa não Anita, que fico triste! A culpa palavra que não é minha. É desta vida safada do diabo que não me dá um momento de liberdade, só trabalho trabalho, descanso mesmo não vejo nenhum" (Batista, 1989, p. 129).

E mais outra vez um ano depois, em 27 de fevereiro de 1928:

> Você se queixa das minhas cartas estarem rareando e tem mesmo razão. Também o Manuel Bandeira já se queixou do mesmo. Porém quê que hei-de fazer! Você não imagina como trabuco nesta vida. Também por outro lado só vendo o dilúvio de cartas que recebo e escrevo! O círculo vai aumentando, sou incapaz de trocar amigos velhos por novos é lógico, porém não tenho direito também de não querer novos. Por que, se o coração é de borracha, estica, estica e vai cabendo tudo dentro dele? Minha correspondência está ficando assustadora de tão guaçu[26]. Me entristece um bocado porque nem posso mais conversar direito com ninguém. É só carticas pequititinhas falando recados de dez, vinte linhas, tudo bobagem, besteira e minha alma mesmo? qual! não tem mais tempo não pra se estender todinha no papel e ir bater no peito do companheiro longe... Não vê! agora ela abre uma janelinha de meia página, dá um té-logo afobado e entra de novo lá no dentro guardado e escuro. Sinto bem porque meu jeito mais verdadeiro é andar mostrando em cartas gozadas de intimidade esta alma pândega que me coube na grande distribuição. Mas paciência pois que não pode ser!... (*Ibidem*, pp. 137-8, foi mantida a grafia original)

26 Palavra tupi-guarani que integra muitos vocábulos brasileiros, com o sentido de "grande".

Em carta de 27 de maio de 1928, após comentar sobre a correção que fazia das provas de *Macunaíma*, acrescentava:

> Bom, tou pagodeando pagodeando e não digo nada que valha. Também não tenho nada que dizer mesmo. Só que estou corrigindo as provas do meu livro novo, Macunaíma, que é de fazer corar os gafanhotos. Nunca vi tanta imoralidade, puxa! Se me compreenderem... Mas já estou mesmo acostumado: compreender só mesmo depois que mudo de novo é que a minha penúltima maneira fica compreendida, eta mundo! E ciao. Inda vou responder oito cartas até meia-noite e já são vinte-e-duas. (*Ibidem*, 1989, pp. 139-40)

Considerando as palavras de Mário de Andrade, algo por demais constatável em sua produção realizada, o volume de trabalho aumentara densamente, entre pesquisas, projetos de livros a longo prazo – como o *Compêndio da história da música*, escrito nesse período e só publicado parcialmente em 1942 como *Pequena História da Música*, e o *Dicionário musical brasileiro*, obra iniciada na década de 1920 e só terminada postumamente por Oneyda Alvarenga e Flavia Toni –, textos para jornais, aulas no conservatório etc. E a cifra no envio de cartas só crescera, assim como seu estado doentio[27] se tornara constante. Daí a dificuldade em concatenar seu tempo útil diário, necessitando mesmo escrever cartas no bonde (como confidenciou certa vez ao escrever para a pintora), durante as aulas no conservatório e frequentemente noite adentro.

Nas cartas para Anita ficam claros os motivos pelos quais as respostas não seguiram no ritmo que desejava, posto que o espaçamento não significou desatenção ou falta de interesse. De fato, Mário de Andrade, como sabemos hoje pela leitura da conferência "O movimento modernista", deixou manifesta a "dívida" que tinha para com Anita Malfatti em razão do encantamento e da abertura ao novo quando viu as obras expressionistas na exposição de 1917.

A "dívida", por outro lado, se traduzia ainda no apoio de "braço forte" do poeta para que a pintora pudesse se escorar. E se traduzia ainda, em movi-

---

27 Em 15 de outubro de 1926, Mário de Andrade informava à pintora que tinha sido submetido a uma cirurgia, dizendo "pra todos os efeitos uma apendicite", quando na verdade se tratava de hemorroidas, segundo correspondência enviada a Manuel Bandeira (10 de outubro de 1926) e a Carlos Drummond de Andrade (uma carta sem data específica e outra de 14 de outubro de 1926).

mento contrário, numa cobrança pelo apoio oferecido. Ao dizer que mantinha entusiasmo por Anita no momento em que ela partia para a temporada de estudos na França, e ao afirmar que sua admiração nunca se enfraquecera nem um pouquinho, Mário escreveu em carta de 20 de janeiro de 1926:

> [...] essa dívida que você tem pra comigo eu faço questão de cobrar. Você tem que trabalhar com afinco, com a mesma divina loucura sem cansaço com que eu trabalho pela minha arte, você tem que triunfar custe o que custar, você tem de ter uma confiança sem desfalecimento pra com a sua própria arte, você tem de triunfar porque o triunfo de você será meu também como um irmão fica orgulhoso da glória d'sua irmã. E se você fracassar me dará a maior desilusão da minha vida, você me fará ficar infeliz inteirinho. Nós nos metemos numa empresa árdua e enorme, Anita, porém não é mais tempo pra abandoná-la. Temos que ir até o fim. Eu peço ajoelhado pra você um trabalho incessante, sem desfalecimento nenhum. [...] Se arrime em mim da mesma forma com que eu sigo meu caminho arrimado nos que amo que nem você, Manuel Bandeira e outros. Eu tenho a certeza que você por exemplo seria incapaz de me dar um conselho que me prejudicasse. Pense sempre neste seu amigo certo e que jamais enfraquecerá um momento sequer a amizade que tem por você e que é tão grande que nem o nosso Brasil. (*Ibidem*, 1989, p. 113)

Embora o indicativo de escoramento esteja presente na missiva, prepondera, como visto acima, uma postura de cobrança de Mário de Andrade em relação a Anita Malfatti que é preciso considerar e analisar. Na perspectiva aqui adotada, de ampliar a inteligibilidade do material epistolar inicialmente coligido por Marta Rossetti Batista, o olhar analítico se voltou para a qualificação das circunstâncias de produção da correspondência e os interesses investidos, de maneira a atinar com o conteúdo e os manejos expressivos feitos por cada interlocutor, no intuito de compreender a natureza das relações entre os mesmos. Uma parte desse caminho já foi feita, quando se definiu o tipo de relação pessoal e epistolar mantido entre o poeta e a pintora, que une o fraterno e o artístico. Ou seja, Mário de Andrade parecia querer ser para Anita Malfatti o que ela foi para ele como a iniciadora da arte nova, da arte moderna – aquela que "mostrou o caminho".

E, como tal, a postura do poeta nas cartas ultrapassava a definição dada por Batista, de "consciência crítica", porque ele não almejava "discutir" – o que se poderia esperar como consequência de alguém que se colocava dialogicamente em relação com outrem, como ocorria com Manuel Bandeira –, mas, antes, opinar quase professoralmente. Almejava instruir, indicar também o caminho, assumindo a postura de orientador, disciplinador, catequizador. Termos fortes, mas que estão devidamente embrenhados nas linhas e entrelinhas do texto mariodeandradiano ao longo da correspondência.

Dada a circunstância de produção das cartas em período de distância física expressiva – a viagem de estudos de Anita Malfatti a Paris subvencionada pelo Pensionato Artístico –, Mário de Andrade teve, então, a oportunidade de investir em seu interesse: instruir Anita Malfatti.

A primeira indicação nesse sentido ocorreu justamente no dia em que o poeta perdeu a chance de despedir-se de Anita Malfatti, a 21 de agosto de 1923, tendo que se dirigir a ela por carta:

> Vai, Anita. Olha, trabalha, estuda. Sofre. Nessa nossa divina fúria de arte o único bem, grande bem que nos fecunda é o sofrimento que enaltece, que embebeda, que genializa. Mas sofrer com alegria, com vontade. É o que faço. É o que desejo que faças. Sem dúvida entre privações e cansaços te verás um ou outro dia, nesta nova época de tua vida. Mas entre privações e cansaços já te viste algumas vezes na tua vida que ficou para trás. E entre esses mesmos rochedos nos apertamos todos nós, sinceros artistas ou apenas homens da vida. Isso é lugar comum. O que não é muito lugar comum é saber, como eu sei, e como quero que saibas, que as compensações chegam sempre. Existem sempre. Eu tenho sofrido muito, mas nunca me abandonou a felicidade porque quando a dor chega eu me ponho a pensar na alegria que virá depois. Sê como eu. Todos nós aqui estamos ansiosos de ti, do que farás, do que serás. Pensa em nós e corresponde à nossa riquíssima esperança. (*Ibidem*, 1989, p. 64)

A "divina fúria de arte" era o elemento de ligação entre os dois, daí a riquíssima esperança que o poeta depositava na artista para a ordenação do futuro em aceno pródigo – manter-se como referência de inovação na arte pictórica expressionista após os estudos em Paris. Mas, enquanto

Mário de Andrade permanecia concatenado com a experimentação criativa moderna em arte (produzindo poesia, romance, estudos etc.), Anita Malfatti já procurava, desde ao menos 1920, um caminho diferente para a sua pintura – que fosse cauteloso e não polêmico.

Os modernistas brasileiros que estavam em Paris naquele mesmo ano promoviam contatos com a vanguarda, lançavam-se em descobertas entusiásticas (como a luta de boxe, algo em voga na França) e em experimentalismos que seriam determinantes para a produção artística e a evolução de suas obras: o caso de Oswald de Andrade, travando contato com Blaise Cendrars; o de Tarsila do Amaral, estudando com os pintores Lhote, Gleizes e Léger, perfazendo o seu "serviço militar" no cubismo; o de Brecheret, cujo monumento *Mise au Tombeau* foi exposto no Salão de Outono de 1923; e o de Villa-Lobos, com uma série de concertos previstos para realização em fins de 1923 – para citar os casos mais emblemáticos.

A procura de Anita Malfatti por um caminho mais estável e menos polêmico teve consequências mais amplas. Primeiro, o grupo modernista foi se distanciando dela aos poucos, principalmente Tarsila do Amaral. A tensão competitiva entre as duas (e também tensão em termos de distanciamento técnico, uma cubista e outra clássica) só cresceu até 1927, diminuindo quando do retorno de Anita ao Brasil, em setembro de 1928.

A esse respeito, Anita já apontava para o escritor a mudança, tirando de si o foco da atenção, em carta de 27 de outubro de 1923: "Tarsila vejo-a raramente faz cubismo absoluto, vais gostar" (IEB-USP, AMA, SC, Carta, 27 out. 1923).

Ao fim de 1924, Anita desabafava:

> Negócio de frios com Tarsila. Pois se ela está em Canes [sic], *quente* como o Brasil. Eu sim que estou numas invernais aqui. [...] Acho-a uma mulher feliz. Tem tudo o que deseja e amigos que lhe dedicam todas as vidas deste mundo. Por exemplo Oswald. Maravilhoso! Veio para cá de mudança [...]. Que sorte! [...] Poderia contar-te coisas que me magoaram, por que já passaram e já esqueci, nem contigo posso lembrá-las. Não tem importância. Somos amigas; sinto ela não mostrar nem uma única tela executada no Brasil. (IEB-USP, AMA, SC, Carta, 17 dez. 1924)

A relação tensa entre as duas pintoras requer consideração à parte, já que um dos fios dessa correspondência desvela o conturbado momento de Anita Malfatti, sozinha, e o avanço mais tranquilo e rápido de Tarsila do Amaral, devido ao anseio desta em aprender o cubismo em voga, e devido, em outra parte, ao apoio do enamorado Oswald, com o qual seguiu abrindo caminho entre os vanguardistas franceses. Nesse momento, Tarsila já pintava temáticas dentro do enredo do *Manifesto da poesia pau-brasil*, escrito pelo companheiro em março de 1924.

Mário informava a Anita em 4 de outubro de 1925:

> Tarsila está um bicho. Tem feito coisas colossais, tentando a criação duma arte brasileira mas brasileira de verdade. Certas paisagens das últimas e uns quadros aproveitando tipos e santos nacionais são das melhores pinturas modernas que conheço. Junto a um dinamismo e sobretudo uma firmeza de linha e um equilíbrio perfeitos, um gosto forte de coisa bem brasileira com cheiro de manacá e abacaxi, melando a alma da gente. Acho que ela achou com felicidade rara o caminho que devia seguir. [...] Diante disso inda mais me desperta a vontade de conhecer os quadros de você, sei que você também se meteu num problema intrincado, resolver definitivamente a sua orientação pessoal. Tenho confiança em você pra saber desde já que você há-de chegar a uma solução satisfatória. (Batista, 1989, p. 104)

É de se imaginar que Anita não tenha ficado feliz ao saber que Tarsila brilhava aos olhos do poeta, sendo que ela mesma não estava em plena posse de um direcionamento efetivo em sua pintura, ainda tateando por meio de exercícios de nus, naturezas-mortas e retratos. A "felicidade rara" quanto ao "caminho que devia seguir", para Anita, demoraria a acontecer, e não seria totalmente apreciado por Mário de Andrade.

Somente em junho de 1926, durante a exposição individual de Tarsila na Galeria Percier (que, conforme o catálogo, durou do dia 7 ao dia 23), em Paris, Anita travou contato com as novas obras da pintora e pôde dizer ao poeta sua reação:

> Tarsila abriu exposição com muito sucesso e cumprimentos. Gostei muito de certas coisas perfeitamente seguras no gênero dela mesma.

> Não gosto de outras coisas. Acho-as pouco sinceras uma ingênua "volelu" a *Negra* acho ruim aliás penso que a dona rompeu relações comigo há tempos parte por causa desta tela. Não gosto da *Cuca*. Gosto muito do *Morro da favela*. Di já fez aquilo mesmo em essência há anos mas o de T. [Tarsila] é infinitamente melhor. As molduras adoráveis obras-primas para a pintura dela. Adorei os anjinhos mulatinhos e não gostei do autorretrato, fraco. Não gosto das coisas à la Léger e outros lembram no desenho Rousseau. Outros que não me lembro do nome muito bons mesmo um enorme progresso. Ela curiosa e sempre bonita. O catálogo lindo você recebeu com certeza senão mando a você o meu. [...] O. [Oswald] tem sido muito gentil para comigo e fala muito bem de você Mário. Tarsila me agrada mas não conversa muito, nem eu. (IEB-USP, AMA, SC, Carta, 8 e 10 jun. 1926)

A resposta de Mário, em 24 de julho de 1926, foi cordial:

> Não pense que não gostei da opinião de você sobre Tarsila. Está visto que não tenho propriamente a mesma opinião porém isso não impede que ache a de você perfeitamente plausível e sobretudo dada com muita isenção de ânimo e sinceridade. [...] Eu, você me conhece suficientemente pra saber que não tenho esse jeito de reservas diplomáticas que você está tendo com Tarsila e ela com você. Vou falando logo o que sinto e se a pessoa não gostar que coma menos. [...] Apenas lastimo profundamente que vocês não tenham chegado a se compreender em amizade depois que divergiram de orientação estética. (Batista, 1989, p. 120)

O contato entre as duas pintoras ficou ferido até o retorno de Anita ao Brasil, em setembro de 1928. No ano seguinte, Anita acompanhava a caravana paulista que seguiu para o Rio de Janeiro por ocasião da primeira individual de Tarsila no Brasil, ocorrida no Palace Hotel, de 20 de julho a 5 de agosto. A expressionista escreve para Mário contando os acontecimentos da abertura (problemas na montagem da exposição, briga envolvendo Oswald etc.). No entanto, ela não se refere com detalhes específicos a como foi o início da exposição (ou seja, não comenta uma linha criticamente sobre a exposição) nem cita o nome de Tarsila do Amaral durante toda a carta, sintomático de como a relação entre as duas ainda estava estragada. E Mário de Andrade não acompanhou a comitiva paulista ao Rio de Janeiro, muito provavelmente devido ao rompimento com Oswald, ocorrido um pouco antes nesse mesmo ano de 1929, como se verá no próximo capítulo.

Assim, retomando o fio analítico anterior, no início de 1925 Anita Malfatti encontrava-se já isolada (à exceção de Brecheret, com quem manteve maior relação) e fez saber a Mário: "Com certeza não ignoras que me evitam. Senti muito mais [sic] me acostumei só e sem amigos aqui" (IEB-USP, AMA, SC, Carta, 2 fev. 1925).

O comentário geral entre os parceiros modernistas que lá estavam era de que a autora do *Homem amarelo* havia chegado a Paris "um pouco desapontada e desiludida". O descompasso entre o anseio mariodeandradiano e o novo direcionamento malfattiano ainda não tinha vindo à tona. E para entornar o caldo, em carta de 3 de janeiro de 1924, ele cobrava notícias e colocava suas expectativas abertamente para Anita, estreitando uma relação entre as pintoras que já não era de todo verificável:

> Manda-me dizer como e quanto trabalhas. Que fazes, que fazes, QUE FAZES???????? Eu me sinto glorioso. Sei que trabalhas, pelo Oswald. Disse-me ele que fizeste já umas coisas muito boas. Que teu último trabalho já recorda o bom tempo do *Homem amarelo*, do *Japonês*... Bravíssimo! Lembras-te? Tu mesmo me confessaste que depois desse período nada fizeras que te satisfizesse totalmente... Foi uma das últimas frases tuas, quando conversamos pela última vez, na tua casa. Creio que agora estarás de novo contente. Eu estou satisfeitíssimo. [...] Quem me surpreendeu inteiramente foi Tarsila. Que progresso, para tão pouco tempo! Puxa! Estou entusiasmado. Ainda não vi os quadros dela, que estão presos na Alfândega. Mas vi estudos e magníficos desenhos. E penetrei-lhe sobretudo a inteligência. Aquela Tarsila curiosa de coisas novas, mas indecisa, insapiente que eu conhecera, desapareceu. Encontrei uma instrução desenvolvida, arregimentada e rica. Vê-se que muito ouviu, muito leu e muito pensou. Tu e ela são a esperança da pintura brasileira. Tu no teu expressionismo, ela no seu cubismo. (Batista, 1989, p. 66)

Dois aspectos chamam a atenção no trecho. O primeiro é a relação de quadros que o poeta enumera para referenciar as pinturas recentes: os que ele aprecia e adquiriu. Ou seja, está aí a predileção do poeta pelo expressionismo malfattiano. O segundo aspecto se refere ao mantra repetido por ele. Para Anita, ele pediu que olhasse, trabalhasse e estudasse; pelo lado de Tarsila, ele nota que o período de estudos em Paris junto aos cubistas foi frutífero, tendo ela ouvido, lido e pensado. Verbos que indicam sensoriedade e trabalho, percepção e elaboração. Há um forte aceno intelectualista nesse modo de operação, que desfaz a ideia, mais presente no imaginário de senso comum, de que a criação artística constitui um ato de pura inspiração, um ato natural e completamente lúdico no momento mesmo de sua materialização.

Para Anita Malfatti, o caminho a ser seguido em Paris no início de 1924 surgia ainda nebuloso. Ela informava, a 10 de janeiro, que estava terminando um retrato (no caso, de Maria Di Cavalcanti) e sinalizava para Mário: "Está quase como a *Estudante russa* (contente?)". Listava os estudos: alguns nus; um quadro temático ("namoro interno caipira brasileiro") de "composição simples mas engraçada, assim à moda de Matisse sem porém aproximar-me dele"; treino de memória pictórica por meio de composições pré-rafaelitas italianas ("acerto alguns, falho outras. Interessa-me imenso esse estudo"). Anita terminava com a constatação: "estava mal quando saí daí" (IEB-USP, AMA, SC, Carta, 10 jan. 1924).

A sequência de cartas enviadas pela pintora vai dando aos poucos o novo contexto de sua arte. Ao final de janeiro, Anita replicava em tom de desabafo: "Vi que nossa Tarsila encheu-te de entusiasmos. Em S. Paulo o cubismo está finalmente lançado! Bem bom pra mim só assim deixam-me em paz" (IEB-USP, AMA, SC, Carta, 29 jan. 1924).

Quase um mês depois, anunciava:

> Agora coragem, apronte-se vou dar-te uma notícia "bouleversante". Estou clássica! Como futurista morri e já fui enterrada. Não falo a rir a não. Pura verdade, podes rezar o Ite in pax na minha fase futurista ou antes moderna pois nunca pertenci a uma escola definida. Não estou triste nem alegre. É isto. Trabalho e trabalho e saiu assim. Não posso forçar-me para agradar a ninguém. Nisto sou, fico e serei sempre livre. Aliás, todos, ou quase todos os grandes artistas daqui estão

enfrentando esse problema. Matisse, Derain, Picasso. Todos passam atualmente esta reação. [...] Voltamos à mãe Natureza. (*Ibidem*, p. 92)

Anita Malfatti procurava uma arte moderna sem excessos, mais equilibrada e clássica. Havia exemplos importantes na pintura francesa do pós-guerra, marcados por um movimento de "retorno à ordem" que envolvia os principais integrantes das vanguardas, como Picasso e muitos ex-cubistas. Mário de Andrade entendeu essa ligação clássica como uma aproximação da pintora com os *fauves*[28]. Aconselhava que "entre os *fauves* é preciso ser completamente inédita, absolutamente pessoal, não lembrar ninguém, nenhum outro, nem Matisse, nem Chagall, nem ninguém [...] O *fauvisme* é baseado no individualismo absoluto" (Batista, 1989, p. 75).

Comparava Anita, em forma de parentesco pictórico, a pintores franceses importantes (Lhote, La Fresnaye, Segonzac, Luc-Albert Moreau e André Derain). Porém, após toda a "discurseira", dava um passo atrás:

> Longe de mim dizer que te pareces com qualquer um destes, não. Quero dizer apenas que há um certo parentesco de intenções e ideais entre tu e esses pintores. Mas parece que estou a te dar conselhos? Não é isso, minha querida Anita. Farás o que quiseres. O que me interessa é o resultado e jamais dei conselhos que não me fossem pedidos. Estou simplesmente pensando sobre ti, que és de todos os pintores vivos brasileiros aquele que mais me entusiasma. (*Ibidem*, p. 75)

O *mea culpa* mariodeandradiano pode ser entendido como o cuidado necessário para evitar que a situação adquirisse um peso constrangedor para a pintora, ao receber tal carga sugestiva sobre o caminho a ser seguido em seu trabalho, sugestivo de renovar a esperança de uma criação pictórica inédita, inovadora, a impactar a realidade brasileira quando de seu retorno de Paris. Grandes expectativas, grandes direcionamentos – ao modo de uma catequese.

---

28 Como explica Ernest Hans Gombrich: "Em 1905, um grupo de jovens pintores que se tornaria conhecido como *Les Fauves* (ou seja, 'os animais selvagens' ou 'os selvagens'), expôs em Paris. Ficaram devendo esse epíteto ao ostensivo desprezo pelas formas da natureza e seu deleite no emprego de cores violentas. Na realidade, pouca selvageria havia em suas obras. O mais famoso do grupo, Henri Matisse (1869-1954), era dois anos mais velho que Beardsley e possuía um talento análogo para a simplificação decorativa. Estudara os esquemas de cores de tapetes orientais e dos cenários norte-africanos, desenvolvendo um estilo que exerceu grande influência sobre o design moderno" (Gombrich, 2012, pp. 571-3).

A análise feita por Marcos Antonio de Moraes sobre os conselhos do poeta, seguindo a ideia de "consciência crítica" de Marta Rossetti Batista, é ligeiramente distinta da que se sustenta aqui, no que se refere à catequese. Mas é possível verificar que a catequese assume valor notável como indicativo de um modo de procedimento perante Anita:

> Ao depositar "esperança" nela, Mário age habilmente como "consciência crítica", aplaudindo, sugerindo caminhos, cuidando para contornar qualquer indício de ensino – que efetivamente existe e é preciso exorcisar [...]. O processo é difícil, Anita quer seguir sozinha, ressente-se desconfiada desse amigo que agora parecia ocupar o posto de irmão mais velho, com ares de mentor. (Moraes, 2007, p. 83)

Esse procedimento de informar categoricamente o que seria melhor para ela, como um irmão mais velho que aconselha, como um mentor, é uma forma de catequese.

Na sequência das missivas, Anita relata sua predileção por Matisse, Segonzac e Picasso. O escritor, em 2 de junho de 1924, responde atalhando sobre a questão da virada clássica de Anita: "Quanto ao teu classicismo, tenho plena confiança nele. Tu mesmo na tua carta confessas a tua admiração não diminuída por Matisse. E outra por Picasso. Mistura bem isso que o *cocktail* sai delicioso" (Batista, 1989, p. 77).

Mas, aos poucos, o *cocktail* saiu outro. Ao longo do segundo semestre de 1924, Anita viajou para a Itália, encontrou com parentes pelo lado materno (após décadas sem contato presencial) e aproveitou o período de três meses (de julho a setembro) para visitar museus e estudar. Até o fim do ano, Mário de Andrade pouco saberia sobre a produção de Anita; continuaria a cobrar notícias e a solicitar o envio de fotos dos quadros realizados. Recebeu, ao fim, em 22 de outubro de 1924, um desenho, *Lavadeiras*, com o qual se entusiasmou:

> Queres a minha opinião sobre ele, orgulhosinha? Pois fica sabendo que me entusiasmei. Acho-o estupendo e, como desenho, é francamente a melhor coisa que tenho de ti. Aquelas duas lavadeiras estão admiravelmente bem lançadas. A calma possante e renascente daqueles volumes, braços, pernas, bundas, costas, pescoços é uma

coisa forte que enche a gente. Gostei com toda a franqueza que bem me conheces, já. [...] Continua assim a trabalhar, estudar, criar e fazer coisas grandes. Sabes que, além da nossa amizade que não morre e que perduraria mesmo que um de nós decaísse, eu conservo inalterável confiança em ti. (*Ibidem*, p. 88)

Se o autor de *Losango cáqui* ficou entusiasmado com o desenho *Lavadeiras*, o mesmo não ocorreu ao tomar conhecimento da primeira versão da tela *Ressurreição de Lázaro*, no início de 1926, que Anita pintara como entrega necessária às exigências do Pensionato Artístico (ou seja, uma composição com inspiração religiosa e clássica):

[E]u estava para acusar recebimento daquele quadro religioso de você mas não tinha coragem porque não tinha gostado. Preocupação de construtivismo meio forçada, até muito forçada, mania de francês que pensa que para construir basta pôr uma coisa dum lado outra do outro etc. mania, de que o temperamento de você está tão longe, não gostei não [...]. (*Ibidem*, 1989, p. 117)

Assim, sozinha em Paris e enfrentando o caminho que escolheu, Anita desabafava, percebendo o descompasso entre as expectativas dos companheiros modernistas e, por tabela, de Mário de Andrade, mesmo na afirmação da inalterável confiança que depositava nela: "Disse-te que não me importava do que pensavas do meu trabalho. Mentira muito grande esta. Me importo e muito caro amigo, mas como sabes sou muito ruim às vezes" (IEB-USP, AMA, SC, Carta, 2 fev. 1925).

Com base nessa resposta, é possível entender por que a tela *Ressurreição de Lázaro* foi refeita ao longo de 1927. Mas Anita manteve-se na mesma linha: fez saber que já estava alimentando uma composição clássica, como afirmava ao poeta escrevendo de Mônaco sobre o caminho que tinha encontrado:

A fortuna virou para mim. Veja quanta coisa boa. Na minha pintura cheguei a uma grande étape. Fiz uma descoberta enorme "para mim". Sei que agora poderei sempre conseguir a unificação harmoniosa dos meus tons e a relação entre eles de modos que pareçam todos partes componentes de um só corpo. Descobri a "cor local" e aplicá-la simultaneamente conforme o problema a resolver. O mesmo sistema no ritmo do desenho. [...] Dias depois chega-me às mãos um livro de Cézanne no qual o mestre diz ter sido mais ou menos isto o segredo de Manet [...]. Trabalharei agora com método e compreensão e sei que isto marca o começo de uma época. (IEB-USP, AMA, SC, Carta, 3 e 8 abr. 1925)

Um recomeço, embora o estilo expressionista, tão caro a Mário, tenha permanecido como aspecto intrínseco às composições na aplicação da cor. Essa é uma característica da pintura de Anita Malfatti cuja inteligibilidade surge da leitura das correspondências e da visualização dos quadros: uma dualidade transitando entre modos compositivos clássicos e modernos, um caminho de estudo que mostra a busca por uma ordenação pictórica ainda não estabelecida, e, por isso, algo cambiante.

A pintora regozijava-se, no entanto, com a técnica adquirida e com o método encontrado, a ponto de dizer, no momento mesmo em que recebia confirmação da vinda de sua mãe a Paris, que vivia um momento muito feliz: "terei um renascimento feliz" (carta de 3 e 8 de abril de 1925), "não sou mais a filha pródiga!" (carta de final de maio ou início de junho de 1925).

O recado era passado a Mário, informando o modo de pintar e a quem obedecia:

> Não se preocupe e não tenha medo por mim. O meu medo já passou com a minha dúvida. [...] Posso mandar-te dizer que meu trabalho vai bem, benzinho mesmo e sua amiga também vai tão bem que só deseja a você o mesmo Bem. Gosto de pintar anjos misturando sempre, i.e., num esforço de espiritualizar um pouco a concepção material da composição. São todos porém estilizados. [...] Faço agora portraits bem bonitos que você tenho a certeza de que gostaria. Faço tudo mais leve, na minha pintura de agora, há uma ausência completa do elemento dramático. Acabei com o sofrimento e a dor. É mais calma, alegre, contente, um pouco engraçada sem ser cômica nem trágica. (IEB-USP, AMA, SC, Carta, 4 nov. 1925)

Então você pensa que não aceito o que você me diz? Decerto, mas preciso ser muito sincera para com meu próprio entendimento

> neste negócio de arte e quando pinto não sou sua amiga, não sou
> Annita, nem Babynha [apelido íntimo no seio familiar] sou alguém que
> cumpre com grande prazer a tarefa que lhe dá o direito da vida. Não
> é para mim que trabalho é para o Nosso Mestre. (IEB-USP, AMA, SC,
> Carta, 8 mar. 1926)

A constatação da dualidade compositiva na arte da companheira pode não ter agradado a Mário de Andrade. Contudo, no início de 1926, o poeta vem a saber dos avanços da "amiga sensitiva" quando do artigo do francês André Warnod sobre o 37º Salão dos Independentes, na revista *Comœdia*, de 28 de março, na qual havia entrevista com Anita Malfatti e a reprodução da tela *Dama de azul*, exposta com o título *Portrait*.

O entusiasmo de Mário de Andrade foi enorme, com registro significativo em carta de 25 de abril de 1926, que enquadrava novamente Anita como expressionista e a aproximava a Modigliani, introduzindo, portanto, mais uma referência em forma de instrução ou orientação:

> Ah! Anita, enfim encontro de novo a minha Anita estupenda! Dei
> pulos pulões pulinhos de entusiasmo. Gostei mesmo e gostei muito e
> sobretudo gostei porque encontrei de novo a minha Anita a Anita do
> *Japonês*, da *Estudante russa*, do *Auto-retrato* e do *Homem amarelo*,
> aquela Anita forte e expressiva, com uma bruta propensão pro desenho
> expressionista. Esta sim, esta é a querida minha Anita amada por
> quem bato armas faz tanto e com tanta confiança e gosto! Estou besta
> de alegria. [...] Achei forte, achei fortíssimo e embora sem a mínima
> influência de ninguém me deu um pouco a impressão que sinto diante
> dos estranhos e tão persuasivos retratos de... [...] Modigliani. O de você
> não tem nada de parecido com os dele porém a impressão de força e
> de estranheza e de vida fora do comum é a mesma. Daria não sei o que
> pra ver esse retrato, palavra. (Batista, 1989, pp. 116-7)

Ao longo de 1927, Anita continuou os exercícios composicionais: nus, desenhos de paisagens e retratos. Mais ao fim desse mesmo ano, contava a Mário de Andrade a composição de duas telas para o Salão dos Independentes, *Villa d'Este* e *La femme du Pará*, esta última, dizia, tendo despertado bastante interesse localmente. Avisava Mário de Andrade sobre o tema da tela – "foi uma mulher que vi num balcão no Pará! Reproduzi-a conforme minha memória ajudava". Ainda, pela técnica e o emprego de cores, diferente do que vinha fazendo, a pintora considerava que agradaria ao poeta, mas alertava que a composição mantinha "a mesma fatura dos meus últimos dois anos". E arrematava: "Também não quero mais mudar, só desenvolver sempre essa mesma linha" (IEB-USP, AMA, SC, Carta, 14 nov. 1927).

O período de estudos pelo Pensionato Artístico estava próximo do término e o resultado expressivo desses anos vinha explicado por ela com a ressalva de que continuava a trabalhar livremente, "sem seguir escola fixa, nem professor algum" (carta de 17 e 18 de novembro de 1927), em clara indicação de que as aproximações que Mário de Andrade fizera sobre sua pintura, comparando-a aqui e ali com autores e técnicas em voga, não eram de seu interesse compositivo.

O fato é que o poeta sugerira à pintora que fosse "ela mesma", que procurasse significado e sentido numa criação pictórica expressiva de sua experiência, ao modo do que foi feito nas telas da época de estudos norte-americanos. Para Anita, no entanto, a questão era entendida nos termos da originalidade. "Não me preocupo como nunca me preocupei com a originalidade", afirmava na mesma carta de novembro de 1927. Para ela, o importante residia, ainda, na aplicação da cor:

> Procuro dentro da composição simples, direta e equilibrada o máximo de sutileza na qualidade da cor. Tento conservar o desenho e os valores sempre justos e severos. Explicaria melhor dizendo que toda a poesia do meu trabalho está na cor. É na cor que sempre procuro dizer o que me comove. Na minha composição a forma e os valores sujeitos às leis imutáveis da ciência da pintura. Meus quadros não são coisas do acaso. Resolvo todos os meus problemas com antecedência depois executo rápido. (IEB-USP, AMA, SC, Carta, 17 e 18 nov. 1927)

Anita Malfatti retornou a São Paulo em 27 de setembro de 1928. Em razão da burocracia, as telas da pintora, despachadas antecipadamente, ficaram seis meses detidas na alfândega de Santos, o que impediu Mário de Andrade de travar conhecimento com as obras antes de sua viagem ao Nordeste, que durou de novembro daquele ano até fevereiro de 1929.

Tendo resolvido o problema de liberação um pouco depois, a pintora iniciou os preparativos para uma exposição individual de maneira a apresentar os trabalhos realizados nos últimos anos de estudo, o que foi feito de 1º de fevereiro a 9 de março de 1929. A exposição contou com 56 óleos, 15 aquarelas ("vistas" de locais que visitou), 3 cópias de obras famosas (exigência do Pensionato) e uma coleção de desenhos.

Esse número expressivo de obras cobria a experimentação variada da pintora desde 1923. Deixava perceber as dúvidas no direcionamento composicional, mesclando as boas telas realizadas ("trabalhos de fôlego" ao lado de "trabalhos de técnica mais fácil", nas palavras da própria pintora) a outras, de fases anteriores.

O resultado não agradou a crítica devido à "diversidade-dispersão" temática e formal, sem trazer uma linha que fosse mais homogênea. Mário de Andrade conseguiu ver a individual em seus últimos dias e também foi criteriosamente sincero em suas observações em artigo publicado no *Diário Nacional*, a 5 de março de 1929, achando o progresso "curioso", porque não se podia dizer que ela havia melhorado, já que saíra do Brasil sob a insígnia de uma grande pintora. Para ele, Anita "ganhou em amplitude, em variedade, o que não podia ganhar mais em grandeza pessoal. Talvez mesmo se possa dizer que perdeu alguma coisa... [...] Anita Malfatti pra adquirir a variedade estética até desnorteante que apresenta na exposição de agora, careceu de sacrificar a grande força expressiva que tinha dantes" (Batista, 2006, pp. 367-8).

A "força expressiva" era o que o poeta considerava como o "temperamento dramático intensíssimo" da pintura de Anita, o acento intrinsecamente expressionista, o que ela mesma dissera querer perder. No artigo, afirmava que essa vasta experimentação, que "irregularizava" a exposição, continha "algumas realizações magníficas e permanentes", um julgamento que remetia justamente àquelas que se filiavam ao estrato das pinturas que adquirira da pintora.

Ao perseguir uma arte menos traumatizante e mais clássica, Anita Malfatti deixou órfãos pelo caminho. Mário de Andrade, uma década mais tarde, em carta de 1º de abril de 1939, ainda estaria lembrando à pintora que "arte, que não é só beleza, por mais pensada, é feita com carne, sangue, espírito e tumulto de amor" (Batista, 1989, p. 146).

CAPÍTULO 4

EM TORNO DE OSWALD DE ANDRADE E TARSILA DO AMARAL, COM O ENVOLVIMENTO DE MENOTTI DEL PICCHIA: ARRASADO DE EXPERIÊNCIA

Fora a interpretação! Lei da Metafísica Experimental: Realizar o infinito.
OSWALD DE ANDRADE

Se vocês estão querendo saber qual dos dois acho mais importante, direi o seguinte: depende do momento e do ponto de vista. Para quem estiver preocupado com os precursores de um discurso em rompimento com a mimese tradicional, seria Oswald. Para quem está interessado num discurso vinculado a uma visão do mundo no Brasil, seria Mário. Quem construiu mais? Mário. Qual personalidade mais fascinante? Oswald. Qual individualidade intelectual mais poderosa? Mário. Qual o mais agradável como pessoa? Oswald. Qual o mais scholar? Mário. Qual o mais coerente? Mário. Quem explorou mais terrenos? Mário. Quem pensou em profundidade a realidade brasileira? Mário. Oswald era um homem de intuições geniais, mas com escalas de valor muito desiguais. Em resumo, foram dois grandes homens, sendo irrelevante optar entre eles.
ANTONIO CANDIDO

JOSÉ OSWALD DE SOUZA ANDRADE (1890-1954) era filho único de José Oswald Nogueira de Andrade ("Seu" Andrade) e Inês Henriqueta de Souza Andrade. Teve um irmão, o "Inglesinho", que faleceu com 2 anos de idade. O pai, originário de uma família de fazendeiros arruinados de Baependi, viu-se obrigado a tentar a sorte em São Paulo. Ao conseguir se estabelecer como corretor, lançou-se em iniciativas de especulação imobiliária por meio da venda de loteamentos e da urbanização de bairros elegantes que se tornariam o berço da burguesia nascente paulista, angariando, dessa maneira, imensa fortuna. A mãe provinha de família tradicional, filha do desembargador Marcos Antônio Rodrigues de Souza (o qual era proprietário de muitas terras em São Paulo), de modo que, ocorrendo o falecimento do pai, obteve participação na herança, composta também pela venda de gado.

Oswald de Andrade, em sua autobiografia, *Um homem sem profissão*, relata o episódio do casamento paterno. O trecho é significativo porque mostra o tratamento biográfico oswaldiano em tom eufemizado e poetizado, além de introduzir os pais como personagens de um enredo "criativo", embora rememorativo:

> Meu pai aproximava-se dos quarenta anos quando, conseguindo um sócio chamado Sá, abriu um pequeno escritório de corretagem. Apelidaram-no de Sá e Andrade, e, com esse nome, ele foi encontrado por meu avô, o desembargador que, sendo viúvo, se casara rico em Santos e precisava de um homem de negócios. Meu pai foi, assim,

corretor do desembargador Marcos Antônio Rodrigues de Souza e cedo a ele se impôs. Sentindo-se doente e velho, meu avô, já com bastante intimidade com o seu corretor, chamou-o certa noite à razão. Por que não se casava? Meu pai teria respondido que era o chefe de uma família numerosa e pobre. Mas o velho foi se abrindo. Tinha formado todos os filhos. Tendo casado uma filha e vendo que outra adoecera e morrera, preocupa-se com o destino da última, Inês. Quase pedido em casamento, Seu Andrade apareceu à minha mãe pela primeira vez, através de um buraco de fechadura. E pareceu-lhe elegante, se bem que não tivesse feito a barba. E foi assim que, da apresentação à intimidade, ele se tornou o esposo de D. Inês. (Andrade, 2002, p. 44)

José Oswald, pai, beneficiou-se desse casamento, surgindo daí a oportunidade – ao trabalhar para o sogro, inicialmente, e ao poder administrar a herança da esposa – para que obtivesse maior sucesso como loteador de terrenos. E José Oswald, filho, nasceu assim em uma família abastada de acentuado grau fidalgo e oligárquico, cuja renda estava garantida, proveniente dos lucros imobiliários e de investimentos financeiros. Como filho único, vivia coberto por toda a atenção familiar.

Os estudos iniciais foram feitos com professores particulares. Depois, aos 10 anos de idade, ingressou na Escola Modelo Caetano de Campos, concluindo, por fim, o ciclo escolar no Colégio São Bento entre 1902 e 1905, onde se tornou amigo do futuro poeta Guilherme de Almeida. Recebeu educação católica, reforçada pelo ímpeto religioso da mãe, tornando-se um homem de fé – mas nunca um praticante. Detinha um catolicismo convencional, embora fosse muito supersticioso. A presença materna iniciou-o na religião e, antes da primeira viagem à Europa, "a obediência aos ritos e preceitos católicos era coisa natural" ao jovem Oswald. Quando adulto, "doou grande parte de seus terrenos aos padres passionistas". Na década de 1930, chegou a cortar "os laços com a igreja familiar e repressora, mas jamais perdeu a fé" (Boaventura, 1995, pp. 39-40).

Em 1909, ingressou na Faculdade de Direito do Largo São Francisco; porém, só obteve o título de bacharel em 1919, após longo período de interrupção dos estudos. Sua formação foi assistemática, por meio da leitura de obras filosóficas e literárias (principalmente francesas) então em voga, e também por meio da discussão acalorada com o círculo de amigos estudantes, permitindo-lhe descobrir novos autores e refletir sobre a realidade cultural brasileira.

A iniciação de Oswald de Andrade como jornalista ocorreu em 1909, então com 19 anos de idade, debutando no *Diário Popular*, onde redigia a coluna "Teatros e salões". Escreveu ainda para vários jornais e revistas na década de 1910: *Correio da Manhã*, *A Cigarra*, *O Jornal*, *A Vida Moderna*, *Jornal do Commercio*, *A Gazeta* etc., assumindo, inclusive, em alguns deles, a direção da redação.

Essas incursões jornalísticas contribuíram para o extravasamento das ideias e do ímpeto contestador e irreverente de Oswald de Andrade, em que o caráter explosivo era canalizado em sátiras, ironias e piadas, confluindo para uma escrita sem peias. Em 1911, jornalista já conhecido, cria, junto com amigos, o semanário *O Pirralho*, dotando-o de um texto inovador e brincalhão; arrendará o periódico pouco depois, no intuito de realizar viagem internacional.

Assim, com o objetivo primevo de completar a formação intelectual, Oswald de Andrade viajou em fevereiro de 1912 para a Europa. Visitou Itália, Alemanha, Bélgica, Inglaterra, Espanha e França, demorando-se mais em Londres e Paris. Ele não fez a viagem sozinho; como contava com o patrocínio familiar, acabou alugando apartamentos em cada cidade que ficava ao longo da viagem, de maneira a hospedar o primo Gilberto Nogueira, o amigo Renato Lopes e o pintor Oswaldo Pinheiro, que viajaram à custa dos Andrade e praticamente sem gastar nada (*ibidem*, p. 32).

A viagem tinha, adicionalmente, uma dupla função preparatória: libertá-lo do protecionismo familiar, tornando-o mais autônomo (nos termos da emancipação do jugo paternal, mas também nos termos de uma emancipação afetivo-sexual), e introduzi-lo na experiência cosmopolita para que assumisse futuramente os negócios familiares, cujas tratativas envolviam empresas e bancos internacionais.

Para Antonio Candido, que fixou o significado do Oswald de Andrade viajante, esse primeiro percurso internacional – dos inúmeros que faria ao longo dos anos – permitiu engendrar o *habitus* irrequieto, curioso, criativo:

> Para sua personalidade, sabemos que foi decisiva a experiência da Europa, antes e depois da guerra de 1914. Na sua obra, talvez as partes mais vivas e resistentes sejam as que se ordenam conforme a

fascinação do movimento e a experiência dos lugares. [...] Viajar para ele era não apenas buscar coisas novas, mas purgar as lacunas da sua terra. (Candido, 2008, pp. 97-8)

Dessa forma, para Candido, "a viagem era também um meio de conhecer e sentir o Brasil, sempre presente, transfigurado pela distância" nas obras do autor. A viagem, símbolo da libertação (como figurado em *Serafim Ponte Grande*), se tornou um complemento para a experiência do espírito e um reforço para o sentimento nacional.

Ao retornar, em setembro de 1912, já casado com a francesa Henriette Denise Boufflers (a primeira de inúmeros relacionamentos), apelidada Kamiá e com quem teve um filho, Nonê, veio a saber do falecimento da mãe, ocorrido uma semana antes. Apegadíssima ao filho único, Dona Inês o cercava de carinho, "procurando transformar em realidade seus caprichos", por conseguinte incentivando as incursões literárias do filho em proteção à rigidez paterna, contrária a uma carreira e a "projetos ligados à vida literária". "Oswald não se parecia em nada com o pai quer no temperamento, quer no aspecto físico. Diferiam nos hábitos, nas preferências e na escolha profissional." Por parte das inúmeras afinidades, Oswald herdou da mãe o gosto pela leitura (e pelo mundo fantástico da imaginação), pelas festas e pelas aventuras (Boaventura, 1995, pp. 22-4).

De volta à vida paulistana, o sucesso como jornalista abriu-lhe as portas das reuniões culturais da Villa Kyrial, de propriedade do senador Freitas Valle. Por meio desses encontros, conheceu, em 1913, o pintor Lasar Segall, que expunha pela primeira vez no Brasil obras expressionistas. Influenciado por tudo o que conhecera na Europa em visitas a museus e em razão das novas incursões culturais, escreve em *O Pirralho*, a 2 de janeiro de 1915, um artigo que se tornaria "antológico", "Pintura nacional", no qual apresenta sugestões de novas metas e caminhos para as artes plásticas no Brasil. Já nesse texto encontrava-se um projeto, um ideário precursor de muitas propostas modernistas, de liberação e autonomia artística, aspectos que seriam levados a cabo na década seguinte pelo grupo modernista.

De 1915, já separado de Kamiá, até 1917, Oswald de Andrade passou a viver uma vida boêmia e agitada. Muito rico e esbanjador (e nisso recriminado pelo pai, um sujeito conservador, de atitudes financeiras comedidas e que não via no filho o devido tino para os negócios), usufruiu do bom e do melhor que a cidade podia oferecer: bares, restaurantes, cabarés, cassinos, cinemas, teatros etc. Vivia de literatura e filosofia:

> Ao lado do poeta Guilherme de Almeida e do jornalista Pedro Rodrigues de Almeida (todos nascidos no mesmo ano) formava um trio quase indissolúvel, a perambular sem pressa pelos variados recantos da cidade, recitando os franceses e discutindo filosofia. [...] Com os amigos trocava textos e atualizava-se sobre as novidades literárias e filosóficas. (Ibidem, p. 30)

O marco de início da carreira literária de Oswald de Andrade se deu em 1916, quando escreveu, em francês, junto com Guilherme de Almeida, a peça *Mon Coeur balance*, comédia em quatro atos, e *Leur Âme*, um drama em três atos e quatro quadros. Eram peças que tratavam banalmente das atitudes femininas no relacionamento amoroso. Em São Paulo e no Rio de Janeiro, as peças tiveram boa acolhida e foram lidas em saraus literários – e mesmo na redação de *A cigarra*.

Devido a essa acolhida, avolumaram-se os encontros de discussão intelectual e literária e de usufruto da vida boêmia, de modo que os dois tornaram-se amigos de Júlio de Mesquita Filho (um dos donos d'*O Estado de S. Paulo*), do escritor Monteiro Lobato (que considerou admiráveis ambas as peças), de Vicente Rao (jovem advogado que se tornaria catedrático na Faculdade de Direito do Largo São Francisco e ocuparia altos cargos na vida política nacional) e de Menotti del Picchia, jornalista e poeta que angariou reconhecimento pelo livro *Juca Mulato*.

No círculo de contatos no Rio de Janeiro, após Oswald de Andrade tornar-se membro da Sociedade Brasileira dos Homens de Letras, em 1915, conviveria com escritores e poetas do calibre de Olavo Bilac, Osório Duque Estrada, José Oiticica e João do Rio, entre outros, com os quais discutia muita literatura e trocava anedotas e versos. Assim como fez Mário de Andrade, "a experiência de convívio com esses escritores e seus grêmios literários foi admiravelmente aproveitada nas páginas de [*Memórias Sentimentais de João*] *Miramar*" (ibidem, p. 50).

Por força do trajeto seguido, esse envolvimento literário pavimentou o caminho para introduzi-lo no Partido Republicano Paulista (PRP), para o qual se tornou a principal referência estética (Miceli, 2008a). Como característica de seus escritos jornalísticos de acento mais político, mesclava a ironia e o lirismo em razão das muitas leituras que fez de Eça de Queirós.

Já por parte da constituição física, Oswald de Andrade tinha porte de gordo. Mesmo assim, mais parecido com a mãe, era um tipo espadaúdo e forte, com compleição de atleta, de cabelos loiros e olhos verdes. A vaidade era uma marca registrada: fazia ginástica e exercícios abdominais, levantava halteres e chegou a fazer aulas de boxe, além de natação e futebol. Vestia-se com roupas feitas pelo famoso estilista Carnicelli, que, à época, era sinônimo de sucesso. Vivia em prerrogativa boêmia, com demonstração de um estilo ostentatório e consumista, cujo requinte era modelado pelas importações com símbolo de luxo e prestígio social (foi o primeiro dos modernistas a ter um automóvel).

Ao mesmo tempo, jornalista conhecido e respeitado e já devidamente introduzido no pequeno e restrito mundo literário da década de 1910, desenvolveu e fortaleceu suas ambições de brilho social com pretensão de supremacia intelectual. Oswald tinha fascínio pelas artes plásticas. Além de escrever assiduamente uma coluna sobre o panorama da arte em São Paulo ("Notas de arte" no *Jornal do Commercio*), era amigo de Ferrignac (apelido de Ignácio Ferreira da Costa), caricaturista e ilustrador de renome, e do artista recém-chegado do Rio de Janeiro Di Cavalcanti, a quem acolheu e introduziu no cenário cultural paulistano.

Ainda em 1917, visitou sete vezes a exposição de arte moderna de Anita Malfatti, duas antes e cinco após o artigo destruidor de Monteiro Lobato, a respeito do qual lamentava o pífio conhecimento de arte moderna e a quem julgara ignaro e maldoso na escritura do referido artigo. E devido às recorrentes visitas à exposição, encontrou-se provavelmente mais de uma vez com Mário de Andrade. Os dois tinham se conhecido por ocasião da saudação a Elói Chaves, proferida por Mário em 21 de novembro de 1917[29], conforme narrou – em modo de façanha – o próprio Oswald:

---

29 Para Jason Tércio, muito provavelmente Oswald de Andrade já conhecia o autor de *Há uma gota de sangue em cada poema* antes desse episódio, pois o futuro antropófago era amigo de Carlos, irmão de Mário de Andrade, por ocasião de terem estudado no Ginásio de Nossa Senhora do Carmo, e devido a possível proximidade na época em que Mário acompanhou as palestras regulares da Faculdade Livre de Filosofia, também frequentada por Oswald (Tércio, 2019).

> Como repórter, vou a uma festa no Conservatório Dramático e Musical. O dr. Sorriso que é o Elói Chaves, Secretário da Justiça, faz ali uma conferência de propaganda dos Aliados. Quem o saúda é um aluno alto, mulato, de dentuça aberta e de óculos. Chama-se Mário de Andrade. Faz um discurso que me parece assombroso. Corro ao palco para arrancar-lhe das mãos o original que publicarei no *Jornal do Commercio*. Um outro repórter, creio que d'*O Estado*, atraca-se comigo para obter as laudas. Bato-o e fico com o discurso. Mário, lisonjeado, torna-se meu amigo. (Andrade, 2002, p. 160)

Daí em diante passaram a se encontrar e discutir poesia e arte, formando mais tarde, junto com Menotti del Picchia, Tarsila do Amaral e Anita Malfatti, o Grupo dos Cinco.

A intenção por trás das páginas anteriores, no traçado do itinerário biográfico de Oswald de Andrade até 1917, era ressaltar alguns dos condicionantes objetivos e subjetivos que o definem, para que, contrapostos aos de Mário de Andrade, se possa perceber qual era o grau altíssimo de tensão explosiva e concorrência existente entre os dois, mesmo considerando-se as afinidades e concordâncias de variada circunstância. Nada superior, no entanto, às diferenças e intransigências – que se tornaram inconciliáveis em 1929.

O que prevaleceu foi o lado pândego, cínico e irônico de Oswald, sobre quem se pode afirmar, seguindo o dito popular, que perderia o amigo, mas não a blague e a piada. E prevaleceu em Mário o orgulho ferido ("crudelissimamente", como afirmou a Tarsila do Amaral por missiva), boa parte devido às acusações, caçoadas e insultos que recebeu dos correligionários de Oswald na *Revista de Antropofagia*, na "segunda dentição", mantendo, portanto, a determinação em romper definitivamente, não sem reconhecer, "arrasado de experiência", o sentimento de tristeza pelos ataques "sob assistência de um amigo".

Esses são os termos que Mário de Andrade utiliza em carta de 4 de julho de 1929 para Tarsila do Amaral, explicando os motivos de não aceitar o convite feito por esta, cuja intenção era aproximar os dois, em busca de uma reconciliação (Amaral, 2001).

Parte dessa relação conflituosa e tensa, perceptível em blagues, frases espirituosas, gracejos, piadas, ironias e provocações, pode ser observada na correspondência passiva de Mário de Andrade, sob custódia do IEB-USP. Consta no arquivo um conjunto de 27 documentos remetidos por Oswald de Andrade ao poeta, percorrendo os anos de 1919 a 1928 (seis cartões-postais; e os demais, cartas e bilhetes). Não há correspondência ativa, perdida no fragor da passagem dos anos. O antropófago viajou muito e mudou algumas vezes de residência, não tendo guardado o que recebeu.

●

Na recordação afetiva de Rubens Borba de Moraes, essa "testemunha ocular" do "grupo dos hominhos" e do Grupo dos Cinco, Oswald de Andrade é figurado em seus feitos com destaque:

> Em 1912 fez uma excursão pela Europa, voltou com ideias novas. Viu o atraso do Brasil em matéria de arte e literatura. Ligou-se a Guilherme de Almeida e a todos os grupos literários de São Paulo, à procura de uma literatura diferente dos cânones aceitos. Era um autor à procura de personagens. Descobriu a pintura moderna na exposição de Anita Malfatti, descobriu Brecheret, descobriu Mário de Andrade. Encontrou, enfim, seu verdadeiro caminho, a arte que sempre desejara fazer. Oswaldo não precisava fazer força para ser moderno [...]. Era um moderno congênito. Seu talento de camelô, de Barnum[30] à cata de "gênios" para o seu circo modernista, faz parte do panorama de São Paulo dessa época. A blague, a piada, tão usada pelos modernistas da Europa e da Pauliceia, tão típica de todo o grupo de *Klaxon*, integrava-se com o espírito de Oswaldo. (Moraes, 2011, p. 167)

Diferentemente de Mário de Andrade, que nunca viajou para a Europa, Oswald, desde 1912, já detinha "ideias novas" a respeito de arte e literatura – embora, deva-se notar, tenha escrito duas peças em francês, não se importando nesse momento em escrever num "português falado". Já Mário,

---

30 Rubens Borba de Moraes se refere a Phineas Taylor Barnum (1810-1891), empresário circense norte-americano. Fundou o famoso Ringling Bros. and Barnum Bailey Circus. Ver nota 2 no próprio texto de Rubens Borba de Moraes à página citada.

ao contrário, somente se impactou com a arte moderna em 1917, ao visitar a exposição de Anita Malfatti; mas, com certeza, já devia acompanhar e refletir sobre alguns acontecimentos de registro moderno pelo lado da formação autodidata e musical. E nesse ano já tinha publicado seu livro de poesia como Mário Sobral, ainda parnasiano e trazendo um delineamento algo maniqueísta (o bem contra o mal, por ocasião da Primeira Guerra), com militância católica, pacifismo e engajamento patriótico.

À gritante diferença de capital econômico entre os dois, após a morte do pai de ambos os lados, um manteve-se abastado porque herdeiro, e o outro viu-se em franco declive social. As "muquiações" do polígrafo, termo utilizado em suas cartas para sinalizar o aperto financeiro, e o consumismo desenfreado do futuro antropófago formavam já uma tensão de inveja que esteve presente em todo o tempo que mantiveram relacionamento.

A esse respeito, é interessante mencionar uma carta de Mário de Andrade para Tarsila do Amaral, de 1º de dezembro de 1924, enviada quando esta já estava novamente em Paris para os estudos cubistas, com Oswald acompanhando-a, em que o poeta dava notícias de São Paulo aos dois (baile futurista, divulgação da vertente pau-brasil oswaldiana etc.). Nela, afirmava: "Osvaldo, apesar de todo o cabotinismo dele (quero-lhe bem apesar disso) é fraquinho agente de ligação. A gordura é má condutora, dizem os tratados de física. Era. Hoje está em Paris esse felizardo das dúzias que eu invejo quanto se pode invejar neste mundo" (Amaral, 2001, p. 86).

Não parece haver mentira aqui, apesar da ironia, e, sim, um desabafo, ainda mais direcionado a Tarsila, por quem se encantou ao conhecer.

Dessa defasagem inaugural, cujo talento (e criatividade) nos dois talvez seja o ponto de equilíbrio, mesmo que tênue, fica mais perceptível que o "embate" só poderia ser travado pela via da arena intelectual. Sendo assim, o que surge nessa reconstrução feita aqui é um Oswald preocupado com seus lances literários, mas também com a administração de sua fortuna – dado o consumismo que a mesma lhe permitia –, de um lado, e preocupado, de outro, com o enredo de seus casos amorosos. E surge, pelo lado de Mário, a percepção de que o avanço vai ocorrendo aos poucos, em matéria de lastro de estudo, que se diversifica continuamente.

Vale notar que o polígrafo permaneceu celibatário, o que lhe infundiu uma atitude mais espaçosa para a aquisição de livros, quadros, roupas e mesmo realizar certas viagens, as poucas para o Nordeste e o Norte do país, e às vezes para o Rio de Janeiro. De qualquer forma, a voracidade aquisitiva dele dependia de uma retaguarda financeira disponível.

E por falar em consumo, era distinto quanto ao modo de cada um. Mário de Andrade, como visto antes, era muito vaidoso, sempre portando ternos aprumados e gravatas chamativas, condizentes com seu lado financeiro e encomendados em alfaiates (o poeta chegou até a desenhar suas roupas). Oswald de Andrade também se vestia bem, não tanto pela gravata chamativa ou o terno aprumado, mas sim devido à ostentação de suas roupas importadas. Quanto à vida financeira, até ao menos o fim de 1928 a fortuna oswaldiana não passou por grandes sobressaltos, e as viagens à Europa mantiveram-se. (O ano de 1929 foi crucial do ponto de vista econômico, com a queda da Bolsa de Nova York abalando a estabilidade financeira e agrícola do Brasil, com a derrubada dos preços do café.) Quanto ao coração, inúmeros foram os relacionamentos, desde casos amorosos até matrimônios. Rubens Borba de Moraes chegou a comentar que "Oswaldo tinha a mania de se casar frequentemente" (Moraes, 2011, p. 170).

Na arena intelectual, Mário cobriria em aprofundamento analítico praticamente todas as principais linguagens culturais (artes plásticas, cinema, literatura, teatro etc.), além da área musical, de sua formação, atualizando-se teoricamente; por seu lado, Oswald se manteve mais ligado à área da literatura (poesia, romance, teatro, manifestos, por exemplo) e se guiou mais ao sabor dos acontecimentos que tinha a exclusividade de conhecer por meio de todos os sentidos do corpo. Portanto, o que Oswald adquire por via do capital econômico e social, viajando, experimentando, relacionando-se – tanto sentimentalmente, em vista dos inúmeros casos de amor e casamentos, quanto interagindo e conhecendo os principais nomes da intelectualidade do início do século xx, no Brasil e na França –, Mário alcança por via diversa, de maneira autodidata, desdobrando-se em trezentos, ampliando o lastro cultural e social, com auxílio de amigos mais próximos, os "sabidíssimos" Rubens Borba de Moraes e Sérgio Milliet, como se viu, mediante dicas e empréstimos de livros, assinando revistas estrangeiras, pesquisando *in loco* no Nordeste e no Norte do país, e correspondendo-se.

Mário de Andrade pode ser entendido, hoje, como um moderno intelectual polivalente, em função do incrível avanço de conhecimento alcançado. Oswald de Andrade, por seu turno, também angariou trunfos para fazer o seu nome, mantendo-se em posição de destaque para a posteridade por força da inovação na escrita de obras literárias e na difusão de intuições marcantes (como o *Manifesto da poesia pau-brasil* e o *Manifesto antropófago*), que impactaram as gerações vindouras. Mesmo sem prosseguir desbravando novas áreas culturais, Oswald incursionou pela filosofia e concorreu ao título de livre-docente nessa cadeira pela então recém-inaugurada Universidade de São Paulo.

Já Mário de Andrade manteve um grande discernimento sobre sua origem social, ciente de seus alcances e limites, sem quixotismo, e ciente de seu potencial intelectual, que o fez ser reconhecido como "o melhor teórico modernista". Procurou criar uma obra que cumpriria função em diversas frentes, desde a inovação composicional e formal – objetivamente refletida – até a investigação de questões sociais para internalização nas obras, expondo temas e assuntos "abrasileirados", ou seja, vertidos em costumes populares e linguagem comum falada no dia a dia, mesmo que estilisticamente rebuscada, mas entendida como uma forma de "abrasileirar o Brasil", na intenção, assim, de "libertar" a literatura e a poesia do formalismo obtuso, de um "português lusitano" e de regras mais afeitas aos adeptos da "arte pela arte", às quais não se via ligado. Existem registros dessa preocupação aos montes na correspondência mariodeandradiana. Vejamos alguns.

A intenção, como projeto, de abrasileiramento da escrita já vinha ocupando sua cabeça desde ao menos a Semana de Arte Moderna, ao modo de um engajamento com a questão da cultura literária existente, visando "modernizá-la". Em carta para Sérgio Milliet, de 10 de dezembro de 1924, quando este se encontrava na França ao lado de Tarsila, Oswald e Anita, Mário de Andrade escreveu:

> A perplexidade d'aí não existe aqui porque um problema resolveu todas as hesitações. Problema atual. Problema de ser alguma coisa. E só se pode ser, sendo nacional. Nós temos o problema atual, nacional, moralizante, humano de abrasileirar o Brasil. [...] O francês é cada vez mais francês, o russo cada vez mais russo. E é por isso que têm uma função no universo, e interessam, humanamente falando. Nós só seremos universais o dia em que o coeficiente brasileiro nosso concorrer pra riqueza universal. (Duarte, 1977, p. 301)

Um engajamento voltado a "ser alguma coisa" no universo expressivo das culturas, alocado na ideia de nação/nacional ao lado do sentido humano da cultura, a qual é portadora de uma riqueza específica e de uma "função", cujo coeficiente é factível de ser (re)unido e (res)significado. Mário de Andrade buscava contribuir para uma discussão nacionalista mais abstrata, trazendo para o centro da preocupação – a seu modo – a ideia de brasilidade e abrasileiramento, dois termos que em sua obra aparecem repletos de densidade e camadas sobrepostas (a fala cotidiana, as tradições, a comida, o folclore, a música popular etc.).

A mesma questão foi tratada com outro registro de preocupação em carta de 7 de janeiro de 1925 para Anita Malfatti, ao indicar que não pretendia ir para a França, negando convite expresso desta e voltando atrás em afirmação própria anterior sobre a possibilidade dessa viagem: "Estou perdendo a esperança de ir na Europa", disse, porque a "Europa com toda a arte dela antiga e moderna me desinteressa agora". O olhar estava cada vez mais voltado para a ampliação do conhecimento sobre o Brasil, uma vez que "qualquer tapera da Bahia ou do Mato Grosso isso é diferente, me interessa e tenho desejo de ver". Justificava, ainda, dando a saber que tinha "umas teorias que, não sei si [sic] estão certas, mas porém são minhas e me modificaram a maneira todinha de viver, de trabalhar e sentir" (Batista, 1989, pp. 95-6).

Já nas cartas para Manuel Bandeira, a questão do abrasileiramento surgia, então, mais teorizada literariamente, envolta em um debate semântico e sintático, como fruto das pesquisas que fizera acerca dos recursos cotidianos da "língua falada" com o intuito de utilizá-la em sua criação artística, como se percebe no diálogo travado nas cartas de 14, 19 e 25 de janeiro de 1925 sobre o poema "Reza de fim de ano", no qual Mário de Andrade introduzira fusões, reduções e "abrasileiramentos" na escrita.

A apreciação de Bandeira não foi das melhores; criticou duramente certas soluções (como "mas porém", "faze" em vez de "faz" etc.) utilizadas no poema:

> Me parece, por poemas e cartas, que à força de quereres escrever brasileiro, estás escrevendo paulista. Ficando um tanto afetado de tanto buscar a naturalidade. A sua sistematização pode levar, está levando, a uma linguagem artificial, o que é pena porque compromete uma ideia evidentemente boa e sadia. Sistematicamente pões o

> pronome oblíquo antes do verbo quando o brasileiro se caracteriza exatamente pela instabilidade do tal oblíquo. [...] Acho que podia andar com mais cautela, só pisando em terreno firme. (Moraes, 2001, p. 180)

A resposta do polígrafo, em 25 de janeiro, é longa – quase um "tratado" pessoal sobre os exercícios de escrita feitos naquele período. Começou por dizer que a crítica era injusta, muito embora as injustiças fossem úteis e o ajudassem a "aprender e melhorar". Explicou sua intencionalidade durante a escrita ("A gente escreve pra ser amado, pra atrair, encantar etc.") e a finalidade que o guiava (de "*ajudar* a formação literária, isto é, culta da língua brasileira"). Refutou a impressão de linguagem artificial e "paulista" (apesar das "diferenças léxicas e sintáticas") elencando os estudos conduzidos até então (filosofia, filologia, sociologia etc.) e reforçando a já presente mescla, nos poemas recentes, de "termos do Norte e do Sul" do país, como forma de sistematização culta e pessoal, como enfatizou.

> [E]ssa sistematização tem de ser fatalmente pessoal. Não pode ser doutra forma pois estou começando uma coisa e não tirando uma gramática inteirinha de fatos documentados pela escrita culta e literária. Não quero imaginar que o meu brasileiro – *o estilo que adotei* – venha a ser o brasileiro de amanhã. Não tenho essa pretensão, juro. Por outro lado se eu não fizesse essa sistematização eu seria um escritor sentimentalmente popular e quero ser um escritor culto e literário. [...] Você compreende, Manuel, que eu empobreci os meus meios de expressão. Não faço dúvida nisso. Empobreci-os conscientemente. Tem uma frase do Machado de Assis que me bate sempre na memória. "Alguma coisa é preciso sacrificar". Eu me sacrifico mas é possível que se ganhe com isso. Agora fazer como você quer, tudo com restrições, tudo apalpando, usar pra mas também para, usar uma coisa mas tem casos em que não usar, não sou desse gênio. Vou até o fim. Sou homem dum Deus só. Não compreendo revoluções com luvas de pelica. (*Ibidem*, pp. 181-4)

Entre os trabalhos de fôlego redobrado de Mário de Andrade, o projeto de uma escrita literária, a um só tempo culta e popular, estilisticamente formulada e contextualmente apreensível, aparece como parte do processo de construção de um ideário modernista. Com alcances e limites, já que esse esforço construtivo, hoje, pode ser analisado, e assim tem sido, à luz das conquistas expressivas que nos foram legadas, demonstrativas de um esforço de pesquisa erudita e acadêmica não alheia às experiências de uma tradição, digamos, oral e escrita, popular e erudita, brasileira e europeia. Assim, a justificativa apresentada a Bandeira não esconde que a procura era por manter uma atitude intelectualista caracterizada pela coerência, algo como uma necessidade íntima que justificava a própria existência e a dedicação sem igual à produção artística e à pesquisa sobre a cultura brasileira. *Macunaíma*, livro inconteste, materializa a intenção desse projeto de escrita literária culta e elaborada.

Oswald de Andrade, por seu lado, também inovou na escrita ao romper com a mimese tradicional. Realizou pesquisas para compor seus romances e sofreu influência da arte e literatura francesas, a exemplo do contato com o poeta Blaise Cendrars. Esse intento ficou materializado, por exemplo, no livro *Memórias sentimentais de João Miramar*, publicado no início de 1924 (e que vinha sendo escrito desde 1916), um texto-fragmento burlesco e satírico composto por mesclas variadas de material literário (cartas, poemas, diálogos, anúncios, citações etc.). Fazendo a crítica a um memorialismo tão presente na literatura brasileira, em que os herdeiros de famílias abastadas elaboravam, afetada e eufemisticamente, o próprio itinerário de vida, o livro inovou ao não respeitar os limites entre os gêneros e ao apresentar o estilo oswaldiano afiado e irônico. O crítico e ensaísta Haroldo de Campos (2016) realçou os méritos técnicos e linguísticos do experimento literário realizado por Oswald de Andrade, comparando-os com as realizações de uma prosa de vanguarda que alvorecia naquele momento.

Caracteristicamente, em contraponto a Mário de Andrade, percorre a escrita oswaldiana, no livro citado e mesmo nos dois manifestos de sua lavra, uma atitude menos cerebrina, do ponto de vista da reflexão formal, sistemática e intelectualista (como fica ligeiramente perceptível na epígrafe que abre esta parte), pois sua verve estava na experimentação contrastante de ideias em lampejos inspirados e aforismos lapidares – uma força expressiva que ainda surte efeitos cativantes e impacto inspirador vívido entre os estudiosos, artistas e profissionais do campo cultural brasileiro.

É possível defender que parte considerável dos críticos literários que se debruçaram sobre *Memórias sentimentais de João Miramar* tenha sido afetada pela leitura analítica que Mário de Andrade realizou, em aberto indicativo da tensão e da competição que os guiava já nesse momento e que continuará a existir até o rompimento definitivo entre eles. Uma leitura que esquadrinhou não só a obra como também a intencionalidade operativa em Oswald, já que o polígrafo soube muito bem identificar os elementos que se destacavam na interpretação dos traços compositivos do modernista: a ironia, a blague, a sátira, a irreverência, o espírito crítico e jocoso, as ambiguidades verbais, o sarcasmo e o pessimismo. Esses traços somavam-se ao exercício da experimentação linguística, de que Mário não se convencerá de todo – até porque ele mesmo já iniciara os próprios estudos de composição de uma escrita culta e literária estilisticamente abrasileirada.

Tomados esses traços em conjunto, então, o livro ganhou uma expressão artística inovadora, com alta qualidade laborativa, o que não escapou à ótica de Mário de Andrade ao elogiar a construção, as expressões e as "frases arrojadíssimas". Porém, lado a lado, desferiu o veredito de que:

> [...] a criação dessa linguagem que tudo abandona pela expressão, mesmo leis universais e básicas, é exemplo fundamentalmente destrutivo que ignora as necessidades do material e lhe desrespeita mesmo a razão de existência. Um erro se justifica por aceitação inconsciente e unânime. E então não é mais erro. Ainda, acidentalmente, por necessidade passageira de expressão. Mas uma língua existe porque nela tal dicção é certa e tal errada. E provém de colaboração coletiva. O escriba fixa a filha de todos, trançando-lhe os cabelos, limpando-lhe o nariz porventura; e se o faz com genialidade chama-se Dante ou Camões. Com a língua de que Osvaldo se serviu não há como censurar-lhe defeitos de técnica. Assim o autor resolveu muito bem e com o melhor bom humor deste mundo o problema de não errar o, digamos agora: português e não inçá-lo de barbarismos internacionais, como nos *Condenados*. Justificou todos os erros. Fez deles meios de expressão. Não se sabe mais o que é voluntário e o que nasceu da inadvertência. (Andrade, 2016, p. 104)

A estratégia de Mário de Andrade, aqui, é a do elogio coberto de apreensão; o reconhecimento de uma solução estilística sem entrega do prêmio máximo.

E, de lambuja, proferiu parecer acerca do livro anterior de Oswald. Essa estratégia fica ainda mais nítida ao final da crítica, em que pergunta: "Qual a contribuição trazida nesse sentido pelas *Memórias sentimentais de João Miramar*?". E responde:

> Não creio seja essa a "língua brasileira do século xxi". Se tal foi a pretensão do autor, como o prefácio indica, a tentativa falhou. Mas continuam as *Memórias sentimentais* eminentemente brasileiras pelo colorido, ambiente, certa melancolia e inalterável bom humor. (*Ibidem*, p. 108)

Embora se trate de um exemplo pontual, evidencia-se aqui o jogo tenso e competitivo que Mário e Oswald encaminhavam na produção de sentidos artísticos inovadores, no anseio de caracterizar o modernismo brasileiro.

Há também exemplos fecundos dessa verve oswaldiana em textos de Raul Bopp, o qual tomou parte na redação da *Revista de Antropofagia* e que legou impressões contrastantes entre Oswald e Mário: o que aquele tinha de naturalidade e reflexos desordenados, este era medido e controlado, mesmo quando folgazão e jovial junto aos amigos. O antropófago, segundo Bopp, era figura de singular complexidade, sem se importar em contradizer-se porque seguia um rumo colocado por reivindicações próprias de impulsos luminares (uma inteligência-relâmpago) em constante altercação: "Tipo de paladino, destemido, inconformado diante de um mundo em plena expansão, servido por uma arte que não correspondia às suas exigências. Por isso, provocava. Atacava. Defendia. Sustentava controvérsias. Elogiava. Deselogiava" (Bopp, 2006, pp. 54-5).

Já Mário de Andrade se destacou pelo ajuizamento de como reter e adaptar as importações culturais vanguardistas à realidade brasileira mediante uma criatividade embasada em pesquisa e debate. Sabia mover-se no terreno escorregadio das clivagens político-partidárias (embora tenha sofrido um exílio no Rio de Janeiro, ao ser deposto da chefia do Departamento de Cultura e Recreação da Municipalidade de São Paulo, em 1938, em função do golpe varguista, momento em que saiu Fábio Prado e assumiu Prestes Maia como novo prefeito), assim como sabia que a rede de sociabilidade que estabeleceu por correspondências permitiria "fazer a história", ou seja, recontar, mediante análise crítica, os movimentos dos modernistas à luz do diálogo – que construiu e arquivou – com os principais artistas, intelectuais e aspirantes culturais de seu tempo.

A perspectiva comparada que se faz aqui entre os dois modernistas visa contribuir para a elucidação das tensões e desavenças e dos investimentos recíprocos na arena da produção cultural. Tiveram seu momento como amigos, mas a relação sempre balançou por conta do caráter intempestivo, mordaz, cínico e cabotino do antropófago, em muito maior grau que a vaidade artística, o orgulho e o afrontamento intelectual do amigo desvairista em matéria de modernismo, e principalmente sendo combativo quando escrevia e reagia às críticas que considerava infundadas.

Mário de Andrade foi lembrado por seus companheiros mais devido à inteligência, à vaidade e à descontração que operou, ao lado da sugestiva nobreza de intenções e valores. Oswald de Andrade, ao contrário, pândego e irônico, explodia para defender-se e combatia criando inimigos. Se um invejava o outro pelo "berço esplêndido", o segundo devia invejar o primeiro pela facilidade teórica em sistematizar ideias e por defender a "sabença" (justo por ser sistemático, analítico, pragmático e empírico). Mário lia abundantemente, tomava notas e fichava as leituras; sabia fazer mediações entre autores e temas; pesquisava material "folclórico" em perspectiva etnográfica e tinha pendor pela escrita de livros reflexivos, adotando uma postura próxima do idealismo teorizador. Já Oswald era quase um anti-intelectualista. Guiava-se pelo experimentalismo estético de linha intuitiva e sentimental como via de acesso à realidade. Tinha escrita ágil, sendo detentor de obra e personalidade inconfundíveis. Era dado a anedotas e piadas antológicas – o que lhe garantia uma "adorável irresponsabilidade", nos dizeres de Rubens Borba de Moraes (2011, p. 167). Mas, pelo lado das amizades importantes, quem rompeu mais as amizades foi Oswald. Já Mário ampliou as amizades, atraindo para seu lado os "moços", especialmente os do Rio de Janeiro.

O antropófago gostava, sim, de fazer novas relações, de conhecer gente importante nas viagens internacionais; contudo, isso era feito em proveito do aspecto simbólico e do *status* da relação, e menos em função de uma sistemática necessidade de troca e aprendizado coerente. Pode-se contestar essa afirmação na lembrança de que Oswald foi influenciado por Blaise Cendrars ao compor o *Manifesto da poesia pau-brasil*; no entanto, rompeu com o poeta francês posteriormente, quando também ocorreu o rompimento com Paulo Prado após este receber do antropófago uma crítica feroz ao seu livro *Retrato do Brasil: ensaio sobre a tristeza brasileira*, publicada na *Revista de Antropofagia* em abril de 1929 (Amaral, 2001, p. 107, nota 6). Oswald mantinha-se, portanto, no geral, muito agitado em travar contatos, passando de uma relação a outra, ansioso para estar sempre à la *page*, na crista da onda, a par da última novidade e ávido de publicidade.

Por parte da correspondência, as cartas enviadas de Paris por Oswald para Mário de Andrade em 1923 e 1926, nas duas ocasiões acompanhando Tarsila do Amaral, primeiro em temporada de estudos e, depois, em decorrência da primeira individual da pintora, são exemplares desse *modus operandi*. Por lá, divulgou os modernistas brasileiros e suas obras. Nas cartas, deu notícias a Mário de Andrade do que via e do que realizava. Em estilo telegráfico, geralmente sarcástico e não muito inteligível para o leitor atual (em vista das referências locais francesas e dos nomes de intelectuais e artistas, nem todos conhecidos atualmente no Brasil ou nem tanto agraciados pela fama póstuma), diz pouco e "faz literatura" constantemente. Nesse sentido, nem sempre fica claro se o que diz é sério ou blague. Às vezes, ironizava Mário; outras vezes, enviava carta para agradar e causar inveja, em razão dos contatos estabelecidos. Por outro lado, Oswald mostrava nas missivas os "negócios literários" encaminhados, solicitando o envio de livros (de Mário, Menotti, Guilherme de Almeida etc.) e revistas (*Klaxon*, em 1923, e depois *Terra Roxa e Outras Terras*, em 1926) para distribuição entre os contatos parisienses.

Eis alguns trechos exemplificadores. Escreveu para Mário em 25 de fevereiro de 1923, comunicando a expectativa de contato com artistas e intelectuais em Paris, após breve estadia em Portugal. Agia, dessa forma, como o "embaixador do modernismo" no estrangeiro:

> Mário
> Depois de *Portugal Contemporânea*[31], *Paris-Nouvelle Revue*[32]. No dia 1º almoçarei com [Jules] Romains et Valery [Larbaud][33] [...] Romains é o 1º amigo conquistado. Primeiros contatos efusivos com os outros. [André] Gide na Itália. (Andrade, 2009, p. 61)

---

31 Revista portuguesa, a *Contemporânea* circulou de 1922 a 1926, trazendo textos sobre cultura e divulgando o modernismo local. Cf. Andrade, 2009, p. 56, nota 11.
32 Revista criada em 1908 pelo teatrólogo Jacques Copeau (1879-1949) e o escritor André Gide (1869-1951).
33 Jules Romains (1885-1972) e Valery Larbaud (1881-1957), respectivamente escritor e poeta – este último manteve correspondência com Oswald de Andrade.

A 7 de março, mais contatos:

> Mário
> Continuo o caminho da Glória Impávida (que belo nome de cançonetista! Vou oferece-lo à magra ardente Rachel Meller[34] que todas as noites, chez Mayol...). Ontem visitei Valery Larbaud. [...] Amanhã – almoço com Cocteau[35] e Victor Hugo[36] no *Boeuf sur le toit*[37] – *restaurant* sobretelhadista, e *goûter chez Madame de Sevigné*[38].
> (Ibidem, p. 72)

Nessas duas passagens, é preciso destacar os nomes de Valery Larbaud e Jean Hugo. Larbaud, que traduziu pioneiramente James Joyce para o francês, foi talvez o primeiro escritor daquele período a manter um vívido interesse pela literatura de língua espanhola e portuguesa, em especial a brasileira. Isso já mostra a mira de Oswald, uma vez que ele procurava se aproximar justamente daqueles que pudessem demonstrar interesse em divulgar, *en France*, as obras modernistas. Não é gratuita a mensagem para Mário de Andrade; além de provocá-lo, pretendia indicar o trunfo que coligia para si ao travar contato com alguém que abriria novos flancos para o modernismo brasileiro. Sabe-se que Larbaud contribuiu para que auto-

---

34 Cançonetista e atriz espanhola, cujo nome verdadeiro era Francisca Marqués López (1888-1962).
35 Jean Maurice Eugène Clément Cocteau (1889-1963) foi escritor, dramaturgo, pintor, ator e cineasta.
36 Referência ao escritor francês Victor-Marie Hugo (1802) falecido em 1885; provavelmente, Oswald quis mencionar o neto de Victor Hugo, Jean (1894-1984) – que era amigo de Cocteau.
37 Café-dançante aberto na rue Duphot, perto da Place de la Madeleine, em Paris, em janeiro de 1922, muito frequentado por artistas, poetas, escritores de vanguarda e a elite francesa nos anos 1920. Conta Ruy Castro que o nome *Le Boeuf sur le toit*, um balé sinfônico do compositor Darius Milhaud escrito em 1919, advém do tango-maxixe "O boi no telhado", composto por José Monteiro e lançado em fins de 1917 num disco de 78 rpm gravado para a Odeon pela Banda Militar do Batalhão Naval. Milhaud, aos 24 anos, compositor clássico recém-formado, veio ao Brasil em 1917 como *chargé de la propagande* e secretário particular do poeta Paul Claudel, nomeado ministro plenipotenciário da França no Brasil. Chegaram em pleno Carnaval, em fevereiro de 1917, e ficaram até 1919. Assim, Milhaud – que logo depois seria um dos criadores do "Grupo dos Seis" – se encantou com os tangos, maxixes, sambas e cateretês ouvidos no Rio de Janeiro durante sua permanência no Brasil. Cf. Castro, 2019, pp. 110-8.
38 Essa referência é uma clara chacota de Oswald. Maria de Rabutin-Chantal, marquesa de Sévigné (1626-1696), foi uma nobre e escritora francesa cujas cartas, muitas delas escritas para a sua filha a partir do castelo dos Rochers-Sévigné, são modelo do gênero epistolar. A menção a ela, "lanche com...", tem certamente a intenção de esnobar Mário de Andrade.

res como Euclides da Cunha, Graça Aranha e mesmo Ribeiro Couto fossem traduzidos na França, assim como o próprio Oswald e Mário de Andrade[39]. Jean Hugo, por sua vez, manteve contato com a alta roda latino-americana, estabelecendo relações com Victoria Ocampo, escritora e editora argentina, e a revista *Sur*, que era à época o carro-chefe do *establishment* cultural e artístico em Buenos Aires. Mais uma visada de peso, que forneceria uma aproximação com os vizinhos vanguardistas latino-americanos (Miceli, 2018, p. 51).

Oswald continuava a dar notícias e a querer impactar Mário de Andrade. Em 18 de abril, disse estar próximo de Picasso, além de outros artistas; comentou a respeito da conferência que faria em maio na Sorbonne para alfinetar o poeta duplamente (pela inveja e pela referência "passadista" que Mário registrou de si em *Pauliceia desvairada*); termina por comentar seca e cruamente o redirecionamento pictórico de Anita, chamando-a também de "passadista":

> Recebi tua carta ansiosa. Que se passa? Todos os dias passam-se coisas novas. Estou já há bastante tempo na intimidade de Picasso, Cocteau, Romains e Larbaud. Há dificuldades em encontrar os outros. Max Jacob[40] vive num convento no Loire. Cendrars é *metteur-en-scène* dum *cinema*. Ninguém sabe dele. Descansa, porém. A todos direi da tua admiração mineira. [...] Brecheret, você, Menotti e a corja serão lançados por mim em próxima conferência [refere-se à conferência a ser proferida em maio na Sorbonne, de título *L'effort intelectuel du Brésil contemporain*]. [...] Fizeste bem em confessar no prefácio de *Pauliceia* que eras passadista. Vou vilmente me aproveitar disso na minha conferência. [...] Tarsila (íntima de Lhote e Juan Gris[41], a quem me apresentará) [...]. Anita é uma passadista. (*Ibidem*, pp. 75-7)

---

39 Ver, por exemplo, Manuel da Costa Pinto,. "O pecado original de Valery Larbaud", *Folha de S.Paulo*, sábado, 13 ago. 2005, *Ilustrada* (rodapé). Disponível em: <https://tinyURL.com/epicentrico5>. Acesso em: 7 fev. 2022..

40 Max Jacob (1876-1944) foi um escritor e pintor francês, considerado o antecipador do surrealismo e inventor do poema em prosa. Faleceu num campo de deportação em Drancy, França, durante a Segunda Guerra Mundial.

41 André Lhote (1885-1962), escultor e pintor cubista francês; e Juan Gris (1887-1927), cujo verdadeiro nome era Juan José Victoriano González, pintor espanhol auxiliado no começo da carreira por Picasso, que o introduziu no cubismo.

Mais dois exemplos entre o poeta e o antropófago merecem ser trazidos, em função do aspecto significativo que ilumina o conjunto da correspondência. O primeiro é característico das tensões masculinas existentes no Grupo dos Cinco e no grupo mais amplo que compunha a revista *Klaxon*, que circulou de maio de 1922 a janeiro de 1923, e aqui envolvendo Menotti del Picchia.

Na visão de Rubens Borba de Moraes (2011), compartilhada pelo "grupo dos hominhos", Menotti era o que tinha a formação básica mais precária, justamente se comparado com Mário e Oswald de Andrade. Nascido em São Paulo em 1892, Paulo Menotti del Picchia era filho de imigrantes italianos – Luigi del Picchia, jornalista, e Corinna del Corso. Viveu a infância em Itapira, no interior de São Paulo, para onde a família se mudou quando tinha 5 anos de idade. Passou parte da juventude em Campinas, São Paulo, e depois em Pouso Alegre, Minas Gerais, onde estudou no Ginásio Diocesano São José, momento em que se interessa por literatura e filosofia clássica, pelo lado greco-romano. Finalizado o estudo ginasial, ingressou na Faculdade de Direito do Largo São Francisco, formando-se em 1913, ano em que iniciou a carreira artística com o livro *Poemas do vício e da virtude*. Nesse mesmo ano, voltou para Itapira e trabalhou como advogado e agricultor; dirigiu o jornal *Diário de Itapira* e *O Grito!*, de sua criação.

De retorno a São Paulo, e após um volteio em Santos (ao assumir a vaga de redator-chefe d'*A Tribuna de Santos*), recebeu convite para ser o redator político do *Correio Paulistano*, jornal perrepista da situação e ligado ao governo de Washington Luís, "tradicionalmente conservador" e "porta-voz da civilização do café". Foi no Partido Republicano Paulista que Menotti fez sua carreira política. Justamente por isso, devido à ligação desses jovens artistas com a oligarquia, o jornal teve condições de receber em suas páginas a propaganda e a produção dos modernistas (Picchia, 1958; Frias, 2004; Bosi, 2006).

No decorrer de 1920 até 1922, Menotti, sob o pseudônimo de Helios, publicou inúmeras crônicas no *Correio Paulistano*, principalmente sobre a vida cultural de São Paulo (escreveu também sobre temas do dia, o que hoje os jornalistas chamam de "atualidades", e transcreveu palestras feitas por ele próprio). Tornou-se, portanto, um propagandista notável do modernismo nesse veículo de comunicação, discutindo e antecipando temas que estariam presentes na Semana de Arte Moderna (Barreirinhas, 1983).

O percurso literário de Menotti del Picchia registra altos e baixos, produções até mesmo contraditórias, uma vez que passou por diversos movimentos (neoclassicismo, parnasianismo, romantismo, simbolismo e modernismo). Conhecia mais os autores italianos do que os franceses. A atividade lírica de Menotti del Picchia traz a representação dessas várias fases. A primeira, parnasiana, "áspera e quase meramente técnica", como definiu ele próprio, abrange o conjunto de poemas intitulado "A vingança das montanhas", composto por volta de 1910. A segunda se apresenta sob o veio neorromântico nos *Poemas do vício e da virtude*, já por volta de 1913. Somente na década de 1920 é que começará a esboçar uma "inquietude pesquisadora de quem já colhia os primeiros resultados da Semana de Arte Moderna de 1922", no livro *Chuva de pedra*, de 1925 (Picchia, 1958, p. 14).

Dois outros livros anteriores de poesia de Menotti, *Moisés* e *Juca Mulato* (ambos de 1917), já mostravam um respiro insubmisso e contrário ao parnasianismo, ao introduzirem temas mais próximos da realidade popular por via de arranjos idiomáticos que emergiam do linguajar cotidiano. Nesse aspecto, o crítico Alfredo Bosi faz lembrar que Menotti del Picchia construiu uma obra singular no contexto modernista. Em que pese a afirmação de Rubens Borba de Moraes sobre a formação deficitária de Picchia, que não conhecia a produção francesa, a não ser "de ouvido", Bosi sublinha que a obra picchiana introduziu "uma descida de tom (um maldoso diria: de nível) que lhe permitiu aproximar-se do leitor médio" (Bosi, 2006, pp. 413-5). Esse é um ponto que Mário de Andrade pode ter apreciado nos livros desse autor.

De todo modo, essa fatura compositiva já flertava com o aceno nacionalista que frutificará em 1924, quando Menotti del Picchia, junto com Cassiano Ricardo, Plínio Salgado e Guilherme de Almeida, criam o Movimento Verde Amarelo, de acento ufanista, nativista e conservador, em forte hostilidade às importações estéticas estrangeiras e em clara reação ao nacionalismo "pau-brasil" primitivista de Oswald (cuja base de pensamento tinha influências francesas devido à proximidade com Blaise Cendrars) – situando mais um novo foco de tensão[42].

Antes disso, porém, em 1922, ainda fortemente ligado a Oswald e aos demais membros da *Klaxon*, Menotti escreveu *O homem e a morte*, um

---

42 Por fugir do foco da trama, não será aprofundada a questão sobre o Movimento Verde Amarelo envolvendo justamente Menotti e Oswald, até porque essa tensão não está respaldada na correspondência do Grupo dos Cinco de maneira mais veemente.

"romance erótico-decadente" de animada feição jornalística que parece ter impressionado Mário de Andrade. Nesse mesmo ano, Oswald publicava seu romance *Os condenados*. Na redação da *Klaxon*, armou-se o imbróglio.

Rubens Borba de Moraes relata os acontecimentos, em depoimento oferecido em 1968 à pesquisadora Aracy Amaral:

> Quando Menotti publicou *O homem e a morte* nosso grupo (Tácito de Almeida, Couto de Barros e eu) o rejeitou integralmente. Em *Klaxon* tudo era feito em equipe: um artigo era iniciado por um, terminado e revisto por outros 2 ou 3. Mas escrevemos os três uma crítica terrível ao livro, chamando-o de danunziano, passadista etc. O artigo estava pronto para ser publicado quando chega o Mário. Leu o artigo. Disse que absolutamente não poderia ser publicado. Que deveríamos respeitar a personalidade do Menotti pelo que ele significava para o movimento, seu prestígio a serviço da causa etc. Foi uma grande discussão e briga. Mário então disse-nos que ele ia escrever outro artigo substituindo aquele. No dia seguinte, ou dois dias depois, ele apareceu na redação com o artigo sobre *O homem e a morte*: um elogio só, a exaltação do livro. O momento de fúria foi então nosso. Finalmente Mário acedeu a que revisássemos o artigo, diminuindo um pouco o calor do elogio. O que fizemos, riscando aqui e ali. E esse foi o artigo finalmente publicado, e por essas razões. (Moraes *apud* Amaral, 2001, p. 73, nota 13)

A intriga que se torna "briga" envolve Oswald, pelas razões expostas por Rubens Borba de Moraes acerca da defesa de Menotti por Mário e por verificar que este último simpatizava também com a escrita picchiana. Mas, pela análise geral da situação, é bem possível imaginar que o poeta mirava e combatia Oswald, em indicativo de competição. O artigo saiu com forte tom laudatório a *O homem e a morte*, mesmo após os "ajustes" do grupo da *Klaxon*. Justamente o efeito prático, que irritou Oswald, foi que, com o artigo, Mário praticamente elevava o livro de Menotti à categoria de melhor romance do ano, desconsiderando *Os condenados*, que era sensivelmente superior (Amaral, 2001, p. 72; Andrade, 2009, p. 15).

Esse episódio na redação da *Klaxon* aconteceu no final de 1922. Em 15 de maio de 1923, quando Oswald já tinha proferido sua conferência sobre o modernismo brasileiro na Sorbonne, ele dá o troco a Mário:

> Mário
> Até eu, pelo binoculinho às avessas da modernidade ocidental
> (R. Lopes Chaves – São Paulo – Brésil – Amérique du Sud – 15 jours
> de mal de mer) fui enxergado romancista de 2ª classe. Natural, lógico,
> justo, que Menotti se despreocupe de vocês que viram nele homem de
> letras de 3ª.
> A minha conferência causou boa impressão. [...] Coitado de mim
> se não visse no *Homem e a morte* nossa melhor obra moderna!
> Outras vítimas da maçonariazinha da rua Lopes Chaves satisfazem
> perfeitamente as exigências da "modernidade de Paris" – Graça
> [Aranha], Ronald [de Carvalho], Tarsila. [...] Apesar de ter podido
> pagar a vocês na moeda com que vocês negociaram a minha obra,
> disse agradáveis verdades de todo o grupo na Sorbonne. "A vingança
> do justo consiste em perdoar" G. Junqueira – obr. cit. Um abraço do
> Oswald. (Andrade, 2009, pp. 85-6)

Fica claramente evidenciada na passagem a ironia em ação de Oswald de Andrade, mesclada a uma dose de blague e pitadas de humor. Ele cutucou Mário de Andrade com vara curta, primeiro com a referência ao "binoculinho às avessas", cujo diminutivo sugestivo indicava ter entendido que a crítica feita ao livro de Menotti o visava. Depois satirizava este último, que se manteria despreocupado com os colegas da revista mesmo sabendo que eles o consideravam homem de letras de terceira categoria. Na sequência, fez pouco caso de novo de *O homem e a morte*, para criar a distância relativa às vítimas da "maçonariazinha" mariodeandradiana, as quais estavam se dando bem em Paris. Por fim, fazia "justiça" ao dizer verdades agradáveis de todo o grupo na conferência, e com esse artifício do perdão produzia um efeito de sentimento de culpa no grupo da *Klaxon*, mirando mais exclusivamente o próprio Mário.

Ao que parece, o poeta não respondeu a Oswald desmentindo a tendenciosidade na crítica, mas deu a sua versão como uma defesa da acusação de leviandade pelo ato praticado. Mário quis sugerir que, naquele momento, agiu em prol do companheiro dannunziano, ciente de que era mais oportuno, poucos meses após a Semana de 1922, levantar as bandeiras modernistas dos autores do grupo do que as incinerar publicamente por meio de críticas de origem interna, já que tinha gostado realmente da obra. Porém, ao racionalizar o episódio em carta posterior (alegando "fatores subjetivos", "relacionamento próximo e amigável"), deu a deixa para se "fazer a história", permitindo vislumbrar o que entra em jogo – a competição, os ciúmes – na crítica literária.

E esse foi o caso. Em longa carta a Manuel Bandeira, datada de 3 de maio de 1926, Mário "confessará" ter agido de modo exagerado no elogio, com uma racionalização feita *a posteriori* que se define mais como uma estratégia de autoconvencimento:

> Eu fui o grande defensor do Menotti quando foi do aparecimento do *Homem e a morte*, tive uma luta tenaz e constante contra os próprios amigos que no entanto sabiam das condições em que o Menotti escreve, condições essas fatalizantes de necessidade de sustentar naquele tempo uma luta inglória contra a fome em casa. E o resultado, antes a intensidade dessa luta que sustentei em defesa do Menotti, está no exagero exasperado com que disse na crítica de *Klaxon* a minha admiração por ele e pela obra dele. Isso é um caso conhecido de psicologia e quando alguém nega pra gente uma realidade em que acreditamos não tem ninguém que não seja levado pelo calor que dilata tudo a exagerar a realidade em que acredita. (Moraes, 2001, p. 291)

Por fim, sabemos a resposta oferecida a Tarsila e a Oswald (o casal Tarsivaldo, então em Paris), um mês depois dessa carta datada de maio. Em 16 de junho de 1923, Mário escreveu aos dois, em resposta também à carta anterior de Tarsila, na qual ela relatava as intrigas feitas por Oswald acerca do grupo da *Klaxon* ao chegar a Paris, fechando o circuito dessa briga:

> Querida amiga
> Foi bom deixar que passassem dois dias depois do recebimento de tua carta, para te escrever. Já agora passou a primeira forte irritação que me causou o procedimento do Oswaldo. Não me resta senão uma grávida tristeza (consolada, que hei de fazer!) de não ser compreendido nem pelos que me vieram buscar na minha solidão para um convívio de amor. Não sei, nem quero imaginar o que te disse Oswaldo a meu respeito. Sei que não mentiria. Não é dele

mentir[43]. Mas sei também que exagerou. E muito. Mas quem não sabe que a imaginativa do Oswaldo é um microscópio[?] Faz dos micróbios, mastodontes. Mas queres que te conte do Oswaldo? Mostra esta carta a ele. Dirá se é verdade o que aqui está. Um dia irrompe pelo escritório da *Klaxon*. Vem temeroso e furibundo. "O Mário é isto, mais aquilo. Quer ser chefe de escola. Nós todos seus alunos! É preciso romper. É o pior crítico do mundo! Vocês todos estão ficando escravos dele. Não me sujeito! Nem o Menotti. O Mário disse que vai decorar, para dizer, as últimas páginas do *Homem e a morte*... Isso é caçoada... etc." Chego na *Klaxon*. Sei de tudo. Procuro o Oswaldo. Explicação. Provo-lhe que jamais tive intenção de criar escola. Sou eu. Eu solitário. [...] Oswaldo tropeça. Diz o que sente. Magoa-me com três ou quatro injustiças pesadas. E termina repetindo-me o caso: "O Menotti diz que é caçoada tua aquilo de pretenderes decorar o fim do *Homem e a morte*". Procuro o Menotti. Ia amargo. Na véspera, defendera calorosamente a obra de Menotti. Nova explicação. Não, Mário. Quem disse que era caçoada tua foi o Oswaldo. Compreendes, Tarsila? Quem diz o certo? Oswaldo ou Menotti[?] Quem entendeu tão levianamente minha intenção[?] Não sei. Não se saberá nunca. Mas o que ninguém poderá apagar de mim é a amargura de tantas experiências. (Amaral, 2001, pp. 72-4)

Essa defesa de Mário de Andrade também deve ser analisada sob uma perspectiva crítica, já que a competição estava armada inclusive pelo lado de Menotti del Picchia. Entre o grupo de modernistas, da *Klaxon* e dos Cinco, as intrigas e brigas, como a citada, nasciam justamente do embate teórico e artístico relacionado com as críticas às obras produzidas. No final, o rompimento veio por todos os lados, entre Mário, Menotti e Oswald.

Em carta para Anita Malfatti datada de 25 de abril de 1926, fica-se sabendo que Mário rompeu com o autor de *O homem e a morte*. O poeta cobrava

43 Apenas para registro: Antonio Candido, em seu texto "Digressão sentimental sobre Oswald de Andrade", mostra um episódio em que Oswald mentiu. O autor do *Manifesto antropófago* fez afirmação leviana sobre Villa-Lobos, pontuando, em encontro no salão de Dona Olívia Guedes Penteado, que o grande compositor não entendia nada de música e era somente um "ignorantão instintivo". Oswald, então, sob o olhar perplexo da audiência ao redor, precisou embasar a afirmação; acabou dizendo que Mário de Andrade tinha proferido tal sentença sobre Villa-Lobos. Dias depois, Mário soube do episódio e foi tirar satisfação com Oswald, e este disse, simplesmente: "Eu menti!". Cf. Candido, 2011, pp. 43-4.

fotografias de obras da pintora, especialmente da tela *Dama de azul*, então reproduzida na revista francesa *Comœdia*, publicada em março daquele ano com entrevista de Anita. Em missiva anterior, a pintora tinha dado a impressão de que já tinha enviado as fotos aos cuidados de Menotti, ao que Mário retrucou:

> Você falou que mandou as fotografias pelo Menotti. Pois se mandou também para mim por ele naturalmente não chegarão até mim porque o Menotti e eu estamos brigados definitivamente. Rompi com ele porque carecia de me livrar dum tipo que afinal vi que era ordinário mesmo e ordinário só, rompi. Não nos falamos mais e com isso é provável que eu não receba as minhas fotografias. (Batista, 1989, p. 185)

Também sabemos do rompimento por correspondência de Oswald ao poeta, de 1º de março de 1926: "Brigaste com Menotti, era fatal. Agradeço-te muito a delicadeza da comunicação. Caminhos tão diferentes não podiam desembocar na mesma estrada" (Andrade, 2009, p. 105).

Em 1926, Menotti del Picchia, em sua coluna costumeira do *Correio Paulistano* e também na revista *Terra Roxa e Outras Terras* deixou impresso o ataque ao livro *Losango cáqui*, de Mário de Andrade. Os dois escritores já mantinham uma cordialidade distante desde 1925, cada qual seguindo percursos separados. Assim, Menotti "não apreciou" o terceiro livro do poeta e escreveu na revista citada, sob o título "Losango cáqui", uma crítica acerba, considerando o livro "absurdo, injustificado, irritante e pedante", e ainda anacrônico. Na base desses impropérios estava a impressão picchiana de que o livro se filiava a um tipo de individualismo exacerbado, de forte exibicionismo egocêntrico, bárbaro e primitivo – todos termos que ofenderam o brio mariodeandradiano. A resposta invertia o sentido das acusações, e, da mesma forma que o ataque tinha sido pessoal, Mário insultou Menotti, chamando-o de "um egoísta vaidoso por demais", "choco e ridículo pedante", que só se importava com a ambição pessoal e era incapaz de pensar por si mesmo, recorrendo, portanto, à imitação, como "manifestação inspirada pelo pavor nas organizações psíquicas ainda em estado primitivo"[44].

---

44 A crítica de Menotti e a resposta de Mário estão em *Terra Roxa e Outras Terras*, 3 fev. 1926, ano 1, n. 2, p. 4. Ver também Faria, 2006, pp. 93-4.

Pelo que consta, o rompimento não foi permanente, posto que na década de 1930, principalmente após 1932, estavam já mais próximos. No entanto, Mário deixou registrado em carta para Carlos Drummond de Andrade, a 18 de fevereiro de 1926, em termos duros, o rompimento:

> Pela 2ª *Terra roxa* você verá que mandei à fava também o Menotti. Questão de higiene. O diabo esperneou que não foi vida. Dias houve em que o *Correio Paulistano* vinha com dois artigos e até três contra mim. Insultos de toda a casta, você nem imagina. Menotti e sequela perderam totalmente a compostura. (Andrade; Santiago, 1988, p. 194)

E com Manuel Bandeira, em carta de 21 de fevereiro de 1926, retomou o assunto:

> Você me lembro que pediu notícias das minhas brigas... foram horríveis. [...] A com X. [Menotti del Picchia] é que foi horrível. Nunca na minha vida acertei tanto uma relhada. O X. deu cada arranco que você nem imagina. Perdeu completamente a compostura. Imagine que ele mandou um dos sequazes, ou se não mandou foi certamente com o conhecimento dele, saber do Alcântara Machado se eu pretendia reagir fisicamente! E é verdade que se não o fiz foi só pra não perder a norma traçada desde o começo da campanha e de que não devo me safar sem incoerência ridícula pra mim. (Moraes, 2001, p. 274)

Passado o calor do momento, nova racionalização: o poeta refletiu sobre a situação à luz da defesa feita anteriormente sobre *O homem e a morte*, em carta de 3 de maio de 1926, e também em relação à problemática que levantou sobre a "honra burguesa":

> Eu não procuro justificar-me atualmente do que escrevi em *Terra roxa* sobre o Menotti, foi um erro. Não porque haja qualquer hipocrisia ou senvergonhice em qualquer das duas críticas aparentemente opostas, foi um erro porque o meu gesto não pode ser compreendido mesmo pelos camaradas em toda a sua integral perfeição e dou a impressão de sujeito que se desdiz. A justiça das justiças humanas é sempre duma leviandade e duma estupidez

tão abundantes que a gente tem de se sujeitar às hipocrisias convencionais dos gestos da honra burguesa se não quiser se ver desclassificado. Não me sujeitei e por isso meu gesto foi um erro. Eu podia pensar tudo o que escrevi mas não devia ter escrito, errei.
(*Ibidem*, p. 290)

De certa forma, a justificativa de Mário sobre o erro, colocando peso na "honra burguesa", vem reforçar um tipo de vaidade e orgulho sobre a própria obra (poética, romanesca etc.) e sobre como pretendia ser visto, sem admissão de que agira pela força de se defender ao estar envolvido em nova competição no campo da crítica literária.

Em continuidade, o segundo exemplo a ser comentado sobre Oswald de Andrade, retornando à questão do modo pândego e à concorrência existente entre ele e Mário de Andrade, se encontra em carta de janeiro de 1925, postada de Paris pelo antropófago, que lá se encontrava junto a Tarsila.

Mário tinha publicado o livro *A escrava que não é Isaura* justamente no início de 1925, dedicando-o a Oswald, que recebeu a notícia por meio de Yan de Almeida Prado. A resposta em agradecimento é um misto de blague e deboche:

> Mestre Mário
> O intrigante do Yan me mostrou pra mim uma carta de você que diz assim que você não imita eu. É verdade. Você é a prática culta da língua. Eu é a prática inculta. Pobrezinho que nem MININO DEUS. Sabe. Me deu pra mim uma comoção de você oferecer pra mim o seu livro da tal escrava que não se chama Inzaura. Eu prifiria uma iscrava chamada... Malicioso! Tá rindo! Feio! Em todo caso fico muito agradecido e não miricia tamanha honra. Sei que você agora deu pra jogador e corrupie no Automóvel Club[45]. Bem bão! Tá pagando a má língua. Té logo. Osvardo.
> Cidade-luz – domingo depois do baile (Andrade, 2009, p. 93).

---

[45] Trata-se de referência ao Baile Futurista, realizado no Automóvel Club em 22 de novembro de 1924, em que Mário esteve presente. Em carta a Tarsila do Amaral de 1º de dezembro desse ano, comenta sobre o baile e sobre a falta que o casal Tarsivaldo fizera (Andrade, 2009, p. 93).

O tratamento por "mestre" já introduz a tensão. Intencionalmente, Oswald carrega na imitação; ele faz graça com os idiomatismos e experimentalismos exagerados, e um tanto afetados, realizados por Mário de Andrade na busca de "abrasileirar a escrita". Na carta oswaldiana, a seriedade fica diluída nos impulsos emotivos e nos gracejos que gravitam ao redor da blague e do jeito pândego, diante dos quais a ambiguidade reina solta. O caráter intempestivo e mordaz deve ter criado dificuldades para que Mário compreendesse exatamente o que estava em jogo, muito embora se atracasse com Oswald nas diversas disputas relativas à compreensão de suas respectivas obras, em busca de evitar o mal maior de ser rebaixado em função de uma caçoada.

A seriedade, o orgulho e a vaidade para com a obra, os "valores" e a "nobreza de intenções" de Mário de Andrade são trazidos para o combate, como daria a saber a Manuel Bandeira em carta de 3 de maio de 1926:

> [U]ma circunstância curiosa da minha vida é alimentar uma nova espécie de amizade: a amizade que amavelmente reage contra si mesma. Eu tenho três ou quatro amigos, e militantes nisso são especialmente o Oswaldo e o Ribeiro Couto, que levam o tempo numa brincadeira que eu não tenho o direito de julgar até onde vai, levam o tempo a brincar com os meus possíveis valores e a nobreza das minhas intenções. Contra isso eu não posso nada porque eles revelam a mim mesmo o que fazem contra mim... por brincadeira. Brincando eles passam a vida a não me compreender e brincando me depreciam e brincando eles me falam às vezes coisas terríveis de engolir. (Moraes, 2001, p. 291)

E as terríveis brincadeiras continuariam, culminando no rompimento entre os dois principais escritores e mentores do modernismo paulista.

●

Tarsila
nome brasil, musa radiante
que não queima, dália sobrevivente
no jardim desfolhado, mas constante
em serena presença nacional
fixada com doçura
Tarsila
amora amorável d'amaral
prazer dos olhos meus onde te encontres
azul e rosa e verde para sempre.
CARLOS DRUMMOND DE ANDRADE

> Mário, meu bom amigo,
> A vida agitada de bordo não me fez esquecer-te e nem as deliciosas reuniões do Grupo dos Cinco.
> (TARSILA DO AMARAL, carta de 20 de novembro de 1922, a bordo do *Lutetia*)

A leitura da correspondência entre Mário de Andrade e Tarsila do Amaral deixa a forte impressão de doçura e suavidade no tratamento mútuo, em razão do respeito desta para com ele e da admiração daquele para com ela. No entanto, as missivas estão crispadas de referências que indicam competição, ciúmes, desentendimentos e rompimento, envolvendo os demais companheiros do movimento modernista. Outro traço que as caracteriza é a onipresença de Oswald como interlocutor entremeado nesse diálogo, entre 1923 até 1929, quando a relação de Mário de Andrade com o antropófago é definitivamente rompida.

Em virtude dessas referências, um bom início é pontuar certas questões que se relacionam, de um lado, a uma perspectiva comparativa entre Anita Malfatti e Tarsila do Amaral e entre Mário e Oswald de Andrade; e, de outro, ao investimento mariodeandradiano mantido em sua correspondência.

●

Tarsila do Amaral nasceu em 1886 na cidade de Capivari, interior de São Paulo. Era neta e filha de grandes proprietários rurais na frente cafeeira de Itupeva. O avô, José Estanislau do Amaral, cognominado "o milionário" devido à incalculável fortuna, foi um opulento detentor de fazendas e de variados estabelecimentos agrícolas (cultura de cana, café e criação de gado). Além de fazendeiro, destacou-se também como empreendedor na construção de imóveis, sendo, por exemplo, o responsável pela edificação do Teatro São José (prédio onde hoje se localiza o Shopping Light, no vale do Anhangabaú).

O pai de Tarsila, José Estanislau do Amaral Filho, casado com Dona Lydia Dias de Aguiar, deu prosseguimento como herdeiro à expansão rural, chegando a ser proprietário de 22 fazendas. A opulência financeira propiciou à pintora uma educação requintada. Como o pai havia sido educado por jesuítas, escolheu uma professora belga para os primeiros aprendizados de sua filha – Mlle. Marie van Varemberg d'Egmont –, com quem aprendeu a ler, escrever e bordar.

A vida de sinhazinha na fazenda esteve marcada por um ambiente domiciliar afundado em referências francesas, como a pintora deixou registrado:

> À hora do almoço, meu pai, patriarcalmente sentando à cabeceira da mesa, à moda brasileira, servia-se de um bom Château-Laffite, um Lormont ou um Chablis, cuidadosamente retirado de uma adega francesa. Minha mãe tomava água de Vichy Hôpital ou Célestin, da qual nós, crianças, compartilhávamos, e, algumas vezes, a título de prêmio, dava-nos para provar uma gotinha licorosa de Château d'Iquem. À hora do café eu repetia papagaiamente com meu pai os versos de Delille: "Il est une liqueur au poète plus chère/ Qui manquait à Virgile et qu'adorait Voltaire". Sabia então que existia um Voltaire, que existia também um Victor Hugo, um Alfred de Musset e toda uma coleção de poetas e romancistas franceses que eu via carinhosamente encadernados na vasta biblioteca. (Amaral, 2010, pp. 34-5)

Em idade escolar, Tarsila do Amaral foi matriculada no Colégio de Santana e depois no Colégio de Sion. No intuito de completar os estudos, o pai enviou as duas filhas para a Europa junto com a esposa, que as deixou no Colégio Sacré-Cœur, em Barcelona. A mudança de ares não seria tão sentida. Entusiasmada e estudiosa, logo Tarsila se destacava entre os alunos e alunas. Data desse momento o primeiro contato com a pintura.

Ao término de dois anos de estudo, retornou ao Brasil para logo depois se casar com um primo de sua mãe. "Casamento sem namoro, à moda paulista de então", recordaria Tarsila (*ibidem*, p. 39). Desse matrimônio nasce sua única filha, Dulce. O desencanto e o desnível cultural do marido fizeram surgir a separação, embora com forte oposição familiar.

Entre 1913 e 1917, intercalou a vida na fazenda Sertão com temporadas em São Paulo, onde passou o tempo pintando e aventurando-se pela escultura, trabalhando no ateliê do escultor sueco William Zadig (modelagem em barro) e, depois, com o escultor Mantovani, que viera a São Paulo realizar estatuária para o Palácio das Indústrias (e aqui, modelagem em gesso). Já em 1917, detentora de um ateliê que montara para si à rua Vitória, iniciava estudos de desenho com Pedro Alexandrino, pintor conhecido à época "pelas naturezas-mortas com tachos reluzentes" (*ibidem*, p. 43).

Nesse ano de 1917, Tarsila do Amaral, vivendo em São Paulo, visitou a exposição de Anita Malfatti antes de conhecê-la. A impressão foi desagradável, acostumada que estava com uma pintura mais tradicional, acadêmica, dentro do cânone vigente. Meses mais tarde, a própria Anita estaria tendo aulas com Alexandrino, ocasião que aproximou as duas; e, depois, ambas com o pintor alemão radicado em São Paulo Jorge Fischer Elpons.

O ponto de clivagem na vida pacata que Tarsila do Amaral levava ocorreu por ocasião de postal recebido, em janeiro de 1920, de Souza Lima, o exímio pianista paulista (e depois maestro) que era amigo de Tarsila e estava em Paris desde o ano anterior, por ter sido agraciado com o Pensionato Artístico. Decidida, parte para Paris em junho de 1920 junto com sua filha Dulce, que ficou matriculada no Sacré-Cœur de Londres, enquanto a mãe fixava-se à rue du Louvre, 2.

Logo ao chegar, inscreveu-se na Académie Julian, frequentando-a todas as manhãs, como faz saber a Anita em carta de 26 de setembro de 1920:

> Estou te escrevendo aqui da Academia Julian. Venho todas as manhãs. Estou trabalhando num grande grupo de 50 alunas. Está me parecendo que muitos são os chamados mas poucos os eleitos. Não vejo uma aluna forte. Algumas trabalham bem, mas falta aquilo que nos impressiona. Já estive no "Grand Palais", no salão do Outono: olha, Anita, quase tudo tende para o cubismo ou futurismo. (*Ibidem*, p. 48)

Duas afirmações nessa carta merecem comentário: primeiro, já se observa o "espírito competitivo" de Tarsila, no indicativo de procurar localizar a "aluna forte" com quem poderia rivalizar; segundo, que já em 1920 Tarsila sabia que o cubismo e o futurismo estavam em voga, mas até então não tinha demonstrado maior interesse em seguir por essa seara. Nessa mesma carta para Anita, complementava:

> Mas, como estás vendo, a arte nova está vencendo. Fui a uma casa que compra e vende quadros modernos e futuristas. Há grande movimento na casa. O salão de junho é mais severo que este, contudo estou certa de que as tuas telas teriam perfeitamente aceitação, pois é essa a arte compreendida aqui. As tuas pinturas nunca foram futuristas como queriam dizer os poucos entendidos daí. Não compreenderam o teu talento e nada mais. Trata de arranjar as malas e dize-me em que vapor vens. (*Ibidem*, pp. 51-2)

O incentivo para a viagem não vingou, e só em 1923 Anita conseguiu viajar para Paris em função do Pensionato Artístico; contudo, percebe-se que já ocorre uma mudança substantiva em Tarsila, pelo comentário mais elogioso sobre a pintura de Anita, cujos traços e cores a desagradaram anteriormente, comentário que não se explica somente por terem se tornado amigas.

Da Académie Julian, onde exercitou estudos de figura e desenhos de nus, Tarsila passaria para a Académie de Emile Renard, menos rígida e que permitia a pintura em tela, e não só desenhos. A biógrafa Aracy Amaral relata que nessa academia Tarsila ficará com o "pincel mais solto, as cores menos terrosas, emergindo não apenas os problemas de composição, como de profundidade e cor" (*ibidem*, p. 55).

Enquanto Tarsila se desenvolve como pintora em 1921, Anita, de São Paulo, relata a ela seus novos amigos: "No domingo passado estiveram aqui os amigos do Brecheret. O Menotti, o Mário, o Oswaldo. Falou-se em B. [Brecheret] e o Menotti pela primeira vez se entusiasmou pelos meus modernos" (*ibidem*, p. 59).

Essa primeira temporada em Paris, mesmo que não tenha gerado o *turn point* necessário para a adesão ao cubismo, preparou Tarsila do Amaral para as futuras discussões com o grupo modernista, do qual viria mais fortemente o desejo de embrenhar-se na arte cubista.

Coligidos esses dados biográficos da pintora até 1922, uma visada comparativa com Anita mostra-se fecunda por permitir identificar os condicionantes sociais que interferiram em ambos os itinerários artísticos. Mesmo considerando-se que tanto uma quanto outra puderam estudar fora do país – Anita em temporadas na Alemanha e nos Estados Unidos e Tarsila completamente europeizada, entre estudos na Espanha e na França –, o caminho foi distinto, assim como distintos eram seus traços físicos – a bela, atraente, autoconfiante e sofisticada Tarsila e a tímida, frágil (emocional e fisicamente) e insegura Anita, marcada por deficiência de nascimento. Enquanto Tarsila dispunha de imensa fortuna, tal qual Oswald, Anita dependia do apoio do tio, Jorge Krug, para mobilizar as possibilidades de estudo. Isso mostra que o enredamento de Anita com o mentor financeiro era mais fixo, na consideração de que, de alguma forma mais ou menos explícita, ela tinha que "prestar contas" sobre a carreira e o pretenso sucesso artístico almejado como meio para o próprio sustento.

Nesse sentido, com a exposição individual de 1917 e após o artigo de Monteiro Lobato, abre-se a desconfiança familiar sobre esse trajeto, o que a faz retrair-se em matéria de ousadia pictórica. Talvez essa situação explique por que Anita passou a frequentar o ateliê de Alexandrino e Elpons, quase andando em marcha à ré após o salto qualitativo expressionista adquirido para sua pintura nos anos de estudo no estrangeiro.

Já Tarsila podia praticamente investir mais autonomamente, e a fundo perdido, na construção de sua carreira artística quanto a esse ângulo financeiro, o que explica os dois anos de estudos de pintura, entre 1920 e 1922, e o retorno nesse mesmo ano de 1922 para nova temporada junto aos cubistas.

O trajeto é o oposto do de Anita, pois Tarsila pôde ir em frente aos poucos, de "sorte" a construir um itinerário pictórico mais ousado – e também um léxico mais sintonizado com o que era a vanguarda – sem estar diretamente sob os holofotes de críticos que julgariam antecipadamente suas pinturas, em salvo-conduto quanto à própria experiência traumatizante de Anita, "lobateada" que foi e cujo resultado a fez até receber de volta quadros adquiridos por visitantes no início da exposição de 1917.

Em razão dessas características, Tarsila do Amaral pavimentou um caminho mais resguardado e, ao retornar ao Brasil em dezembro de 1923, seguiu uma invectiva contra a crítica "passadista", já anunciando que se tornara militarmente cubista, com o adicional de que sua invenção pictórica dava mostras de um olhar específico ao retratar, em modalidade própria estilizada, a paisagem natural e social brasileira. Como disse Mário de Andrade, Tarsila "muito leu, muito ouviu e muito pensou".

Inclusive, desde o momento em que a pintora se enlaçava com Oswald e em que ambos se encontravam em Paris (ou seja, antes mesmo do casamento), a relação dos dois adquiriu ares que ultrapassaram o amor, já que empreenderam, em função da disponibilidade de recursos, "um projeto artístico-literário semiempresarial", na confluência de interesses que foram sendo dinamizados com a fase pau-brasil e antropofágica, respaldada em obras e textos:

> Tinham condições excepcionalmente favoráveis para uma caminhada de vida e trabalho, possuidores de cacifes sociais e materiais comparáveis, de uma idêntica situação conjugal e de especializações complementares em matéria de produção cultural. [...] Ao longo da década de 20, o casal viaja (Europa, cidades históricas mineiras), expõe, publica e agita. Muitos dos temas, assuntos, enfoques, paisagens, personagens e títulos das telas da fase "pau-brasil" encontram-se reprocessados em poemas do livro com título homônimo de Oswald. [...] Tarsila se mostrou sensível aos anseios formulados pelos modernistas de seu círculo íntimo, calibrando seu repertório de imagens em função das prioridades temáticas e simbólicas que logrou identificar, valendo-se dos recursos expressivos acumulados ao longo daqueles anos de treinamento, em sua condição de sinhá bonita e bem-nascida, empolgada pelo arrastão de felicidade e descoberta que vinha lhe proporcionando o grande amor de sua vida. (Miceli, 2001, p. 900)

Anita Malfatti, por seu turno, não contou com o esteio do amor de Mário de Andrade, sem perceber a impossibilidade dessa relação, posto que o poeta, escrevendo como escrevia, realizava um investimento de outra ordem, também alinhado ao intento de cativar e influir. Viu-se, assim, sem poder contar com os trunfos de que Tarsila dispunha, ficando encurralada em vários planos, principalmente no artístico, pela indefinição sobre o caminho pictórico a seguir; no social, pela desconfiança e relativa perda de apoio da família; e no emocional, sozinha e um pouco fragilizada.

Tarsila do Amaral retorna para o Brasil, após a primeira temporada de estudos, em junho de 1922. Logo de imediato, Mário de Andrade encanta-se ao conhecê-la, em função da beleza, da inteligência e da personalidade. Sabemos por Menotti del Picchia que todos ficaram extasiados, principalmente Oswald, que cai aos pés da pintora, enamoradamente. "Tarsila chegou de Paris muito bonita. Bonita e perigosamente feminina... [...] Logo que a viu, Oswald de Andrade ficou impaciente, apaixonado. Ele teve por Tarsila o que se chama de coup-de-feu..." (Picchia *apud* Gotlib, 1997, p. 17).

Tarsila tinha sido apresentada por Anita Malfatti primeiro a Menotti, e depois aos demais modernistas. Com a presença dela, deu-se origem ao Grupo dos Cinco, cujos encontros duraram até novembro daquele ano, momento em que a pintora, avivada pelas discussões sobre arte moderna mantidas na trupe, decidiu retornar a Paris para uma nova temporada, dessa vez com a forte convicção de engajar-se nos desígnios do cubismo. Oswald de Andrade, no fim desse mesmo ano, também viajou ao encontro de Tarsila, iniciando o convívio íntimo.

Com esse enredo pode-se acompanhar a correspondência entre Mário, Tarsila e Oswald. O conjunto documental está composto por 29 missivas. De Tarsila para Mário somam-se apenas 12, entre cartões, cartas rápidas e bilhetes. No sentido inverso, são 17, entre longas cartas, um bilhete e um telegrama, o que mostra a característica expressão epistolar de Mário de Andrade, o autor "dando muito de si, de seus sofrimentos, alegrias e ansiedades" (Amaral, 2001, p. 20). E mostra uma certa reserva de Tarsila (cartas breves, "não comprometidas", respondendo pela metade as cartas substanciosas do polígrafo), ao ver-se no fogo cruzado entre os dois modernistas.

A impressão que fica, após a leitura dessa correspondência, é a de que a pintora pouco se envolveu artisticamente com Mário de Andrade. A troca epistolar é distinta, por exemplo, da que foi realizada com Anita Malfatti. Além da competição entre os dois Andrade, talvez se possa afirmar que Oswald sentia alguma insegurança, ou mesmo ciúmes, com a "proximidade" de Mário pelas missivas, uma vez que as lia junto com Tarsila, e mesmo opinava nas respostas. Nas cartas mais substanciosas enviadas pelo polígrafo à pintora, percebe-se a criação de verdadeiras e intensas prosas poéticas – elogiosas, literárias –, "desfazendo-se em saudades tornadas fantasias" (*ibidem*), chegando a ser piegas, muito embora o investimento epistolar mariodeandradiano continue a pleno fôlego, expondo-se por inteiro em busca do mesmo retorno, que dessa vez não ocorre na plenitude esperada se comparado, novamente, ao modo pelo qual o poeta se correspondeu com Anita, por exemplo.

A esse propósito, vale frisar que, depois da desilusão amorosa havida com Anita em meados de 1923, Mário reduz a frequência de escrita por um período, como se viu. Com Tarsila, o início da correspondência está marcado pela inversão dos papéis. O poeta escreve incialmente três cartas e não recebe resposta – um "vazio" de quase cinco meses sem correspondência da parte da pintora, certamente devido à presença de Oswald, mas também porque ela possuía uma postura mais segura, descompromissada e, talvez, mais distante emocionalmente.

Duas comparações são empreendidas por Mário de Andrade para exprimir o impacto que Tarsila causou nele. Primeiro, em carta de 19 de dezembro de 1922, proclamava a amizade como um "lindo oásis nesta vida de lutas, ambições, invejas e… segundas-intenções" (uma referência à atitude de Oswald, muito provavelmente, ao seguir para Paris). Comparava-a ao "sulco das barcas em pleno mar", que modificou o aspecto exterior do mar, para finalizar perguntando: "Será vaidade comparar minha alma de poeta a um mar?".

A passagem completa é esta:

> Segue uma barca sem rumo. Em torno tudo é mar oceano. E a barca faz um leve sulco nas águas movediças. O sulco desapareceu. Não se vê mais. Acabou. Acabaria? Não. Para destruírem o sulco as ondas empolaram-se e encheram-na. Mas se não existisse o sulco elas não teriam feito aquele esforço, não teriam tomado aquela forma. E as novas ondas que vêm depois, também não são modificadas no seu aspecto, por encontrarem as ondas, que encheram o sulco, numa forma determinada? E as outras ondas depois? E depois ainda as outras? E todo o mar oceano? De forma, Tarsila, que se poderá dizer sem erro, que um pequeno sulco modificou o aspecto exterior do mar. Você foi como um sulco. Será vaidade comparar minha alma de poeta a um mar? (*Ibidem*, pp. 52-3)

Afora a intenção explícita de mostrar esse impacto, não se pode negar que a comparação implica entender as dimensões, e respectiva carga alusiva, postas em comparação – um barco e o mar. Mário de Andrade utiliza todo um expediente de argumentação retórica e estilística para cativar Tarsila do Amaral, indicando a capacidade de influência junto ao "mar oceano", mas acaba por dar o recado sobre si mesmo, sua "grandiosidade", ao cotejar a própria alma com a dimensão do mar.

Na segunda comparação, a 11 de janeiro de 1923, Tarsila é Nêmesis, a deusa grega da partilha do que é justo, "senhora do equilíbrio e da medida, inimiga dos excessos", justificadamente por razão do porte, da inteligência e da beleza, prescrevia Mário. A presença da pintora gerava felicidade, a ausência trouxe doenças, cansaços e desconsolo – no caso, o poeta se refere ao próprio estado de saúde:

> Tua recordação só me inunda de alegria e suavidade. És antes um consolo que um pesar. A verdadeira, a eterna Nêmesis, são as horas implacáveis que passam dia e noite, dia e noite, sol e escuridão. Estou nos meses de escuridão. Foi a fraqueza que me fez pensar que eras tu Nêmesis. Perdão. Estou a teus pés, de joelho. Mais uma vez: perdão!
> (*Ibidem*, p. 58)

Essas duas comparações remetem à imagem endereçada a Anita Malfatti, sugerida por Mário, alguns dias depois da carta a Tarsila, em 15 de janeiro de 1923:

> És anjo demais, para esta Terra. És mulher demais, para que não cultives a desilusão. Como anjo, acreditas todos tão bons como tu. Capazes de uma amizade tão linda como a que nos liga, tu e eu. Como mulher, sonhas em todas as mulheres, às quais me prendo às vezes por uma atração passageira, novas amigas que te substituirão. Continua anjo. Separa de ti essa fraqueza feminina, que desequilibra teu talento e tua grandeza. (Batista, 1989, p. 62)

Uma leitura comparativa, embora certamente elogiosa para ambas, mostra certa tendenciosidade na percepção do poeta a favor de Tarsila. O tratamento dado a Anita Malfatti repousa sobre uma base que reforça a ideia de insegurança, não só quanto a manter-se "amiga" do poeta (o que faz pensar no amor que começava a surgir na pintora, como analisado antes), mas, também, em relação ao caminho que trilhava, na procura de uma arte que a tranquilizasse emocionalmente. Esse dado permite entender por que a correspondência entre os dois adquiriu a característica "fraterna-artística", com Mário procurando catequizá-la acerca do rumo a ser seguido – no caso, a manutenção criativa do expressionismo.

O tratamento dado a Tarsila, ao contrário, a colocava em patamar distinto. Senhora de si, dona de seu destino, determinada e agraciada com trunfos especiais (não só financeiros, mas de postura e ousadia) que já indicavam o sucesso a vir, especialmente ao aliar-se a Oswald e seus investimentos propagandísticos em Paris, abrindo fronteiras a seu modo para o modernismo brasileiro. Nem por isso Mário de Andrade deixou de opinar, instruir, catequizar, como fica perceptível em carta de 15 de novembro de 1923[46]. Carta já muito comentada, em tom de manifesto e em antecipação de seis meses ao "paubrasilismo" oswaldiano. Essa carta de novembro também deve ser lida, na observação de Aracy Amaral, como uma resposta à constante jactância de Oswald, contando-lhe acerca dos contatos e novas amizades com os artistas e intelectuais franceses e estrangeiros, o que Tarsila também fez, ao informar os nomes de pintores que frequentavam seu ateliê parisiense.

Dirigindo-se a Tarsivaldo e aos demais modernistas que lá estavam, o poeta sugeria o "matavirgismo":

> Cuidado! fortifiquem-se bem de teorias e desculpas e coisas vistas em Paris. Quando vocês aqui chegarem, temos briga, na certa. Desde já, desafio vocês todos juntos, Tarsila, Oswaldo, Sérgio [Milliet] para uma discussão formidável. Vocês foram a Paris como burgueses. Estão épatés. E se fizeram futuristas! hi! hi! hi! Choro de inveja. Mas é verdade que considero vocês todos uns caipiras em Paris. Vocês se parisianizaram na epiderme. Isso é horrível! Tarsila, Tarsila, volta para dentro de ti mesma. Abandona o Gris e o Lhote, empresários

---

46 O "pulo" para novembro desse ano merece explicação. A terceira carta do poeta endereçada a Tarsila será de 20 de maio de 1923, ou seja, quatro meses após a carta anterior. Nesse intervalo, Mário recebeu inúmeras missivas de Oswald, que o cutucava informando sobre os contatos e as articulações no meio cultural parisiense, como já tratado anteriormente. As cartas seguintes – a resposta de Tarsila, escrita em maio, em desencontro com a terceira carta de Mário, assim como a resposta deste a essa última carta da pintora – foram tratadas antes também, relativamente ao desentendimento e à celeuma entre Mário e Oswald por ocasião da crítica favorável feita ao livro *O homem e a morte*, de Menotti del Picchia.

de criticismos decrépitos e de estesias decadentes! Abandona Paris! Tarsila! Tarsila! Vem para a mata-virgem, onde não há arte negra, onde não há também arroios gentis. Há MATA VIRGEM. Criei o matavirgismo. Sou matavirgista. Disso é que o mundo, a arte, o Brasil e minha queridíssima Tarsila precisam[47]. Se tiverem coragem, venham para cá, aceitem meu desafio. E como será lindo ver na moldura verde da mata, a figura linda, renascente de Tarsila do Amaral. Chegarei silencioso, confiante e te beijarei as mãos divinas. (Amaral, 2001, pp. 78-80)

O que Mário de Andrade faz aqui é passar a limpo a distância que existe entre os bem-nascidos, "donos do mundo", e ele, o "primo pobre", ou seja, o endereçamento opera pela diferença social. Quase como a dizer que eles são uma contrafação; ao imitarem as vanguardas francesas, não o convencerão ao retornarem. O desafio estava lançado.

Ocorreu que a acentuação do interesse pela natureza, matavirgista, surgiu destacadamente no *Manifesto da poesia pau-brasil*, escrito por Oswald de Andrade e publicado originalmente no *Correio da Manhã*, do Rio de Janeiro, a 18 de março de 1924. O manifesto, composto por uma série de aforismos reflexivos sobre a realidade brasileira, a produção da cultura e a forma poética na civilização ocidental, apresenta um estilo telegráfico, por meio de metáforas lancinantes, às vezes de maneira contraditória, sendo anti-intelectualíssimo em muitas passagens, o que depõe contra a própria ideia de manifesto. Isso porque seu autor, amante da técnica cinematográfica e da colagem rápida de signos (os processos diretos, "sem comparações de apoio", como diria) compôs uma junção de propostas modernistas aliadas a um primitivismo anárquico (Bosi, 2006, pp. 384-5). Talvez, hipoteticamente, essa tenha sido a ideia que fez das palavras de Mário de Andrade, às quais juntou sua inteligência-relâmpago e sua capacidade de cristalizar ideias e intuições luminares.

Apenas para não perder a referência, o modernista da rua Lopes Chaves, em carta de 23 de dezembro de 1927, explicou para Alceu Amoroso Lima o que entendia por primitivismo e primitivo em sua obra, distintamente do que o crítico carioca pensava aproximando-o de Oswald:

---

47 Como mostra Aracy Amaral, ao chegar ao Brasil, em novembro de 1923, Tarsila já trazia telas que sugeriam a transição pictórica ocorrida por influência do cubismo de Léger, a exemplo das pinturas *A caipirinha* e *A negra* (figura 9). Cf. Amaral, 2001, p. 79, nota 24.

E agora uma queixa. Você não imagina como sou orgulhoso, Tristão de Ataíde! Isso me impede às vezes de esclarecer as coisas. Aliás não devo esclarecer pra certos tipos indecentes que escrevem as coisas de má fé porém não compreendo como você que não pode se comparar com essa gente me chama de "primitivo" no sentido da orientação que Osvaldo de Andrade deu para essa palavra. Por acaso algum dia eu ataquei a cultura? Pois meus livros todos não são fenômenos e influências justamente da cultura? Quando eu principiei errando meu português não anunciei imediatamente que estava fazendo uma gramática de brasileiro, anúncio com o qual eu tinha apenas a intenção de mostrar que não estava fazendo uma coisa de improviso porém era coisa pensada e sistematizada? Pois então não se percebe que entre o meu <u>erro</u> de português e do Osvaldo vai uma diferença da terra à lua, ele tirando do erro um efeito cômico e eu fazendo dele uma coisa séria e organizada? [...] Você juntando a minha obra à orientação do Osvaldo faz um erro crítico que é duma injustiça grave pros dois. Pro Osvaldo também do qual vocês estão sendo <u>dupes</u> porque pegaram na palavra dele e não repararam que ele é justamente o oposto do primitivo que é incapaz de fazer obra satírica e cômica. Eu sei que sou um primitivo porém já falei em que sentido o sou. Sou primitivo porque sou indivíduo duma fase principiando. Isso não quer dizer ingenuidade falsa nem ignorância nem abandono de cultura. Sou primitivo como se pode falar e se fala que os trovadores provençais foram primitivos, como a escola siciliana foi primitiva, como Giotto foi primitivo, tudo gente que se cultivava. (Rodrigues, 2018, pp. 97-8)

Nessa longa passagem, não fica apenas nítida a intenção de marcar diferença entre as obras e os estilos dos dois modernistas paulistas, aos olhos de um crítico arguto como Alceu Amoroso Lima. O ponto duro da queixa tem como mira o trato dos manejos estilísticos oswaldianos, em distinta autovalorização própria. Sinal de larga competição, que já estava lançada desde antes da Semana de Arte Moderna.

De volta à correspondência tarsivaldiana, em carta de 1º de dezembro de 1924, Mário de Andrade procurava apazinguar-se com Oswald acerca do comentário feito sobre a nova obra, *Serafim Ponte Grande*, na expectativa de dirimir a tensão entre eles:

Que faz ele? Mostrou-te o *Serafim Ponte Grande*? Ficou (o Osvaldo) meio corcundo comigo porque eu disse que não gostei. Mas se ele conhecesse os meus trabalhos atuais, faria as pazes comigo. Estou inteiramente pau-brasil e faço uma propaganda danada do paubrasilismo. Em Minas, no Norte, Pernambuco, Paraíba, tenho amigos que estou paubrasileirando. Conquista importantíssima é o Drummond, lembras-te dele, um daqueles rapazes de Belo Horizonte. Está decidido a paubrasileirar-se e escreve atualmente um livro de versos com o maravilhoso nome de *Minha terra tem palmeiras*. Conheço alguns dos poemas. Muito bons. Eu por minha parte estou abrasileirando inteiramente a língua em que escrevo. Um artigo sobre Manuel Bandeira que sai no próximo número da *Revista do Brasil* tem erros enormes de português. São coisas certas em brasileiro, minha língua atual. (Amaral, 2001, pp. 86-9)

No mesmo lance de "pedido de desculpas" voltado ao companheiro de movimento, Mário não deixava a oportunidade passar: introduzia o desenvolvimento do processo de escrita "abrasileirada", para não ficar tão em baixa perante a prevalência de discussão sobre o *Manifesto pau-brasil*. A tensão permaneceu como a sublinhar uma competição contínua, cada qual avançando em obras e realizações de forma a estarem continuamente um passo à frente do outro.

Apesar do que Mário de Andrade escreveu para Tarsivaldo, não se deve levar tão a sério a empolgação na divulgação do paubrasilismo, mesmo que a tenha feito, como alegado. Por exemplo, *Losango cáqui*, livro publicado logo depois do manifesto, ficou enquadrado como pau-brasil. A pergunta que surge é: o que levou Mário de Andrade a ter escrito, na introdução, a ressalva "possivelmente pau-brasil"[48]? O mesmo ocorreu quando do *Manifesto antropófago*, em 1928. Mário ainda não tinha publicado *Macunaíma*, originalmente elaborado em 1926. No entanto, quando finalmente o livro foi lançado, ele já divisava a sua catalogação como uma obra antropófaga. Dois momentos em que Oswald esteve na dianteira, mas que Mário de Andrade

---

48 Trata-se da seguinte passagem, presente na "Advertência" de *Losango cáqui*: "Vivo parafusando, repensando e hesito em chamar estas poesias de poesias. Prefiro antes apresentá-las como anotações líricas de momentos de vida e movimentos subconscientes aonde vai com gosto o meu sentimento possivelmente pau-brasil e romântico". Cf. Andrade, 2013, p. 133.

procurou dirimir a defasagem em um jogo de denegação, envolvendo-se embora não o desejasse.

Em nova missiva, datada de 19 de maio de 1928, Mário escreveu longamente para Alceu Amoroso Lima, dando a saber o "descontentamento":

> E vai também a Antropofagia que não sei como é que o Alcântara [Machado] não mandou pra você. Sobre ela tínhamos muito que falar... Antes de mais nada: não tenho nada com ela mas já estou querendo bem ela por causa de ser feita por amigos. Só colaboro. Quanto ao manifesto [antropófago] do Osvaldo... acho... nem posso falar que acho horrível porque não entendo bem. Isso, como já falei pra ele mesmo, posso falar em carta sem que fique cheirando intriga nem manejo. Os pedaços que entendo em geral não concordo. Tivemos uma noite inteirinha de discussão quando ele inda estava aqui. Mas a respeito de manifestos do Osvaldo eu tenho uma infelicidade toda particular com eles. Saem sempre num momento em que fico *malgré moi* incorporado neles. Da primeira feita quando o Osvaldo andava na Europa e eu tinha resolvido *forçar a nota* do brasileirismo meu, não só pra apalpar o problema mais de perto como pra chamar a atenção sobre ele (se lembre que na *Pauliceia* eu já afirmava falar brasileiro porém ninguém não pôs reparo nisso) o Osvaldo me escrevia de lá "venha pra cá saber o que é arte", "aqui é que está o que devemos seguir" etc. eu devido minha resolução, secundava daqui: "só o Brasil é que me interessa agora", "Meti a cara na mata-virgem" etc. O Osvaldo vem da Europa, se pau-brasilisa, e eu publicando só então o meu *Losango cáqui* porque antes os cobres faltavam, virei paubrasil pra todos os efeitos. Tanto assim que com certa amargura irônica botei aquele "*possivelmente* pau-brasil" que vem no prefacinho do livro. Quê que havia de fazer!... No entanto no dia famoso da leitura do manifesto aqui em casa, até Paulo Prado estava, tanto que escachei com o manifesto que até o Osvaldo saiu meio estomagado, deixando a reunião no meio. Agora vai se dar a mesma coisa. *Macunaíma* vai sair, escrito em dezembro de 1926, inteirinho em seis dias correto e aumentado em janeiro de 1927[49], e

---

49 *Macunaíma*, cujo primeiro esboço data inicialmente de 1926 com reescrita ao longo de dois anos, foi publicado em julho de 1928.

> vai parecer inteiramente antropófago... Lamento um bocado essas coincidências todas, palavra. Principalmente porque *Macunaíma* já é uma tentativa tão audaciosa e tão única (não pretendo voltar ao gênero absolutamente), os problemas dele são tão complexos apesar dele ser um puro divertimento (foi escrito em férias e como férias) que complicá-lo inda com a tal de antropofagia me prejudica bem o livro. Paciência. (Rodrigues, 2018, pp. 51-2)

Esse desabafo sobre os desencontros entre a própria obra e os manifestos oswaldianos, com acento no (não) entendimento e na não concordância, formam uma grande racionalização que pode ser lida justamente em direção relativamente distinta do que lá é afirmado. "Escachar com o manifesto" foi uma demonstração de competição, o que já surgia como um anúncio de fim de festa. A preocupação constante em ressaltar o "falar e escrever brasileiro" também era, para Mário de Andrade, um motivo a mais de distinção (erudita e estilística), algo como a apontar a carga emocional e teórica movida por ele em contraposição ao modo nada resolvido empiricamente (portanto, na lógica cultural de Mário, sem lastro social) da escrita de Oswald de Andrade.

Ainda quanto ao *Manifesto antropófago*, o estilo empregado, de frases epigramáticas e teses rápidas que criam um ar de orgulhosa imaturidade primitiva, assim como as ideias que o sustentam – de que nunca fomos efetivamente catequizados, ou seja, de que temos "uma força primitiva de resistência à doutrinação promovida pelo colonizador", e de que a antropofagia propunha uma experiência que se fundaria na "incorporação da alteridade" (Lima, 1991, pp. 26-7; 2011, pp. 370-1) – não devem ter escapado ao entendimento de Mário de Andrade, arguto e analítico que era, ao contrário do que afirmara ao crítico carioca. E sentiu o baque, pelo que havia de bom no manifesto, e pelo que negava. A não concordância, o debate e o ataque desferido a Oswald, como mencionados no trecho citado, de novo podem ser lidos como algo emblemático da tensa relação competitiva entre os dois modernistas, nutrindo-se reciprocamente de ideias e contrapondo-se em método, forma e conteúdo.

Envolvidos nessa trama, o definitivo rompimento entre os dois modernistas veio após sucessivos ataques que Mário de Andrade recebeu do grupo da *Revista de Antropofagia*, na "segunda dentição", em que Oswald era o "chefe da escola".

A "primeira dentição" circulou entre maio de 1928 e fevereiro de 1929. Tinha a direção de Antônio de Alcântara Machado e Raul Bopp e seguia as diretrizes propaladas por Oswald de Andrade, o qual era o principal ideólogo. O primeiro número da revista surgiu trazendo justamente o manifesto. Devido a desentendimentos de ordem financeira na manutenção da revista, Alcântara Machado e Oswald de Andrade romperam por fim. A partir de 17 de março de 1929, a *Revista de Antropofagia* passou a ser publicada como suplemento literário do jornal *Diário de S. Paulo*, inaugurando a "segunda dentição". Tinha agora a participação de Geraldo Ferraz, Oswaldo Costa e Clóvis de Gusmão, contando com a maior presença de Oswald de Andrade. Mas novamente a *Revista de Antropofagia* teve seu fim em agosto de 1929[50].

Na leitura dos textos da revista, fica patente que o motivo dos ataques a Mário de Andrade tinha a ver com a competição existente entre ele e o antropófago no quesito da liderança – e do protagonismo – do movimento modernista. Também se considerava, pelo grupo da *Revista de Antropofagia*, que, em razão da amizade de Mário com integrantes do Movimento Verde Amarelo, suas críticas estariam ficando parciais, não isentas, por isso o acusaram de ser "o cérebro mais confuso da crítica contemporânea" (Amaral, 2001, p. 107, nota 5).

De qualquer modo, consta que Mário de Andrade compareceu a uma reunião em casa de Yan de Almeida Prado quando estava presente o poeta "passadista" Alberto de Oliveira. A presença, pura e simplesmente, então reprovada pelos integrantes da *Revista de Antropofagia*, foi motivo suficiente para que se mantivesse e se ampliasse a perseguição. As ironias mordazes, o cinismo, as acusações levianas (entre elas, a que alardeava a homossexualidade) e as impiedosas blagues, feitas sob a batuta de Oswald de Andrade, foram machucando fundo em Mário de Andrade. Os títulos dos textos, e algumas expressões utilizadas neles, eram pensados de maneira a atacá-lo: "Miss São Paulo traduzido em masculino", "Miss Macunaíma", a insinuação de que se "parecia com Oscar Wilde por detrás", entre outras (Andrade, 2009, pp. 23 ss.; Amaral, 2001, pp. 105-8; 2010, p. 302; Tércio, 2019, pp. 304-5).

Não suportando mais os impropérios, Mário de Andrade rompe definitivamente com Oswald. Explicou o ocorrido para Tarsila do Amaral em carta de 4 de julho de 1929, após uma tentativa de reaproximação sugerida por ela e mediada por Anita Malfatti:

50 Uma "terceira dentição" existiu no Rio de Janeiro; ver Tércio, 2019, pp. 305-6.

> Tudo ficou embaçado pra nunca mais. É coisa que não se endireita, desgraçadamente pra mim. [...] Pedi aos meus companheiros de vida e até a amigos que nem Couto de Barros, que não me falassem em certos assuntos. Apenas, Tarsila: esses assuntos existem. E como podemos esquecer, vocês e eu, que todos conservamos nosso passado comum? E quanto a mim, Tarsila, esses assuntos, criados por quem quer que seja (essas pessoas não me interessam), como será possível imaginar que não me tenham ferido crudelissimamente? Asseguro a vocês – tenho todo o meu passado como prova e vocês me conhecem espero que bem – que as acusações, insultos, caçoadas feitos a mim não podem me interessar. [...] Mas não posso ignorar que tudo foi feito na assistência dum amigo meu. Isso é que me quebra cruelmente, Tarsila, e apesar de meu orgulho enorme, não tenho força no momento que me evite de confessar que ando arrasado de experiência. (Amaral, 2001, pp. 105-6)

O rompimento entre os dois grandes nomes do modernismo paulista é o canto de cisne do Grupo dos Cinco, já desintegrado e desencontrado quanto à sociabilidade que o definia em 1922 – uma união de combate das primeiras trincheiras modernistas, de um momento "heroico" de invenção em ataque aos "passadistas" na intenção de erigir o novo culturalmente.

Depois de 1929, Mário de Andrade relatou aos seus interlocutores, em alguns momentos, o que permaneceu como saldo do rompimento, como nas cartas para Manuel Bandeira, em 18 de janeiro de 1933; para Carlos Drummond de Andrade, em 16 de dezembro de 1934; para Sérgio Milliet, em 20 de abril de 1939; e para Murilo Miranda, em 10 de julho de 1944. Nelas, às várias tentativas de reaproximação de Oswald, que não "guardava rancor" e "esquecia facilmente as birras", segundo as palavras de Antonio Candido, Mário dizia que ficou, como cicatriz, o ódio e a má saudade.

Para Manuel Bandeira, ao comentar as formas de contato com pessoas ausentes, de maneira "saudosa ou odienta", escreveu:

> Mesma coisa com o Osvaldo de Andrade, que no entanto eu odeio friamente, organizadamente, a quem certamente não ofereceria um pau à mão, pra que ele se salvasse de afogar. Você está vendo que sou assassino em espírito! Mas é que eu me gastei excessivamente com

ele. Fomos demasiadamente amigos pra que eu possa detestá-lo pelo que ele me fez. Mais o detesto pelo que ele não fez, por todos os meus sacrifícios pessoais? por todas as esperanças, por todas as minhas lutas interiores, a que ele não correspondeu com o que eu queria. São imprevisíveis todos os meandros por onde barafusta o egoísmo, e se eu não salvava o Osvaldo se se desse a ocasião disso, não seria por ódio propriamente, seria por despeito. Estou me fazendo bem feio, mas *contra* a verdade posso nada. Sei que não consigo odiar o Osvaldo, mas que tenho contra ele um despeito irremovível. (Moraes, 2001, pp. 543-4)

Para Carlos Drummond de Andrade, ao trazer a menção às feridas passadas em que "a gente tem um certo prazer melancólico de acariciar depois a cicatriz", recordou:

Em amizade eu sou assim. A cicatriz se torna tão analisável, tão chuvisco miúdo... Falo isto porque outro dia ainda com um casal que eu quero muito bem, o Mário Pedrosa e a Mary Houston, não sei se você conhece, pensei longamente no Osvaldo de Andrade. Está aí um com o qual eu jamais farei as pazes enquanto estiver na posse das minhas forças de homem. Não é possível. Há razões para odiar, e talvez eu tenha odiado mesmo no princípio. Mas foi impossível, percebi isso muito cedo, permanecer no ódio. É besteira isso de falar que o ódio é sempre uma espécie de amor, não é não. Como tinha de continuar no amor, tive de abandonar o ódio. Como eu dizia pra eles, que nunca palmilharam intimamente o Osvaldo, e o consideravam detestável e talvez abjeto, como eu dizia: o que hei de fazer, não faço pazes, não sei se existe etc., mas a verdade é que eu quero bem ele. É sempre a observação genial da modinha: "gosto de ti porque gosto", e pronto, não se discute mais. E falei. Falei compridamente sobre o Osvaldo, recordei muito, reconheci tudo o que sofremos e gozamos juntos, e os sacrifícios e dádivas mútuas, acariciando a cicatriz. (Andrade; Santiago, 1988, pp. 435-6)

Para Sérgio Milliet, ao enumerar as vezes todas que os amigos modernistas tentaram aproximá-los ao longo dos anos, confidenciou:

> Não tem sido possível eu deixar de ver o Osvaldo viver. Tudo me contam, vêm me contar. Mas não me vingo porque não tomo alegria com isso, tomo tristeza, tomo principalmente amargura. Não, mais uma vez, que banque o superior, o Osvaldo me ensinou essa coisa aviltante, rebaixante, infelicíssima que é odiar. Eu odeio, infelizmente. Mas tudo me amarga porque não posso esquecer o passado. Nem o presente, porque o Osvaldo é apenas, na extensão da palavra, um "perdido". Nem se achou nas suas possibilidades criadoras, nem na alma que tem, e onde há muita coisa de bom, mesmo de grande. E de tudo isto, tenho uma espécie de saudade. Má saudade. (Duarte, 1977, p. 319)

Para Murilo Miranda, ao responder duas cartas atrasadas e "fazer uma impertinência riscando um assunto", embora assuntando:

> Mas olha, Murilo, meu irmãozinho, eu achava ótimo que V. não perdesse nunca mais duas páginas de carta me falando no indivíduo com quem você jantou carneiro na Urca. Na verdade, jantou porco. Mas eu não tenho nada com isso, nem jamais nunca exigi dos meus amigos a mais mínima espécie de solidariedade com o único ódio que me depaupera e suja. Ódio, nem é bem ódio: será ódio apenas pela obrigação moral de odiar um indivíduo que se chafurdou nas maiores baixezas do insulto e da infâmia pessoal. É uma espécie assim de ódio *a posteriori*. Si eu visse ele se afogando, acho que meu impulso natural seria pegar num pau e dar pra ele se salvar. Mas logo, refletindo, eu percebia que devo odiar ele, e o pau me servia pra empurrar ele mais fundo na água bendita. Está claro que você pode jantar com ele na Urca, passear com ele em Copacabana, beber chope com ele na Brahma e dormir com ele na mesma rede. Mas me chateia e irrita a facilidade extrema com que você, como vários outros amigos meus, se enlambusam todos de mel porque ele chega pra vós falando coisas blandiciosas sobre mim. Ele que vá à reputa e triputa que o pariu. (Miranda, 1981, p. 167)

E Oswald também se pronunciou, em duro artigo sobre Portinari no final de 1939:

> Nunca neguei ao sr. Mário de Andrade o valor criativo de língua-
> bunda nem o de ter despejado os seus pesados recalques – quando
> ainda os tinha – nos desvairos de uma poesia revolucionária e
> de uma prosa tão inaugural como o foi em seu tempo, a de José
> de Alencar. O que sempre neguei, e nego, é que o autor ilustre de
> *Macunaíma* entenda alguma coisa de artes e literatura. Como crítico
> é um cavalo! Sabe um pouco de música, por ter tirado um diploma de
> Humanidades e Clarineta no Conservatório Dramático e Musical de
> São Paulo. (Andrade, 2009, pp. 24-7)

Como se vê, os ataques continuaram mesmo após o rompimento, já que seguiram acompanhando, obviamente, as obras um do outro. E um "excesso de respeito" de Mário de Andrade por Oswald impediu o reenlace amigável.

O arrasado da experiência pode definir bem um grupo cujos integrantes seguiram caminhos plurais, em embates críticos que envolveram obras marcantes e ânimos distintos, mas em que, sob a perspectiva das tensões, a competição foi uma constante.

CONCLUSÃO

DISSENSÕES DE GRUPO

A FIGURAÇÃO DO GRUPO dos Cinco paulista, apresentada e discutida nos capítulos deste livro, permitiu verificar como seus integrantes compuseram uma linha de força central no desígnio de criação artística em plano modernista, no tateio próprio de leitura crítica da vanguarda europeia e no entrecruzamento de obras, ideias e práticas marcadas por uma interdependência tensa e conflitiva. O fio narrativo foi construído pela relação de Mário de Andrade com Anita Malfatti, Oswald de Andrade, Menotti del Picchia e Tarsila do Amaral entre os anos da década de 1920. Um grupo heterogêneo de duração relativamente pequena, durante o segundo semestre de 1922, mas cujo contato e relações produtivas atravessaram as décadas de 1920 e 1930.

Um dos aspectos que esse percurso analítico clarificou diz respeito a como as forças sociais operam na constituição de cada agente, tornando perceptíveis os capitais que os integrantes do grupo modernista paulista utilizaram como trunfo para a consecução de um caminho de criação cultural e para a consolidação de uma trajetória de vida. Essas forças se mostraram presentes, portanto, naquilo que os caracterizou e os distinguiu uns aos olhos dos outros, comparativamente. Nesse sentido, seus integrantes ecoaram as transformações mais amplas que atravessavam a cidade de São Paulo, e outras cidades do Brasil em estágio de industrialização, nos termos dos trânsitos sociais (ascendência, estabilidade ou queda) dos grupos dominantes, dos imigrantes, das classes médias, dos pobres etc.

Por parte do Grupo dos Cinco, especificamente, temos uma condensação da tensão social, em escala reduzida e dinâmica: o herdeiro capitalista, dominante e rico, "sem profissão", mimado e gozador, agressivo e inquieto, que ambicionava o brilho social e artístico por meio de manifestos de impacto e que não se furtava ao confronto pândego e muitas vezes bruto, justamente quando desafiado em seu brio e pretensão de legitimidade intelectual e cultural; a sinhá, também herdeira e rica, dotada de beleza e leveza (como afirmava Mário de Andrade), com um estilo de vida ostentatório (discernível, por exemplo, mas não só, nos adornos de seu ateliê, que Menotti descreveu em sua crônica[51]), de ênfase competitiva e muito determinada a ser referência artística de vanguarda, adaptando-se, transformando-se e movendo seu capital para tal feito; a pintora desbravadora, ousada e incompreendida, marcada por condição de isolamento e singularidade devido à deficiência física, proveniente de família duplamente estrangeira sob tutela de um tio protetor que investia em sua carreira, e que se deteve, por fim, à procura de um caminho menos conflituoso na arte pictórica; o filho de imigrantes, sem trunfos iniciais de capital social, mas que foi sedimentando seu caminho na via da tradição formativa (diploma na faculdade de direito) e por mérito próprio, envolto num processo de falência financeira familiar e num constante esforço de superar os destratos dessa situação de origem; e o "primo pobre" inteligente, esforçado e autodidata, sem trunfos originários valorativos e "masculinos" e com situação social descendente (família em *débâcle* financeira, celibatário, sem diploma "liberal", de traços negros, com complexos de monta etc.), mas que se lança numa jornada contínua de amplo investimento de capital cultural, mobilizando relações e relacionamentos escolhidos a dedo, presenciais e epistolares, em busca de concretizar, pela diversidade das áreas em que se envolveu, uma posição epicêntrica, protagonista.

Por parte do quadro teórico e metodológico da pesquisa, a intenção de se debruçar analiticamente sobre a correspondência ativa e passiva mariodeandradiana se mostrou vital. O conjunto das missivas, em leitura crítica, esclareceu escolhas, tensões, rupturas e mudanças de trajetória,

---

51 "No largo ateliê de almofadões búlgaros, onde gritavam as cores dos mantons [sic] de Manilla, riquezas do bric à brac fidalgo dessa esgalgada e linda artista Tarsila Amaral [...]", em crônica do *Correio Paulistano*, 1º set. 1922 (Amaral, 2010, p. 67).

permitindo reconstituir as ações, afetações e racionalizações dos agentes no meio literário e pictórico, bem como permitiu perceber o embate travado pelo protagonismo em matéria de produção cultural.

Nesse registro, procurou-se delimitar as tensões mais expressivas na relação de sociabilidade do grupo, especificamente por meio das interdependências em ação (familiar, profissional, de capital cultural e social) e pela condensação de um *habitus* (como uma "lei imanente" internalizada) que está presente na base das possibilidades objetivas de ganho e perda e na competição artística, não só entre o próprio grupo, mas, por conseguinte, no embate mais geral existente nas respectivas áreas e linguagens – poesia, romance, pintura, crítica cultural etc.

Nos capítulos específicos dedicados a Mário de Andrade, adotou-se o atalho da perspectiva relacional para entendê-lo em pormenor e para tematizar as reuniões de terça-feira do Grupo dos Cinco. Foi possível obter, assim, flagrantes condensados e rentáveis do processo de subjetivação do poeta e polígrafo pelo lado familiar, da infância à vida adulta, detendo-se na relação paterna, tensa, repleta de conflitos, de maneira que se procurou explicitar, por via da compreensão sociológica, os valores e os dilemas vividos por trás do empenho em ser o melhor que pudesse no *métier* cultural que trilhou.

Em seguida, procurou-se mostrar a formação do Grupo dos Cinco (as "amizades nada confortáveis") por intermédio das construções de significado que seus integrantes realizaram – essa designação nativa de grupo, ressignificada como uma força cultural, mobilizando um entendimento de que eles eram os "eleitos", ou seja, os principais representantes do modernismo aos olhos dos outros. Contraposta a essa idealização, deu-se atenção às constrições, de maneira que o grupo se mostrou atravessado pela dinâmica social, com flertes amorosos, competições, embates, ciúmes, enfim, longe da cerimoniosa harmonia "duradoura" que ficou sedimentada nas cores do desenho de Anita Malfatti.

A análise da correspondência entre Mário de Andrade e Anita Malfatti deixou manifesta a fratura entre os dois e a pretensão de influência e catequese do poeta sobre o caminho pictórico que a pintora seguia, isolada e apreensiva. Procurando adotar firmemente uma linha mais clássica, esquivando-se e contra-argumentando sempre que necessário, a pintora mostrava para o polígrafo que estava feliz no caminho desejado. No entanto, a empreitada não logrou sucesso no registro da felicidade aos olhos críticos de seus apreciadores, de um lado por não ter obtido críticas favoráveis nas telas trazidas da França (durante a exposição, houve a questão da dispersão temática e a pouca expressividade de venda e encomenda), e, de outro, por não ter surpreendido os demais modernistas, devido à ausência de ousadias vanguardistas em retratar a realidade brasileira para além das telas similares que tinha realizado na fase expressionista. A comparação encetada entre a expressionista e Tarsila do Amaral serviu para demonstrar simbolicamente o retrocesso a que se viu lançada no campo das artes plásticas.

Já a comparação entre Oswald e Mário de Andrade favoreceu a percepção do quanto mobilizaram em termos de capital (econômico, social, cultural) no enfrentamento realizado na arena da criação modernista, assumindo o jogo tenso e disruptivo de competição pelo protagonismo cultural. Com manifestos, ironias e blagues de um lado, com desafios, queixas e subterfúgios para manter-se em evidência de outro (ao pegar "carona" no *Manifesto pau-brasil*, por exemplo), as condições de refrega mútua já sinalizavam a impossibilidade de uma relação e parceria a longo prazo.

A análise encaminhada neste livro traz à tona os vários níveis de tensão, conflito, luta hierárquica e competição que moldaram a sociabilidade do Grupo dos Cinco. A impressão final, se vista sob a ótica da relação de gênero com as consequentes constrições aí envolvidas, é a de que a ala masculina do grupo procurava ditar os lances de criação vanguardista por meio da mobilização de teorizações, ataques literários (e, nesse caso, propriamente os ataques feitos pelos jornais e, em menor grau, os ataques consignados na fatura das obras artísticas), manifestos e outras modalidades de combate menos gloriosas (blagues, insultos racistas, desqualificações pessoais e de teor sexual), enquanto o universo feminino passava ao largo dessa mobilização mais combativa. Por um lado, as mulheres não encontravam ainda em São Paulo, em certa medida, e diferentemente do Rio de Janeiro, as condições sociais que permitissem adentrar a arena pública jornalística de acento cultural desse tipo de disputa, uma vez que esse setor estava sob a égide da dominação masculina – o que se alterará em São Paulo com o próprio modernismo nas décadas seguintes. Por outro lado, mesmo Anita Malfatti e Tarsila do Amaral, competindo entre si, guardam um silêncio distanciado, sem muito contato e sem ataques mútuos. Isso não quer dizer que não tenham existido, de ambos os lados, avaliações críticas sobre as telas produzidas.

Anita tem a oportunidade de visitar a exposição de Tarsila em Paris, como vimos, e escreve para Mário de Andrade detalhando o que apreciou e o que não gostou. Oswald desqualifica Anita, chamando-a de passadista, alcunha que talvez deixasse Tarsila indiferente, já que não houve preocupação desta em aproximar-se mais daquela. Tarsila tornara-se cubista, de maneira que a competição entre as duas pintoras não se fazia mais tão presente. E ambas mantinham certa autonomia relativa ao largo dos comentários, sugestões e análises de Mário de Andrade, posto que, nas cartas, fica franqueado o entendimento de que a influência não se firmou totalmente. Anita seguiu caminho próprio, sem retorno total ao expressionismo aclamado pelo poeta; e Tarsila compôs um trunfo pictórico ao lado do companheiro Oswald de Andrade, em trabalho conjugado. A tensão e o afastamento entre elas, por fim, não ganharam alarde nas páginas dos jornais (afora as críticas e os elogios que foram feitos nesses veículos em relação às obras produzidas, inclusive por Mário de Andrade) e não significaram um rompimento definitivo, justamente porque seguiram caminhos distintos em termos criativos.

Já na ala masculina, a luta se fazia entre competidores ligados à literatura propriamente, para ditar as regras do jogo na criação modernista. Mário de Andrade se envolveu nessa disputa pelo protagonismo, a par de seus trunfos materializados em obras e a par também dos trunfos acumulados em anos de estudo autodidata. Sua atuação, contudo, não ficou circunscrita à literatura, pois soube ampliar a voltagem de ambição, indo além e abrindo novos campos de estudo para estender as vantagens, em termos de capital cultural, em relação aos demais. Desbravou novas frentes de trabalho, também, para intervir na vida cultural nacional, a exemplo de áreas de ação prenhes de ineditismo: estudos de folclore e arte popular (tornando-se um colecionador dessas obras); pesquisas sobre a língua falada; preocupações etnográficas e de preservação do patrimônio; administrador e consultor de política cultural etc.

A correspondência – esse investimento mariodeandradiano inigualável entre os modernistas, que, a seu modo, definiu o sentido do jogo – também deve ser vista como a principal estratégia de persuasão intelectual, a qual, inclusive, comporta contradições, como se procurou discutir. Situando-se no centro de uma rede que soube criar, Mário de Andrade resguardou uma posição epicêntrica na história cultural brasileira e se tornou referência no campo da produção intelectual.

IMAGENS

Figura 1. *O Grupo dos Cinco*. Anita Malfatti, 1922.

Figura 2. *Morro da favela*. Tarsila do Amaral, 1924.

Figura 3. *São Paulo*. Tarsila do Amaral, 1924.

Figura 4. *O mamoeiro*. Tarsila do Amaral, 1925.

Figura 5. *As margaridas de Mário*. Anita Malfatti, 1922.

Figura 6. *Margaridas de Mário de Andrade*. Tarsila do Amaral, 1922.

Figura 7. *Mário de Andrade*. Anita Malfatti, 1921-2.

Figura 8. *Retrato de Mário*. Anita Malfatti, 1923.

Figura 9. *A negra*. Tarsila do Amaral, 1923.

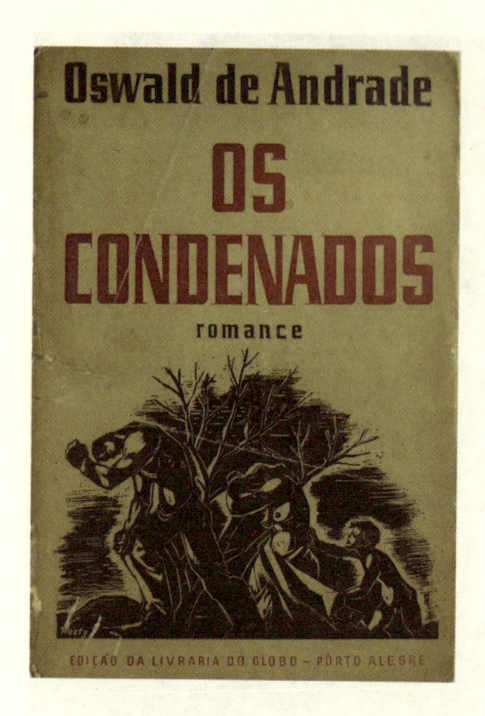

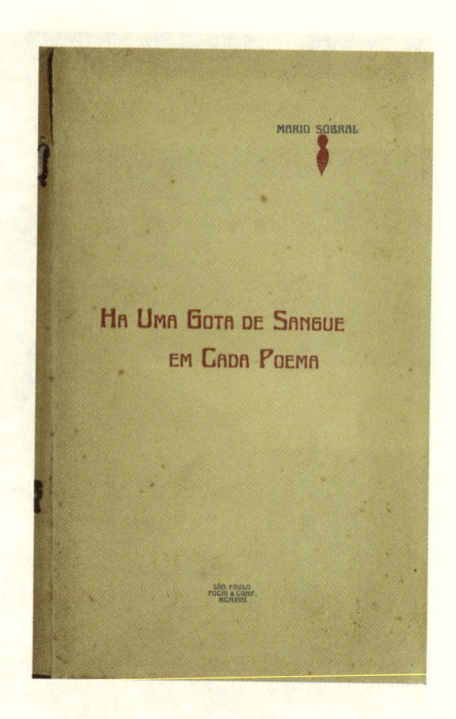

Capa de *Os condenados*, de Oswald de Andrade
(Porto Alegre: Livraria do Globo, 1941), que, em 1922,
recebia este único título, alterado posteriormente.
Esta edição traz a íntegra dos textos, agora com
o título *Trilogia do Exílio*, com os romances *Alma*,
A estrela de absinto e *A escada*.

Capa da primeira edição de *Há uma gota
de sangue em cada poema*, de Mário
Sobral, pseudônimo de Mário de Andrade
(São Paulo: Pocai & Comp., 1917).

Primeira edição de *Macunaíma: o herói sem nenhum caracter*, de Mário de Andrade (São Paulo: Oficinas Gráficas de Eugenio Cupolo, 1928).

Fac-símile da capa da primeira edição de *Memórias sentimentais de João Miramar*, de Oswald de Andrade (São Paulo: Livraria Editora Independência, 1924). A ilustração é de Tarsila do Amaral.

CRÉDITOS DAS IMAGENS

p. 207, *O Grupo dos Cinco*, 1922 – tinta de caneta e lápis de cor sobre papel, 36,50 cm × 26,50 cm
ANITA MALFATTI / REPRODUÇÃO: ROMULO FIALDINI/TEMPO COMPOSTO

p. 208, *Morro da Favela*, 1924 – óleo sobre tela, 76,00 × 64,00 cm
TARSILA DO AMARAL / REPRODUÇÃO: ROMULO FIALDINI/TEMPO COMPOSTO

p. 209, *São Paulo*, 1924 – óleo sobre tela, 90,00 × 57,00 cm
TARSILA DO AMARAL / GOOGLE ARTS AND CULTURE

p. 210, *O Mamoeiro*, 1925 – óleo sobre tela, 70,00 × 65,00 cm
TARSILA DO AMARAL / REPRODUÇÃO: ROMULO FIALDINI/TEMPO COMPOSTO

p. 211, *As margaridas de Mário*, 1922 – óleo sobre tela, 51,5 × 53,0 cm
ANITA MALFATTI
COLEÇÃO MÁRIO DE ANDRADE
COLEÇÃO DE ARTES VISUAIS DO INSTITUTO DE ESTUDOS BRASILEIROS USP

p. 212, *Margaridas de Mário de Andrade*, 1922 – óleo sobre tela, 96,00 × 100,00 cm
TARSILA DO AMARAL / REPRODUÇÃO: ROMULO FIALDINI/TEMPO COMPOSTO

p. 213, *Mário de Andrade I*, 1921-2 – óleo sobre tela, 41,00 × 51,00 cm
ANITA MALFATTI / WIKIART.ORG

p. 214, *Retrato de Mário de Andrade*, 1923 c – óleo sobre tela, 44,0 × 38,0 cm
ANITA MALFATTI
COLEÇÃO MÁRIO DE ANDRADE
COLEÇÃO DE ARTES VISUAIS DO INSTITUTO DE ESTUDOS BRASILEIROS USP

p. 215, *A Negra*, 1923 – óleo sobre tela, 80,00 × 100,00 cm
TARSILA DO AMARAL / REPRODUÇÃO: ROMULO FIALDINI/TEMPO COMPOSTO

p. 216, capa de *Os condenados* (1922), Oswald de Andrade
ACERVO DO AUTOR

p. 216, capa de *Há uma gota de sangue em cada poema* (1917), Mário de Andrade (sob o pseudônimo Mário Sobral)
ACERVO DO AUTOR

p. 217, capa de *Macunaíma* (1928), Mário de Andrade
ACERVO DO AUTOR

p. 218, capa de *Memórias sentimentais de João Miramar* (1924), Oswald de Andrade
ACERVO DO AUTOR

REFERÊNCIAS BIBLIOGRÁFICAS

CORRESPONDÊNCIA MÁRIO DE ANDRADE

AMARAL, Aracy A. (org.). *Correspondência Mário de Andrade & Tarsila do Amaral*. São Paulo: IEB; Edusp, 2001.

ANDRADE, Carlos Drummond de; SANTIAGO, Silviano. *Carlos & Mário: correspondência de Carlos Drummond de Andrade e Mário de Andrade*. Rio de Janeiro: Record, 1988.

ANDRADE, Gênese (org.). *Correspondência Oswald de Andrade a Mário de Andrade: 1919-1928*. São Paulo: Arquivo IEB-USP, 2009. (mimeo.)

BATISTA, Marta Rossetti (org.). *Mário de Andrade. Cartas a Anita Malfatti: 1921-1939*. Rio de Janeiro: Forense Universitária, 1989.

MIRANDA, Yedda Braga (org.). *Mário de Andrade. Cartas a Murilo Miranda*. Rio de Janeiro: Nova Fronteira, 1981.

MORAES, Marcos Antonio de (org.). *Correspondência Mário de Andrade & Manuel Bandeira*. 2ª ed. São Paulo: Edusp; IEB, 2001.

RODRIGUES, Leandro Garcia (org.). *Correspondência Mário de Andrade & Alceu Amoroso Lima*. São Paulo: Edusp, 2018.

SOUZA, Eneida M. (org.). *Correspondência: Mário de Andrade & Henriqueta Lisboa*. São Paulo: Edusp, 2010.

OBRAS DE MÁRIO DE ANDRADE

ANDRADE, Mário de. *Pauliceia desvairada*. São Paulo: Casa Mayença, 1922.

_____. "Fazer a história". *Folha da Manhã*. São Paulo: 24 ago. 1944.

_____. "O movimento modernista". Em: *Aspectos da literatura brasileira*. São Paulo: Martins Fontes, 1972a.

_____. *O empalhador de passarinho*. São Paulo: Martins; INL-MEC, 1972b.

_____. *Dicionário musical brasileiro*. Coord. Oneyda Alvarenga e Flávia Toni. Belo Horizonte: Itatiaia, 1999.

_____. *Poesias completas*. Ed. texto apurado, anotado e acrescido de documentos por Telê Ancona Lopes e Tatiana Longo Figueiredo. Rio de Janeiro: Nova Fronteira, 2013.

_____. *O turista aprendiz*. Ed. texto apurado, anotado e acrescido de documentos por Telê Ancona Lopes e Tatiana Longo Figueiredo. Colab. Leandro Raniero Fernandes. Brasília, DF: Iphan, 2015.

_____. "Osvaldo de Andrade". Em: ANDRADE, Oswald de. *Memórias sentimentais de João Miramar*. São Paulo: Companhia das Letras, 2016.

SOBRAL, Mário. *Há uma gota de sangue em cada poema*. São Paulo: Pocai, 1917.

OBRAS SOBRE MÁRIO DE ANDRADE E SOBRE OS INTEGRANTES DO GRUPO DOS CINCO

AMARAL, Aracy. "Como era Mário de Andrade?". Em: *Textos do Trópico de Capricórnio: artigos e ensaios (1980-2005)*. Vol. 1: Modernismo, arte moderna e o compromisso com o lugar. São Paulo: Editora 34, 2006.

_____. *Tarsila: sua obra e seu tempo*. 4ª ed. São Paulo: Editora 34; Edusp, 2010.

ANDRADE, Gênese. "Amizade em mosaico: a correspondência de Oswald a Mário de Andrade". *Teresa – Revista de Literatura Brasileira*. São Paulo: Departamento de Letras Clássicas e Vernáculas, Faculdade de Filosofia, Letras e Ciências Humanas, Universidade de São Paulo, 2008, n. 8-9.

ANDRADE, Oswald de. *Um homem sem profissão: memórias e confissões. Sob as ordens de mamãe*. 2ª ed. São Paulo: Globo, 2002.

_____. *Memórias sentimentais de João Miramar*. São Paulo: Companhia das Letras, 2016.

_____. *Manifesto antropófago e outros textos*. São Paulo: Penguin; Companhia das Letras, 2017.

BARREIRINHAS, Yoshie Sakiyama. *Menotti del Picchia: o Gedeão do modernismo – 1920-1922*. Rio de Janeiro; São Paulo: Civilização Brasileira; Secretaria de Estado da Cultura, 1983.

BATISTA, Marta Rossetti. *Anita Malfatti no tempo e no espaço: biografia e estudo da obra*. São Paulo: Editora 34; Edusp, 2006.

_____. LOPEZ, Telê Porto Ancona; LIMA, Yone Soares de (orgs.). *Brasil: 1º tempo modernista – 1917-1929. Documentação*. São Paulo: Instituto de Estudos Brasileiros, 1972.

BOAVENTURA, Maria Eugenia. *O salão e a selva: uma biografia ilustrada de Oswald de Andrade*. Campinas; São Paulo: Unicamp; Ex Libris, 1995.

BOTELHO, André. *De olho em Mário de Andrade: uma descoberta intelectual e sentimental do Brasil*. São Paulo: Claro Enigma, 2012.

CAMPOS, Haroldo de. "Miramar na mira". Em: ANDRADE, Oswald de. *Memórias sentimentais de João Miramar*. São Paulo: Companhia das Letras, 2016.

CANDIDO, Antonio. "Mário de Andrade". *Revista do Arquivo Municipal*. São Paulo: Departamento do Patrimônio Histórico, 1990, n. 106, ed. *fac-similar* n. 198.

_____. "Oswald viajante". Em: *O observador literário*. 4ª ed. Rio de Janeiro: Ouro sobre Azul, 2008.

_____. "Digressão sentimental sobre Oswald de Andrade". Em: *Vários escritos*. Rio de Janeiro: Ouro sobre Azul, 2011.

_____. "A trajetória do acervo de Mário". *Teoria e Debate. on-line*, 22 jan. 2013, n. 108. Disponível em <https://teoriaedebate.org.br/2013/01/22/a-trajetoria-do-acervo-de-mario/>. Acesso em: 3 nov. 2017.

CASTRO, Moacir Werneck de. *Mário de Andrade: exílio no Rio*. Rio de Janeiro: Rocco, 1989.

DUARTE, Paulo. *Mário de Andrade por ele mesmo*. 2ª ed. São Paulo: Hucitec; Secretaria da Cultura, Ciência e Tecnologia, 1977.

FARIA, Daniel. "Menotti e o amor do sacrifício". Em: *O mito modernista*. Uberlândia: Edufu, 2006.
FONSECA, Maria Augusta. *Por que ler Mário de Andrade?* São Paulo: Globo Livros, 2013.
FRIAS, Rubens Eduardo Ferreira (org.). *Menotti del Picchia*. São Paulo: Global, 2004. Coleção Melhores Poemas.
GOTLIB, Nádia Battella. *Tarsila do Amaral: a modernista*. São Paulo: Senac, 1997.
JARDIM, Eduardo. *Mário de Andrade: eu sou trezentos. Vida e obra*. Rio de Janeiro: Edições de Janeiro, 2015.
LIMA, Luiz Costa. "Antropofagia e controle do imaginário". Em: *Pensando nos trópicos (Dispersa demanda II)*. Rio de Janeiro: Rocco, 1991.
_____. "A vanguarda antropófaga". Em: RUFFINELLI, Jorge; ROCHA, João Cezar de Castro. *Antropofagia hoje? Oswald de Andrade em cena*. São Paulo: É Realizações, 2011.
LOPEZ, Telê Ancona. *Eu sou trezentos, sou trezentos-e-cincoenta: uma "autobiografia" de Mário de Andrade*. São Paulo: Centro Universitário Maria Antônia – USP, Secretaria Municipal de Cultura, maio-jun., 1993.
_____ (org.). *Eu sou trezentos, eu sou trezentos e cincoenta: Mário de Andrade visto por seus contemporâneos*. Rio de Janeiro: Agir, 2008.
MICELI, Sergio. "Bonita sinhá cubista". Em: NASCIMENTO, Milton Meira do (org.). *Jornal de Resenhas: seis anos*. Vol. 1: abril de 1995 a abril de 2001. São Paulo: Discurso Editorial, 2001.
_____. *Nacional estrangeiro: história social e cultural do modernismo artístico em São Paulo*. São Paulo: Companhia das Letras, 2003a.
_____. "Feição e circunstância de Mário de Andrade". *Revista IEB*. São Paulo: set. 2008b, n. 47.
_____. "Mário de Andrade: a invenção do moderno intelectual brasileiro". Em: *Vanguardas em retrocesso*. São Paulo: Companhia das Letras, 2012.
MORAES, Marcos Antonio de. *Orgulho de jamais aconselhar: a epistolografia de Mário de Andrade*. São Paulo: Edusp; Fapesp, 2007.
PICCHIA, Menotti del. *Poesias (1907-1946)*. São Paulo: Martins Fontes, 1958.
_____. *A "semana" revolucionária*. Org. Jácomo Mandatto. Campinas: Pontes, 1992.
RUFFINELLI, Jorge; ROCHA, João Cezar de Castro. *Antropofagia hoje? Oswald de Andrade em cena*. São Paulo: É Realizações, 2011.
SALA, Dalton. "Mário de Andrade e o anteprojeto do Serviço do Patrimônio Artístico Nacional". *Revista do Instituto de Estudos Brasileiros*. São Paulo: 1990, n. 31, pp.19-26.
TÉRCIO, Jason. *Em busca da alma brasileira: biografia de Mário de Andrade*. Rio de Janeiro: Estação Brasil, 2019.
VOLPATO, Cadão. "A amizade voltou. Os gêmeos opostos e complementares que moldaram a cultura destes cem anos". Em: *Catálogo Semana Márioswald: 100 anos de uma amizade*. São Paulo: Centro Cultural São Paulo, 2017.

OBRAS COMPLEMENTARES

ALONSO, Angela. "Crítica e contestação: o movimento reformista da geração 1870". *Revista Brasileira de Ciências Sociais*, out. 2000, vol. 15, n. 44.

ANDRADE, Carlos Drummond de. *Nova reunião: 23 livros de poesia*. São Paulo: Companhia das Letras, 2015.

ARRUDA, Maria Arminda do Nascimento. *Metrópole e cultura: São Paulo no meio século xx*. Bauru, São Paulo: Edusc, 2001.

_____. "A sociologia da cultura: interpretações e reconstruções". Em: ALVES, Paulo César (org.). *Cultura: múltiplas leituras*. Bauru, São Paulo; Salvador: Edusc; EdUFBA, 2010.

ATHAYDE, Tristão de. "O pré-modernismo" e "Primeiros estudos". Em: *Contribuição à história do modernismo*. Vol. I. Rio de Janeiro: Agir, 1948.

AUERBACH, Erich. *Mimesis*. São Paulo: Editora Perspectiva, 2007.

BAENINGER, Rosana; BASSANEZI, Maria Silvia Casagrande Beozzo. "São Paulo: transição demográfica e migrações". Em: ODALIA, Nilo; CALDEIRA, João Ricardo de Castro (orgs.). *História do estado de São Paulo: a formação da unidade paulista*. Vol. 2: República. São Paulo: Editora Unesp; Arquivo Público do Estado; Imprensa Oficial, 2010.

BARBATO JR., Roberto. *Missionários de uma utopia nacional-popular: os intelectuais e o Departamento de Cultura de São Paulo*. São Paulo: Annablume; Fapesp, 2004.

BELLOTTO, Heloísa Liberalli. "Constituição, dispersão e reintegração de fundos". Em: *Arquivo: estudos e reflexões*. Belo Horizonte: Editora UFMG, 2014.

BOPP, Raul. *Vida e morte da antropofagia*. Rio de Janeiro: José Olympio, 2006.

BOSI, Alfredo. *História concisa da literatura brasileira*. 48ª ed. São Paulo: Cultrix, 2006.

BOTELHO, Isaura. *Romance de formação: Funarte e política cultural, 1976-1990*. Rio de Janeiro: Edições Casa de Rui Barbosa, 2001.

BOURDIEU, Pierre. *Esboço de auto-análise*. Trad., introd., cronol. e notas Sergio Miceli. São Paulo: Companhia das Letras, 2005.

_____. *Meditações pascalianas*. 2ª ed. Rio de Janeiro: Bertrand Brasil, 2007.

_____. "Espaço social e espaço simbólico". Em: *Razões práticas: sobre a teoria da ação*. 9ª ed. Campinas: Papirus, 2008.

_____. *As regras da arte: gênese e estrutura do campo literário*. Trad. Maria Lúcia Machado. São Paulo: Companhia das Letras, 2010.

CASTRO, Ruy. *Metrópole à beira-mar: o Rio moderno dos anos 20*. São Paulo: Companhia das Letras, 2019.

CHAMPAGNE, Patrick. "Denegação". Em: CATANI, Afrânio *et al.* (orgs.). *Vocabulário Bourdieu*. Belo Horizonte: Autêntica, 2007.

CHIARELLI, Tadeu. *Um jeca nos vernissages: Monteiro Lobato e o desejo de uma arte nacional no Brasil (1850-1919)*. São Paulo: Edusp, 1995.

ELIAS, Norbert. *Escritos e ensaios*. Vol. 1: Estado, processo, opinião pública. Rio de Janeiro: Jorge Zahar, 2006.

_____. *Introdução à sociologia*. Portugal: Edições 70, 2017. Coleção Biblioteca 70.

FRANZINI, Fábio. "Mais um texto sobre 1922? Um par de comentários sobre o modernismo paulista(no)". Em: ODALIA, Nilo; CALDEIRA, João Ricardo de Castro (orgs.). *História do estado de São Paulo: a formação da unidade paulista*. Vol. 2: República. São Paulo: Editora Unesp; Arquivo Público do Estado; Imprensa Oficial, 2010.

GOMBRICH, E. H. *A história da arte*. Rio de Janeiro: LTC, 2012.

LAFETÁ, João Luiz. "Estética e ideologia: o modernismo em 30". Em: PRADO, Antonio Arnoni (org.). *A dimensão da noite*. São Paulo: Duas Cidades; Editora 34, 2004. Coleção Espírito Crítico.

LE GOFF, Jacques. *História e memória*. 5ª ed. Campinas: Editora da Unicamp, 2003.

LOPEZ, Telê Ancona. "Homenagem: Antonio Candido". *Revista USP*. São Paulo: abr.-jun. 2017, n. 113, pp. 104-7.

MALATIAN, Teresa. "Cartas: narrador, registro e arquivo". Em: PINSKY, Carla Bassanezi; LUCA, Tania Regina (orgs.). *O historiador e suas fontes*. 1ª ed. 3ª reimpr. São Paulo: Contexto, 2013.

MICELI, Sergio. "Norbert Elias e a questão da determinação". Em: WAIZBORT, Leopoldo (org.). *Dossiê Norbert Elias*. São Paulo: Edusp, 1999.

_____. "Bourdieu e a renovação da sociologia contemporânea da cultura". *Tempo Social. Revista de Sociologia da USP*. São Paulo: 2003b, vol. 15, n. 1, pp. 63-79.

_____. "Intelectuais e classe dirigente no Brasil (1920-1945)". Em: *Intelectuais à brasileira*. 1ª reimpr. São Paulo: Companhia das Letras, 2008a.

_____. *Sonhos da periferia: inteligência argentina e mecenato privado*. São Paulo: Todavia, 2018.

_____; MYERS, Jorge (orgs.). "Prólogo: Le Dur Désir de durer". In: *Retratos latino-americanos: a recordação letrada de intelectuais e artistas do século XX*. São Paulo: Edições Sesc São Paulo, 2019.

MORAES, Joaquim de Almeida Leite. *Apontamentos de viagem*. São Paulo: Companhia das Letras, 1995.

MORAES, Rubens Borba. *Testemunha ocular (recordações)*. Brasília: Briquet de Lemos, 2011.

PRADO, Antonio Arnoni. "Antonio Candido, anotador à margem". Em: *Trincheira, palco e letras*. São Paulo: CosacNaify, 2004.

RICARDO, Cassiano. *Viagem no tempo e no espaço (memórias)*. Rio de Janeiro: José Olympio, 1970.

SILVA BRITO, Mário da. *História do modernismo brasileiro*. Vol. I: Antecedentes da Semana Moderna. Rio de Janeiro: Civilização Brasileira, 1964.

SIMIONI, Ana Paula. "Modernismo no Brasil: campo de disputas". Em: BARCINSKI, Fabiana Werneck (org.). *Sobre a arte brasileira: da pré-história aos anos 1960*. São Paulo: WMF Martins Fontes; Edições Sesc, 2015.

TERRA Roxa e Outras Terras, 3 fev. 1926, ano 1, n. 2.

WAIZBORT, Leopoldo. "Elias e Simmel". Em: _____ (org.). *Dossiê Norbert Elias*. São Paulo: Edusp, 1999.

WILLIAMS, Raymond. "A fração Bloomsbury". *Plural – Revista de Sociologia da USP*. São Paulo: 1º sem. 1999, n. 6.

SITES

Instituto de Estudos Brasileiros (IEB-USP). Arquivo Mário de Andrade. Disponível em: <http://www.ieb.usp.br/tag/mario-de-andrade/>. Acesso em: 12 jul. 2021.

Les Six. *Wikipédia*, a enciclopédia livre. Flórida: Wikimedia Foundation, 2015. Disponível em: <https://pt.wikipedia.org/w/index.php?title=Les_Six&oldid=42368247>. Acesso em: 10 jul. 2016.

Menotti del Picchia. *Wikipédia*, a enciclopédia livre. Flórida: Wikimedia Foundation, 2015.Disponível em: <https://pt.wikipedia.org/wiki/Menotti_Del_Picchia>. Acesso em: 28 maio 2018.

PINTO, Manuel da Costa. "O pecado original de Valery Larbaud". *Folha de S.Paulo*. São Paulo: 13 ago. 2005, *Ilustrada* (rodapé). Disponível em: <http://www1.folha.uol.com.br/fsp/ilustrad/fq1308200510.htm>. Acesso em: 3 jun. 2018.

PONTES, Heloísa. "Círculos de intelectuais e experiência social". *In*: Grupo de Trabalho Pensamento Social Brasileiro, Encontro da Anpocs, 20, out. 1996, Caxambu-MG. Disponível em: <http://www.anpocs.com/images/stories/RBCS/34/rbcs34_04.pdf>. Acesso em: 20 jul. 2013.

SOBRE O AUTOR

Mauricio Trindade da Silva é graduado, licenciado, mestre e doutor em Sociologia pela Universidade de São Paulo. Desde 2005 trabalha no Serviço Social do Comércio em São Paulo (Sesc SP), atualmente ocupando o cargo de gerente adjunto no Centro de Pesquisa e Formação – cpf.

Fonte Moro e Silva Text
Papel Pólen Soft 70 g/m²
Impressão Hawaii Gráfica e Editora Ltda.
Data Março de 2022

MISTO
Papel produzido a partir
de fontes responsáveis
FSC® C100700
www.fsc.org